T0153568

CLASSIQUES JAUNES

Économies

La Modernisation de l'État

Patrick Gibert
et Jean-Claude Thoenig

La Modernisation de l'État

Une promesse trahie ?

PARIS
CLASSIQUES GARNIER
2020

Patrick Gibert est professeur émérite de sciences de gestion à l'université de Paris-Nanterre. Ses recherches, ses enseignements et ses interventions dans de nombreux organismes publics ont trait au management des organisations et des politiques publiques et au contrôle de gestion. Ses publications récentes concernent l'effectivité de la discipline managériale affichée par les gouvernants.

Jean-Claude Thoenig est sociologue, directeur de recherche émérite au CNRS et rattaché à l'université de Paris-Dauphine. Ses domaines de spécialité couvrent les organisations publiques, l'analyse des politiques publiques et la conduite du changement par les entreprises. Ses publications récentes concernent la manière dont les universités gèrent leur politique de qualité académique.

ISBN 978-2-406-09950-5
ISSN 2417-6400

ABRÉVIATIONS

ADAE	Agence pour le développement de l'administration électronique
AM	Audits de modernisation
ANACT	Agence nationale d'amélioration des conditions de travail
ANPE	Agence nationale pour l'emploi
AP-2022	Action publique 2022
ARH	Agence régionale de l'hospitalisation
ARS	Agence régionale de santé
ASSEDIC	Association pour l'emploi dans l'industrie et dans le commerce
CAC	Comptabilité d'analyse des coûts
CAP22	Comité Action Publique 2022
CDD	Contrat à durée déterminée
CDI	Contrat à durée indéterminée
CIAP	Comité interministériel d'audit des programmes
CIMAP	Comité interministériel pour la modernisation de l'action publique
CIME	Comité interministériel de l'évaluation
CIRE	Comité interministériel à la réforme de l'État
CMPP	Conseil de la modernisation des politiques publiques
CNE	Conseil national de l'évaluation
CNEN	Conseil national d'évaluation des normes
COMUE	Communauté d'universités et établissements
COP	Contrat d'objectifs et de performance
CPAJ	Contribution pour l'aide juridique
CRE	Commissariat à la réforme de l'État
CSE	Conseil scientifique de l'évaluation
DGAFP	Direction générale de l'administration et de la fonction publique
DGAM	Direction générale de l'administration et de la modernisation
DGIFP	Direction générale des finances publiques
DGME	Direction générale de la modernisation de l'État
DGMPDSE	Délégation à la modernisation de la gestion publique et des structures de l'État

DIMAP	Direction interministérielle pour la modernisation de l'État
DINSIC	Direction interministérielle du numérique et des systèmes d'information et de communication de l'État
DIRE	Délégation interministérielle à la réforme de l'État
DITP	Direction interministérielle de la transformation publique
DPO	Direction participative par objectifs
DPT	Document de politique transversale
DRB	Direction de la réforme budgétaire
DUSA	Délégation aux usagers et aux simplifications administratives
ENA	École nationale d'administration
EPCI	Établissements publics de coopération intercommunale à fiscalité propre
FNDE	Fonds national de développement de l'évaluation
GBCP	Gestion budgétaire et comptable publique
GHM	Groupe homogène de malades
GPEC	Gestion prévisionnelle des effectifs et des compétences
GRH	Gestion des ressources humaines
HEC	École des Hautes études commerciales
IFACI	Institut français du contrôle interne
IGA	Inspection générale de l'administration
IGAS	Inspection générale des affaires sociales
IGF	Inspection générale des finances
LOLF	Loi organique relative aux lois de finances
MAP	Modernisation de l'action publique
MBO	Management by objectives
MEC	Mission d'évaluation et de contrôle
MECSS	Mission d'évaluation et de contrôle de la sécurité sociale
NPM	New public management
OCDE	Organisation de coopération et de développement économiques
OMB	Office of management and budget
OPECS	Office parlementaire d'évaluation des politiques de santé
PAP	Projet annuel de performance
PCG	Plan comptable général
PPBS	Planning, programming, budgeting system
RAP	Rapport annuel de performance
RCB	Rationalisation des choix budgétaires
REATE	Réforme de l'administration territoriale de l'État
RESP	Réforme de l'État et des services publics
RGPP	Révision générale des politiques publiques

RIA	Analyse d'impact de la règlementation
RSP	Renouveau du service public
SGMAP	Secrétariat général pour la modernisation de l'action publique
SMR	Stratégie interministérielle de réforme

PROLOGUE

Les désarrois d'Éric Orpellière

Éric Orpellière se réinstalle en France. Son diplôme universitaire en poche, il avait quitté le pays dans les années 1970 pour l'Amérique latine où il aura travaillé jusqu'à sa toute récente retraite.

La ré-acclimatation à son pays natal lui cause quelques problèmes du fait qu'il n'y avait pratiquement gardé aucun lien pendant ces nombreuses années. Redécouvertes et surprises, étonnements et sentiment de déjà vu alternent durant les premières semaines de son retour. Certes cela concerne tous les aspects de la vie en société, mais aussi et surtout l'État et ses services.

Lorsqu'Éric désire se faire construire une maison, se fiant à des souvenirs très anciens, il veut demander à la Direction départementale de l'équipement les documents nécessaires à l'obtention d'un permis de construire. Il apprend alors tout à la fois que la demande est téléchargeable sur internet, que ce service extérieur du Ministère de l'équipement n'existe plus, et qu'au niveau départemental, nombre de ses compétences relèvent désormais d'une direction départementale interministérielle. Il découvre également qu'au niveau national le Ministère de l'équipement a disparu, absorbé par un Ministère de la transition écologique et solidaire, et que, de toute façon, dans le cadre de la décentralisation, la délivrance des permis de construire a été transférée aux communes. En somme son expérience des guichets publics acquise avant son départ se révèle obsolète à plusieurs titres.

Qui plus est, en discutant de leurs études avec ses neveux et nièces, il est surpris d'apprendre qu'une loi de 2007 dite populairement loi Pécresse a accordé l'autonomie aux universités alors qu'il croyait que celle-ci avait été acquise par une loi dite Edgar Faure datant de 1968. Éric pense donc que la loi Faure a dû être abolie entretemps, ou alors que sous le vocable commun d'autonomie les deux législations ne devaient pas traiter de la même chose.

Quand il s'enquiert de savoir si le vote du budget de l'État comprend pour les dépenses toujours deux grandes étapes, à savoir la reconduction en bloc des crédits correspondants à ceux qui avait été votés les années précédentes suivie d'un vote détaillé du Parlement sur les mesures nouvelles, on lui demande ironiquement s'il revient de la planète Mars. Car une loi organique votée en 2001 a bouleversé la procédure budgétaire. Cette loi exige en effet une justification au premier euro des demandes budgétaires, car elle instaure une suppression de principe de tous les acquis budgétaires.

À peine remis du choc de la découverte de cette nuit du 4 août budgétaire, Éric est admis dans un hôpital public pour un problème de santé qu'il avait trop négligé jusque là. Il fait part à ses proches de sa crainte qu'on ne le garde trop longtemps hospitalisé, car il est bien connu que la rémunération au prix de journée des hôpitaux pousse ceux-ci à garder les gens trop longtemps. Son entourage le détrompe rapidement : l'instauration d'un système de financement des hôpitaux par la méthode dite du budget global suivie par l'instauration d'une tarification à l'activité n'incite plus du tout les établissements à garder les malades trop longtemps, bien au contraire.

Bref, en permanence, Éric Orpellière constate des changements très importants à ses yeux dans le mode de gestion de l'État et des organismes publics. Il en déduit que la politique dite de rationalisation des choix budgétaires promulguée en 1968 et dont il avait suivi les difficultés de déploiement avant son départ pour l'Amérique latine, avait finalement porté ses fruits. L'insouciance, la légèreté, l'esprit velléitaire du pays avaient certainement dû céder la place à de louables qualités de persévérance et de constance grâce à la réforme de l'État. De bons amis lui rient alors au nez : la rationalisation des choix budgétaires est une vieille lune, car morte et enterrée depuis plus de trente ans ! D'autres grandes opérations de réforme lui ont succédé entretemps. D'ailleurs l'heure n'est plus à la rationalisation mais à la transformation.

Des discussions plus prolongées avec ses interlocuteurs tout comme la lecture des journaux et magazines et le suivi de débats télévisés apprennent à Éric que les changements constatés ne résolvent pas tous les problèmes antérieurement connus des administrations publiques et qu'ils peuvent même en créer de nouveaux. Les hôpitaux craquent faute d'effectifs suffisants. Les dépenses des collectivités territoriales ont considérablement augmenté depuis les lois de décentralisation des années 1980, et pas seulement du fait des transferts de compétences et de charges plus ou moins bien compensés de l'État. Les fonctionnaires semblent démotivés par la persistance d'une politique de blocage du point d'indice donc de leur salaire de base.

Persistance de problèmes anciens, apparition de défis nouveaux : visiblement le remède miracle n'a pas encore été trouvé. Pire, les changements réels engendrent des effets non recherchés voire pervers, c'est-à-dire contraires aux objectifs poursuivis.

Heureusement pour sa quiétude intellectuelle, Éric se voit confirmer assez fréquemment l'existence de continuités fortes dans le fonctionnement de l'État. D'abord la fameuse École nationale d'administration existe toujours. Ses anciens élèves continuent à bénéficier d'un quasi-monopole d'accès aux postes d'encadrement supérieur de l'administration. De mauvais esprits énoncent même que cette école aurait dû être rebaptisée École nationale de gouvernement. Pas moins de trois des quatre derniers présidents de la République en sont issus ainsi que de très nombreux ministres appartenant aux gouvernements des dernières mandatures présidentielles. Certes un Institut national des études territoriales est entretemps venu s'ajouter au panorama des écoles de fonctionnaires : il forme les cadres supérieurs de la fonction publique territoriale. Pourtant ses dirigeants et le Centre national de la fonction publique territoriale auquel il est rattaché ont finalement choisi le mimétisme par rapport à l'ENA plutôt que de saisir l'opportunité d'une création très postérieure pour élaborer un modèle qui aurait davantage différencié et personnalisé la fonction publique territoriale. D'ailleurs l'idée d'une formation commune aux deux fonctions publiques est périodiquement remise sur le tapis par les amateurs du jardin administratif à la française, lesquels invoquent volontiers la nécessité de la cohérence de l'action publique à tous les étages des institutions.

Soucieux de rattraper son retard, Éric suit l'actualité avec avidité. Il est convaincu par ses lectures et ses discussions que la transition écologique est et sera un enjeu majeur pour l'avenir non seulement de son pays mais de toute la planète. À ses yeux la révolution du numérique est certes porteuse de menaces pour l'État et les libertés publiques, mais elle est aussi porteuse d'espoirs considérables : lutter contre la fracture territoriale, améliorer plus généralement les relations avec les usagers, stimuler l'efficience des administrations. Il entend même un expert parler d'une amélioration possible de la productivité de l'administration d'un facteur dix, permettant d'espérer la suppression du déficit budgétaire chronique de l'État. Bref il est désormais acquis à l'idée que de nouveaux instruments de gestion publique sont disponibles, que par exemple le recours à des évaluations des politiques publiques est nécessaire au bien commun et à la démocratie, mais que leur mise en œuvre s'avère difficile car elles suscitent beaucoup de scepticisme, et que la qualité de celles qui ont été réalisées jusque-là en France laisse trop souvent à désirer.

C'est à la suite de telles prises de conscience qu'il énonce ingénument à des proches bien informés qu'il suppose que dorénavant des domaines comme la transition écologique et l'insertion du numérique attireront les élèves hauts fonctionnaires les plus talentueux. Mais il est décontenancé lorsqu'il apprend que les choix de carrière de ces élèves les dirigent toujours et encore vers les vénérables institutions que sont le Conseil d'État, l'Inspection générale des finances et la Cour des comptes. De façon sans doute naïve il s'étonne que, alors que le discours public met très fortement l'accent sur l'action, les meilleurs éléments (ou réputés tels) continuent de privilégier le contrôle de cette action à l'action elle-même.

Novations réelles, continuités surprenantes, il se dit que son très long séjour à l'étranger lui aura fait perdre la mesure de la complexité française. Sur ces entrefaites il rencontre les deux auteurs du présent livre. Il leur supplie de l'aider à mettre un peu d'ordre dans sa compréhension de cette complexité. Après mûre réflexion ils décident d'écrire l'ouvrage qui suit pour tenter d'éclairer sa lanterne. Éric, bonne lecture !

Ce texte a bénéficié d'une révision éditoriale assurée par Catherine Paradeise et de l'aide à la mise en forme du tapuscrit de la part de Marie Lévy-Charbit.

INTRODUCTION

Réformer, modifier, corriger la manière dont l'État gère les affaires publiques et le devenir des sociétés qu'il prétend gouverner, voilà un thème qui ne semble pas bien original.

Chacun, administré ordinaire comme Éric Orpellière, journaliste, intellectuel, dirigeant des secteurs public ou privé, a son idée sur la question et des recettes pour y arriver. Si les hommes politiques savent bien qu'il est des vérités impossibles à dire, car rien ne sert d'avoir raison trop tôt ou contre tous, il arrive que les scientifiques pensent que des vérités doivent être dites, car il ne sert à rien d'avoir raison trop tard.

Ce livre propose à ses lecteurs de prendre du recul par rapport aux fadaises, discours creux et préjugés qui alimentent cet imaginaire de la réforme de l'État. Il vaut la peine d'en évoquer rapidement quelques-uns.

Ainsi on affirme que l'État devrait répondre à une obligation d'efficacité, c'est-à-dire atteindre les objectifs que l'on affiche pour lui, et d'efficience, c'est-à-dire viser un rapport acceptable entre résultats qu'il obtient et ressources qu'il consomme. Hélas le monstre bureaucratique qui le nourrit et le dévore deviendrait insupportable. Il coûterait trop cher et il gaspillerait. Ses actions seraient d'une récurrente médiocrité. Cela s'avérerait d'autant plus préoccupant que partout ailleurs que dans le secteur public, que ce soit dans les mondes marchand ou associatif, la pression à l'efficience ne cesse de s'accroître. Est-ce à dire qu'il n'existerait dans le secteur public et dans l'État que des cohortes de fonctionnaires caractérisés par leur inefficience et leur inefficacité ?

Une autre idée reçue avance que l'État doit se placer au service d'un bien public dont la définition reste vague. Que ce soit à travers les compétences confiées à ses institutions ou par la manière dont ses agents traitent leurs tâches au quotidien, il devrait faire de la bienveillance son impératif de qualité et le moteur de son avenir. Une telle remarque laisse entendre que cela pourrait ne pas ou ne plus être le cas, l'État s'étant englué dans une dynamique négative.

On entend souvent ces propos qui dénient les efforts de modernisation déployés depuis un demi-siècle par les gouvernants pour améliorer le fonctionnement de l'État. Mais la France ne détient pas l'exclusivité en la matière. Les nouveaux venus au pouvoir affirment vouloir répondre à la faillite supposée de leurs prédécesseurs en promettant le grand soir de la « modernisation », de la « transformation », voire de la « disruption » de l'État.

Comme le suggère ce livre, ces sentences sur les défaillances de l'État ne sont pas simplement des propos de comptoir tenus par des administrés de base aux prises avec une écrasante machinerie étatique. Ils peuvent aussi émaner de cercles parisiens censés être les mieux informés et les plus aptes à dresser un bilan synthétique de la situation de l'État. Ils nourrissent les rangs des sceptiques ou des critiques. Au passage ils confortent les stéréotypes véhiculés par des observateurs étrangers d'une France éternelle, repliée sur elle-même, arc-boutée sur une culture centralisatrice et bureaucratique, que décrivait déjà au milieu du XIXe siècle Alexis de Tocqueville (1866) et dont Michel Crozier confirmait les faiblesses près d'un siècle plus tard (1963).

Chacune de ces affirmations relève d'une vision manichéenne. Certes d'autres voix s'élèvent pour souligner les vertus de telle ou telle réforme lancées ou entreprises. Pourtant elles restent peu audibles dans la durée, surtout dans une ambiance intellectuelle franchement critique. Les confidences souvent fielleuses de personnalités issues des corps ou organes de l'élite administrative n'aident pas non plus à en construire une vision plus nuancée.

Deux types de discours méritent à cet égard une attention plus particulière.

L'un souligne que les mesures prises depuis un demi-siècle par les pouvoirs publics aboutissent à construire ce que le Vice-président du Conseil d'État osa nommer « des villages Potemkine » (Conseil d'État, 2016). Ces mesures ne produisent au final que des faux-semblants, des mécanos institutionnels, des décisions qui ne modifient pas le fond des choses. En d'autres termes, elles offrent des évolutions de façade de l'État portées par un effort de propagande partisane ou à tout le moins de relations publiques. Elles multiplient les organes nouveaux chargés nationalement (entendez à Paris !) de telle ou telle réforme, usines à gaz impuissantes à résorber les effets de silos administratifs, et tout aussi inaptes à alléger ou faciliter les démarches des administrés comme Éric Orpellière.

L'autre discours laisse entendre qu'il ne se passe vraiment rien de bien nouveau sous le soleil de l'État qui pourrait modifier en profondeur la gestion des affaires publiques. Ainsi par exemple la politique de décentralisation lancée au début des années 1980 ne ferait que substituer le sacre des notables locaux (Rondin, 1985) à la centralisation technocratique de l'État. Plus cela changerait, plus ce serait la même chose.

Nous prenons ici une posture différente en adoptant une démarche évaluative. En d'autres termes nous proposons de sortir des considérations très générales qui obscurcissent ce que révèle l'examen des faits. Nos jugements sur les initiatives de réforme et leur mise en œuvre effective sont étayés et justifiés par les seules réalités observables.

Ce livre n'est donc pas un pamphlet qui critiquerait à la louche un demi-siècle de modernisation de l'État en France, ne retenant que ce qui apporte de l'eau à son moulin. Ce n'est pas plus un catalogue de louanges vantant les mérites des nouvelles approches de la gestion publique en ignorant leurs circonstances de mise en place et leurs contextes d'usage. Nous ne nous ferons pas non plus les avocats d'une conception spécifique ou unique du management public que nous considérerions comme la meilleure, porteuse de l'essence même de la modernité. Néanmoins notre posture ontologique ne nous empêchera pas de marquer notre surprise ou de laisser poindre parfois une légère ironie face à tel ou tel événement ou fait. Nous ne serons pas avares d'anecdotes illustrant des propos à valeur plus générale.

Cet ouvrage fait œuvre originale en scrutant le détail d'un demi-siècle d'initiatives dites « de modernisation ». Les travaux que, individuellement ou ensemble, ont conduits ses auteurs depuis près de quarante ans s'intéressent continument au secteur public à sa gestion et à ses réformes. Ils l'ont fait à divers titres et sur divers registres : comme chercheurs en sciences de gestion et en sociologie politique, comme consultants, comme formateurs, et même comme praticiens. Ils ont aussi fondé des revues scientifiques nationales et internationales et des associations professionnelles reconnues dans leurs disciplines respectives. Ces rôles cumulés constituent une source privilégiée d'expérience et de réflexion qui tire profit des tensions qui existent entre ces différents registres : rechercher des solutions pour des clients du secteur public en France et dans d'autres pays, que ce soit au niveau local, national ou même européen, adopter une attitude plus critique ou distanciée en tant que chercheurs, positionner des démarches et des concepts pour des fins de formation, sensibiliser les praticiens au fonctionnement et aux dynamiques de changement des organisations.

Notre propos se déploie en six parties.

La première rappelle les défis majeurs auxquels l'État est confronté en France et qui devraient le pousser *a priori* à se moderniser pour accroître l'efficience et l'efficacité de ses politiques publiques. Puis elle explore l'éventail des mesures disponibles pour affronter ces objectifs.

Une deuxième partie passe en revue chacune des huit politiques transversales ou interministérielles de modernisation qui ont été effectivement lancées depuis la fin des années 1960. Cette hyperactivité gouvernementale se caractérise par une série de traits récurrents.

Une troisième partie trace, par une démarche quasi-évaluative, les contours d'un bilan. Elle s'intéresse plus spécifiquement aux retombées des initiatives mitonnées au sommet de l'État lorsqu'elles sont mises en œuvre par les institutions et les organisations qui en sont destinataires, initiatives où semble prévaloir une logique d'évitement du risque plus que la recherche de la performance.

Une quatrième partie passe en revue les modalités d'appropriation de trois instruments de la modernisation : l'analyse de coûts, la contractualisation des rapports dans la sphère publique, l'évaluation *ex post* des politiques. L'observation montre que ces vecteurs de changement sont soumis à des aléas qui en limitent voire en dénaturent la valeur ajoutée.

Une cinquième partie explique comment la marche vers une modernisation porteuse d'efficience et d'efficacité de l'action publique, est entravée par le contexte administratif censé la prendre en charge. Elle passe en revue trois obstacles majeurs : les jeux de pouvoir que suscite la modernisation au sein de la sphère dirigeante, la culture pour l'action qui y domine, le manque de compétences professionnelles pour la mener et l'encadrer, manque qui renvoie à l'ignorance de la gestion des ressources humaines dont elle fait preuve.

Une sixième partie propose un bilan. La modernisation s'est jusqu'à ce jour traduite par des avancées fort modestes sinon décevantes. Elle a privilégié des initiatives de management organisationnel en vue d'améliorer le fonctionnement des composantes de l'État. Elle a par contre largement négligé les initiatives de management des politiques publiques. Tout se passe comme si les acteurs et promoteurs qui se sont succédés à la barre des politiques de modernisation en France étaient mus par d'autres finalités que la quête d'efficience et d'efficacité, finalités qui participent de ce dévoiement de l'essence de la modernisation.

PREMIÈRE PARTIE

LA MODERNISATION DE L'ÉTAT
FACE AUX DÉFIS

Au cours des dernières décennies, des évolutions de fond ont spectaculairement marqué le contexte d'action des États. Cinq d'entre elles sont soulignées dans un premier chapitre. De ce point de vue l'État français partage avec d'autres pays des défis majeurs pour sa légitimité et pour son action au quotidien.

Un deuxième chapitre expose la palette des réponses que peut engager un État, notamment en France mais aussi dans d'autres pays. Ces réponses ou réformes couvrent à première vue un vaste répertoire dont les diverses facettes ne sont pas exclusives les unes des autres. En France elles sont souvent désignées par les gouvernants comme étant des politiques de modernisation. Mais, dans les actes, ce sont souvent des réponses aux menaces par la ruse. Tout indique que ces ruses ne sont pas efficaces pour affronter et traiter les menaces de façon durable et gagnante. La faiblesse de ces ruses justifierait pourtant que les gouvernements se tournent vers les outils d'une vraie modernisation.

DES RÉPONSES INSUFFISANTES
ET DANGEREUSES

Le contexte dans lequel évolue et essaie de gouverner la puissance publique a profondément changé au cours du dernier demi-siècle, pour ne pas remonter jusqu'à l'origine des États. Les références qui justifient et appuient l'action publique sont de plus en plus multidisciplinaires. Certes le droit continue à fournir une base essentielle. C'est ainsi que le Conseil d'État français construit les références qui fondent la légitimité des décisions de l'État, par exemple comme garant du bien commun, en plaçant la notion de service commun au centre de la compétence administrative (Long, Weil, Braibant, Devolvé et Genevoix, 2015). Néanmoins d'autres disciplines peuvent fournir des appuis référentiels à cette compétence : l'économie, la géographie, la sociologie, les sciences de la nature et de la vie.

Ces propositions sont aujourd'hui des vérités largement admises. Cependant, notamment en France, l'évolution de la sphère publique est prise à revers par la vitesse et l'ampleur des évolutions sociétales, nationales et plus globales. Le contraste entre ces deux temporalités est encore plus spectaculaire si on le met en regard des réponses de l'État pour le prendre en charge. Rappeler les problèmes majeurs et récurrents auxquels se heurte son action permet de cerner les sous-jacents à sa modernisation.

Les jugements de ses usagers comme les discours de sens commun soulignent l'arrogance et l'omnipotence de l'État. C'est en particulier le cas pour ce qui concerne le pouvoir exécutif, les gouvernants politiques et les services administratifs, qui prétendent se mêler de toute chose, des aspects les plus quotidiens de la sphère privée des personnes jusqu'aux vastes « problèmes du monde », et trouver une réponse idoine à tout ce qu'ils définissent comme un problème, même si celui-ci se situe aux marges de leurs compétences formelles et professionnelles.

Pourtant ce pouvoir exécutif qui incarne en dernier ressort l'État, n'est fort qu'en apparence.

L'État peut ainsi sembler agir comme un monolithe institutionnel qui manifeste une préférence persistante pour une forte centralisation et qui privilégie un mode de gouvernance par l'autorité hiérarchique. Pourtant des doutes sont permis. Prenons comme exemple la politique de décentralisation lancée en 1981 par le gouvernement et ratifiée par le Parlement. À l'époque elle est apparue comme une initiative qui traduisait le retrait du niveau national au profit des collectivités territoriales en leur transférant des compétences politiques et administratives. Or avec le recul du temps, les pas franchis par l'État restent bien timides face à l'ampleur et à la rapidité des évolutions en cours.

LA MULTIPLICATION
ET L'AGGRAVATION DES DÉFIS

En fait l'acte de la décentralisation masque des évolutions de fond dont la conjonction réduit l'État à n'être de plus en plus qu'un acteur parmi d'autres, que ce soit pour la maîtrise de ses agendas ou pour la conduite de ses politiques. Cinq d'entre elles méritent considération à ce stade.

La première est l'effritement accéléré de l'hégémonie de l'État.

En fait comme en droit, il se trouve inséré dans et dépendant de multiples niveaux, locaux et internationaux, et de multiples acteurs, privés, publics et associatifs, ce dans les secteurs les plus variés. Les partenaires vont d'organismes permanents à statut public au niveau national, mondial ou interétatiques, dont l'Union européenne et sa Commission ne constituent qu'un élément parmi d'autres. La multiplication des partenariats tient également à la multiplication des procédures contractuelles à temporalité limitée impliquant d'autres acteurs locaux publics ou privés, dont les concessions d'autoroutes au secteur marchand et les marchés de partenariat public-privé ne sont que deux illustrations parmi des centaines. Ces ordres à géométrie variable rognent l'autonomie réelle des compétences et de l'action de l'État, donc sa responsabilisation tant juridique que fonctionnelle.

La deuxième évolution tient au fait que l'État fonctionne en France de façon particulièrement disjointe voire centrifuge.

Comme l'ont souligné de solides recherches de politologues français (Dupuy et Thoenig, 1985) et étrangers (Hayward et Wright, 2002), la gouvernance par l'exécutif national est difficile. Car la coordination au niveau central de l'action de ses nombreux segments ministériels et administratifs, qui fonctionnent encore souvent en silos parfois quasi autonomes, demeure faible. En termes d'action publique, l'Administration avec un grand A fonctionne comme un champ administratif en miettes.

En actes, l'État en France ressemble parfois à s'y méprendre à celui qu'on observe dans d'autres démocraties européennes. Les pouvoirs publics nationaux sont sous l'emprise de logiques néo-corporatistes, nées de l'intégration de groupes d'intérêts dans l'appareil même de l'État (Lehmbruch, 1967). Certains acteurs, bien organisés pour défendre leurs intérêts particuliers, y exercent une emprise décisive. L'État se trouve ainsi réduit à un rôle d'acteur parmi d'autres, en situation sinon de faiblesse du moins de compromis permanent, qui doit composer en dépit de ses références à l'intérêt général ou au service public.

Une troisième évolution creuse progressivement jusqu'à vider le centre de l'État, et ce sans espoir de retour en arrière. Un exemple topique pour les spécialistes de la vie des affaires publiques est celui de l'État fédéral américain. Le jeu de la représentation des intérêts privés et des influences y est éclaté entre une grande variété d'acteurs publics et privés, sur une multitude de scènes, d'enjeux, de résultats. Washington ressemble à une sphère sans noyau, car privée d'élites publiques, politiques ou administratives capables de médiatiser les intérêts et les enjeux qui s'opposent ou se juxtaposent. L'État fédéral est affaibli de manière substantielle. En effet il ne montre pas une capacité suffisante pour mettre en place des réponses et des instruments qui lui permettent de gérer ses interactions avec la société américaine de manière à faire endosser ses initiatives et ses objectifs avec l'appui de parties prenantes qui comptent. Celles-ci sont pour leur part de plus en plus puissantes et nombreuses, en charge de causes très particularistes et peu capables de médiatiser de façon stable une fonction d'arbitrage et de représentativité (Heinz, Laumann, Robert et Salisbury, 1996).

Sans atteindre l'intensité qu'il atteint aux États-Unis d'Amérique, ce même phénomène peut être constaté en France. Il suffit d'évoquer des cas comme ceux de la sécurité sanitaire des aliments humains ou le traitement de la question des pesticides pour en prendre la mesure. Les instruments classiques tels que la communication n'y suffisent plus, d'autant plus qu'il n'y a pas de consensus au sein même de la sphère administrative entre les divers segments concernés ou en charge formelle de la tutelle du secteur pour mettre le problème à l'agenda en tant que problème public.

Une quatrième évolution de fond est le développement d'une quasi-banqueroute durable des comptes publics.

Ce phénomène capital est généralement bien connu, on le mentionne ici pour mémoire. L'héritage du modèle de l'État providence, notamment avec des politiques qui ont perdu en efficacité alors que leurs coûts deviennent explosifs, se combine avec la fin des Trente glorieuses, époque d'une forte croissance accompagnée d'une inflation généralisée. À quoi s'ajoute la rébellion fiscale des classes moyennes. Désormais l'État est installé dans une situation persistante de manque de ressources financières, ce sous l'œil de surveillants institutionnels tels que la Commission de Bruxelles ou les instances en charge de la zone euro, pour ne citer qu'elles.

Une cinquième mutation majeure, l'emprise irrésistible du nomade sur le sédentaire, a un impact majeur pour l'État.

Les collectivités publiques, c'est-à-dire l'État, ses démembrements infranationaux et les organisations publiques, sont par nature insérées et rattachées de façon forte sinon exclusive à un territoire géographique. Celui-ci trace les limites de leur juridiction, de leur offre de service, de leur espace d'action légitime. Par comparaison les entreprises comme acteurs économiques ne sont pas ou guère territorialisées. Elles sont de plus en plus mobiles et font de plus en plus usage de leur liberté de changer de territoire dans tous les sens du terme, pas seulement en ce qui concerne leur implantation géographique, mais aussi, et c'est essentiel, en termes de secteur d'activité ou de régime juridique (comme ceux qui régissent le statut de leur personnel), de droits de la propriété ou de la concurrence, de fiscalité et de sources d'approvisionnement. Les services publics pour leur part ne choisissent pas leur clientèle : tous les citoyens-clients doivent être pris en compte. Alors que les entreprises privées peuvent sélectionner certains segments du marché, l'État est comparativement un nain stratégique car sa liberté de choix de domaines d'activité est beaucoup plus contrainte. Cette divergence en termes de capacité de mobilité et de positionnement discrétionnaire accentue – mondialisation aidant – une divergence majeure en termes de capacité stratégique. Un fossé s'est creusé et continue de se creuser entre les intérêts que poursuivent les uns et les autres et les finalités qui guident ou légitiment leurs actions. Les entreprises publiques, chargées d'une mission de service public et opérant en même temps sur le marché, font souvent face pour leur part à des contradictions entre un mandat attaché à un territoire et à ses habitants – à l'égal des collectivités publiques – et des impératifs économiques de concurrence sur les marchés, nationaux ou internationaux, dans lequel elles dispensent ou offrent des services marchands.

LA TENTATION DE JOUER DE LA RUSE DU FAIBLE

Comment l'État réagit-il à des évolutions qui, à l'exemple de celles qui viennent d'être évoquées, l'affaiblissent ? Un bref inventaire permet de constater qu'il est souvent tenté d'adopter des réponses opportunistes voire cyniques.

Il arrive que l'État et ses diverses composantes ferment les yeux sur des phénomènes, au point de ne pas les considérer comme relevant de l'attention des pouvoirs publics, de les traiter comme des non-enjeux sociaux ou politiques, donc de ne pas les inscrire comme une priorité sur leur agenda, c'est-à-dire sur le répertoire des problèmes auxquels ils envisagent de s'attaquer. La sphère publique ferme sa porte à des groupes qui défendent des causes dont ils espèrent faire des causes publiques. L'usage des pesticides agricoles en fournit une illustration bien connue : l'État en aura ignoré les dangers pendant de longues années. Nombreuses sont les illustrations de cet aveuglement sélectif. Elles concernent des thèmes ou des situations qui ne sont pas d'importance mineure par leurs conséquences pour l'État aujourd'hui et demain. Ainsi en est-il de la production d'énergie nucléaire ou de la lutte contre le réchauffement climatique. Il en est allé de même pour la montée de la dépendance de personnes âgées, sans oublier des causes comme le harcèlement sexuel ou l'égalité entre les genres en matière d'accès à des fonctions de direction et de rémunération.

Cette myopie sélective peut être saisie comme une ruse que l'État lui-même construit et même entretient pour masquer son impuissance. L'État a recours à une fiction : la demande sociale. Cela en endossant l'idéologie et les outils préconisés par le *New public management* (NPM) qui voit l'usager qu'il dessert ou l'assujetti qu'il administre comme un consommateur, et en affichant en même temps des velléités de démocratisation civique par des procédures dites participatives. En France cet usage a été théorisé et étendu de multiples manières : par des procédures légalement établies de recours à la consultation pour les grands travaux d'infrastructures comme la construction de nouveaux aéroports ou de lignes ferroviaires, par des dispositifs d'évaluation participative des politiques publiques (Viveret, 1989), par le recours répété aux sondages d'opinion préalables à telle ou telle décision étatique, par la mise en place de conférences de consensus pour faire face à des controverses technoscientifiques (Joly et Marris, 2003).

Postuler qu'une demande sociale existe en la déconnectant de la capacité de paiement entraîne deux conséquences qui affaiblissent l'État et la puissance publique. D'abord, cela met en question le principe de représentation, en faisant douter de la capacité des relais politiques, tant législatifs qu'exécutifs, voire même de celle de l'État, à sélectionner les enjeux et à élaborer l'agenda des politiques. Ensuite, si aucun paiement n'est exigé de la part du consommateur, en faisant de l'État le recours à tout type de demande, en n'imposant aucune limite ou presque à son action et au poids dont elle pèse sur les finances publiques. Quant à l'idéologie et à la procédure d'évaluation participative, elle n'est pas sans risque non plus pour l'État. D'une manière plus générale, la démocratie participative ou délibérative, souvent vue comme une façon de dépasser les limites de la démocratie représentative et élective, engendre un risque de mise en cause de l'État et des postulats simples qui fondent sa tutelle. Les exemples ne manquent pas en France.

A priori les revendications de participation constituent des menaces pour l'État car elles apparaissent souvent comme étant dirigées contre lui, pour s'opposer à des décisions qu'il a prises ou à des projets qu'il envisage de développer. Si l'État n'écoute guère ces mouvements d'opposition ou de refus, il peut néanmoins venir à les reconnaître, au besoin comme c'est le cas en France, par des dispositifs officiels parfois assortis de subventions pour les accompagner. L'encadrement qu'il offre ainsi est ambigu à au moins deux titres. D'une part il espère pouvoir mieux contrôler et limiter de tels mouvements qu'il ne peut le faire qu'avec la seule logique de maintien de l'ordre public. D'autre part loin de contenir, d'apaiser voire d'interrompre de telles dynamiques de blocage et de contestation, il les reconnaît au point de les encourager. Sans compter le fait que l'État lui-même ne s'abstient pas de prendre l'initiative de telles procédures, affaiblissant ainsi la démocratie représentative et les corps intermédiaires qui la structurent. Ainsi il aura recours à des formes de consultation telles que des interviews sur place ou sondages sur place d'un petit nombre de personnes, ce qui ne renforce en rien les fondements de la démocratie représentative et élective. Le recours par l'État et par les collectivités locales à diverses procédures – concertation ouverte, référendum ouvert aux électeurs locaux – peut se révéler être une ruse sans véritable efficacité, qui modifie peu les attitudes des parties prenantes, mais crée des précédents que d'autres cherchent à imiter. Sous prétexte d'éteindre le feu, la ruse de l'État conduit à alimenter les foyers de futurs incendies.

Les ruses de l'État ne règlent pas non plus le déficit de sa légitimité.

Le clientélisme constitue une autre forme de ruse qui aboutit à terme à des résultats inverses de ceux qu'espérait l'État, voire qui engendrent des cercles vicieux. La constitution par le politique de coalitions d'intérêts qui donnent satisfaction à un ensemble de minorités à un coût apparemment faible puisque la charge de la distribution des satisfactions est diffuse. Elle entraîne pour conséquence le fait de provoquer une réaction forte voire l'ire de la majorité des non-bénéficiaires (Olson, 1978). Ce mode de satisfaction des intérêts de clientèles particulières est désormais mis en cause par des pratiques dont l'État tirait et tire encore usage pour établir sa puissance sociétale.

Le cumul des mandats électifs et la régression concomitante du rôle local des administrations d'État fournissent eux aussi des exemples de réponse par la ruse à une menace.

Le cumul des mandats permettait des pratiques de cooptation, les services territoriaux des administrations faisant leurs les intérêts des territoires dont ils avaient la juridiction à travers ceux de leurs dirigeants politiques, et ces derniers en retour faisant les intérêts de leurs correspondants locaux et des juridictions qu'ils représentaient (Crozier et Thoenig, 1975). Cette situation fournissait à l'État des ressources d'action et d'influence tout à fait exceptionnelles grâce à ce mécanisme de régulation croisée. Les jeux les plus gagnants-gagnants se déroulaient quand des élus cumulaient des mandats locaux, intermédiaires et nationaux. Ce cumul a fait l'objet d'une limitation croissante, surtout en termes du nombre de mandats exécutifs des élus, affaiblissant ainsi substantiellement le pouvoir des bras armés de l'État que sont ses services déconcentrés, tandis que les collectivités territoriales se dotaient de leur propre savoir-faire technique et administratif, sous-traitant de moins en moins le conseil voire l'exécution à ces services de l'État. Les intérêts des partenaires de jadis convergent de moins en moins, et les services de l'État peinent de plus en plus à utiliser la satisfaction de tel ou tel intérêt particulier comme base de pouvoir local. Ici encore, ne pas donner d'autonomie réelle sur les attributions critiques pour la gestion des institutions – recettes financières, ressources humaines, etc. – ne renforce ni la légitimité de l'État ni celle des corps intermédiaires chargés de leur direction (maires, présidents) bien au contraire.

Une autre illustration concerne le pantouflage des fonctionnaires notamment vers le monde économique.

Certes une pression accrue s'exerce pour qu'un encadrement plus strict soit assuré par l'État sur les nominations à des fonctions du secteur économique et des entreprises. Il en va de même pour les allers et retours entre des postes dirigeants de l'administration et des entreprises tant industrielles que bancaires et les cabinets internationaux de conseil. Néanmoins le phénomène est loin de disparaître tant s'en faut. Le clientélisme et le lobbying classiques ne diminuent pas, ils revêtent simplement un visage et une forme différents.

Deux autres sortes de ruses couramment adoptées par l'État méritent une mention rapide, car elles aussi entraînent des effets pervers ou en tout cas n'offrent que des rustines passagères.

L'une est le recours à l'usage symbolique de la régulation.

L'État régule de moins en moins voire plus du tout sur le fond. Plus précisément il fait un usage de la régulation qui n'a aucune prise réelle sur les domaines ou les enjeux dont il traite, alors que menace l'inflation du recours à la loi et à l'édiction de règles. Le Journal officiel publie par an 75 000 pages de texte. Le nombre de décrets parus oscille autour des

1 700 par an. En 2017, 8 913 arrêtés et environ 1 400 circulaires ont été émis. Les cas les plus spectaculaires relèvent de la régulation économique tant réglementaire qu'incitative. La capacité dont dispose l'État pour faire face à des groupes pharmaceutiques mondialisés en termes de ventes de marchés est très faible sinon nulle, qu'il s'agisse de la fixation des prix de médicaments protégés par des brevets ou de médicaments originaux appelés princeps. Certes leur prix doit être en France validé par l'État. Pourtant ce sont les groupes industriels qui en réalité imposent leur loi en matière de prix. La régulation publique est symbolique. Dépassé, l'État se défausse et se rabat sur les seuls médicaments génériques en matière de véritable régulation des prix. Sur l'essentiel, il ne peut rien, ou du moins pas grand chose.

L'autre type de ruse tient dans la réduction de l'action de l'État à la gestion de l'ordre public.

Plus précisément le rôle de l'État providence, avec ses mesures de redistribution au profit des classes défavorisées, se réduit à une politique d'État secouriste, avec l'espoir qu'elle permettra de maîtriser l'ordre public nécessaire aux créateurs de richesse. Sans tomber dans un discours marxien de lutte des classes ni donner le sentiment d'une sorte de conspiration patronale (« les méchants » du Mouvement des entreprises de France ou MEDEF) contre « les gentils » de l'École nationale d'administration, les faits renforcent une telle observation : les effets de cette séparation des fonctions sont eux aussi attisés par des organisations opérant tant dans le monde agricole que dans la défense des intérêts des salariés. Il suffit à cet égard de comparer le début du troisième millésime aux années des Trente glorieuses quant à la capacité secouriste de l'État et à son rôle d'appui à la création de richesses. Son déport vers la marge saute aux yeux.

Plus généralement la réponse de l'État est-elle alimentée par des phénomènes de mimétisme, la France copiant les réponses qu'adoptent d'autres pays et qui sont jugées comme des succès en matière de modernisation ? Pourquoi par exemple ne pas reproduire clés en mains ce qu'ont fait depuis les années 1980 déjà des gouvernements et des Parlements comme ceux de Nouvelle-Zélande, d'Australie ou encore de Suède et de Norvège, soit des initiatives et des réalisations inspirées par une doctrine comme le *New public management* (NPM) et valorisées par l'Organisation de coopération et de développement économiques (OCDE) ?

Cette idéologie managériale qu'est le NPM s'est formalisée dès la fin des années 1970. Elle nie toute différence de nature entre gestion publique et gestion privée, ou en tous cas elle la minimise. Elle privilégie le culte du résultat, sans qu'il soit toujours clair si ce résultat concerne l'efficacité en termes d'atteinte des objectifs des politiques ou l'efficience de ses modes de production en termes de ratio résultat/coût. En conséquence, elle réclame une approche pragmatique des problèmes et un meilleur partage des rôles entre le niveau du pilotage – soit le pouvoir politique qui prend les décisions stratégiques et fixe les objectifs – et le niveau de l'exécution, dont l'administration a la charge. Le citoyen devient un client sur des marchés ou des quasi-marchés. Il paye un service et est capable de mettre en concurrence les secteurs public et privé autrefois considérés comme offrant des biens publics. Des agences publiques bénéficient d'une grande décentralisation, sous contrat avec l'administration et sont évaluées en permanence à l'aide d'indicateurs de gestion d'un service.

Pourtant le pari du NPM s'avère téméraire. En effet un de ses postulats de base est que l'appareil d'État tire bénéfice, en termes de coûts et de qualité de service, à s'aligner en temps réel sur les meilleures pratiques des entreprises, et qu'il se montre en conséquence flexible et ouvert à cet aggiornamento. Cette mutation cependant n'est pas évidente, loin de là, ne serait-ce que parce que les entreprises sont en avance sur l'État sur les modes d'action qui entrent dans les domaines mêmes de ce dernier, par exemple en matière de plateformes et de moteurs de recommandation. Un deuxième postulat présuppose que les consommateurs d'action publique possèdent les moyens financiers, cognitifs et informationnels pour acquérir la prestation qu'ils souhaitent sur le mode le plus rationnel possible. Cerise sur le gâteau, le NPM réserve les décisions stratégiques et la fixation des objectifs au seul pouvoir politique.

Cette idéologie n'aura pas vraiment conquis le public des dirigeants politiques et administratifs de l'État, qu'ils soient de gauche ou de droite. En fait les responsables français de l'État n'ont jamais été aveuglés par le *New public management*, contrairement à ce qu'affirment de façon péremptoire et dénoncent certains cercles intellectuels et sociologues (Bezes, 1999). En France le NPM a été utilisé comme un fourre-tout, qu'on invoquait, sans plus, car c'était la mode. La ruse de l'État consistait à faire du NPM une alternative à laquelle il ne croyait pas. Comme le montrera plus loin ce présent ouvrage, l'appropriation des outils du NPM a contredit à peu près totalement ses prémisses.

Au terme du rappel de ces éléments de contexte, une question reste posée. L'État est-il capable de trouver des réponses adéquates ? Autrement dit, est-il apte à se mettre en ordre de marche ? Pour répondre, il faut bien entendu au préalable définir ce que sa modernisation peut signifier en termes de contenus et de mobilisation instrumentale.

CE QUE MODERNISER
L'ÉTAT VEUT DIRE

Le sujet auquel s'intéresse le présent livre est celui de la réforme de l'État, que cette réforme de l'État soit opérée par des politiques voulues ou présentées comme des actions de changement radical voire brutal, sortes de Nuit du 4 août, ou par une suite de démarches plus modestes, plus douces, moins claironnées sur la place publique et étalées sur une longue période. Peu importe que le changement soit conçu et mis en œuvre à un niveau local ou national, qu'il affecte un ministère dans son ensemble ou un de ses services en particulier. Peu importe aussi quel pavillon est utilisé pour couvrir ces opérations de changements. En d'autres termes les étiquettes sont ici secondaires par rapport à la substance des réformes.

Face à un nombre considérable de réformes qui se sont déroulées depuis plusieurs décennies en France, il paraît indispensable d'accorder une attention plus particulière aux grandes opérations qui se succèdent désormais à intervalles réguliers, ne serait-ce qu'en raison de leur média-tisation, des espoirs qu'elles soulèvent ou ont pu soulever, et des aspects symboliques qu'elles véhiculent. Ces opérations qui sont présentées dans le chapitre suivant ont fait usage d'appellations relativement variées. Pour ne prendre que les deux extrémités du demi-siècle retenu, soit entre 1968 et 2018, elles ont à l'origine emprunté la référence de la rationalisation des choix budgétaires (RCB) pour aboutir à celle de la transformation de l'action publique (AP22). Durant cette période des appellations se sont succédées qui ont entremêlé des termes comme ceux de réforme, de modernisation ou de renouveau. Le présent livre prend le parti de les désigner en leur appliquant une même appellation générique, celle de modernisation de l'État.

À croire la définition que les dictionnaires donnent de la modernisa-tion, le terme appliqué au cas de l'État désigne sa volonté de se mettre au goût du jour, de bénéficier des progrès récents et fulgurants de la technique et de la connaissance. Or elle recouvre des facettes ambivalentes.

D'un côté, la référence à l'air du temps suggère qu'il s'agit de ne pas déparer au milieu de ce qui se fait ou se dit autour de soi. Dans ce cas, la modernisation renvoie à un comportement qui consiste à respecter et à se conformer aux normes qui sont à la mode dans les écoles de management et dans les entreprises. Elle flirte avec l'idée de mimétisme. Sur le plan discursif elle repose sur l'adaptation aux termes, aux expressions et au vocabulaire en vigueur dans l'avant-garde du progrès ou des cercles nationaux et internationaux branchés. Elle est notamment très marquée par le souci de la communication et par l'apparence.

D'un autre côté, la référence aux progrès récents de la technique et de la connaissance, l'inscrit dans une logique d'accumulation réelle ou supposée de savoirs pratiques avec la volonté d'en tirer parti pour la réalisation des objectifs poursuivis. S'agissant de la modernisation de l'État, cette dualité est particulièrement adaptée. Car face à l'annonce des réformes, à la lecture des dispositions qu'elles contiennent ainsi qu'à l'étude de la façon dont ces dispositions sont mises en œuvre, il est difficile pour l'observateur de séparer le bon grain de l'ivraie, de savoir si le flacon enferme un nectar inédit ou un breuvage déjà vu, voire trop connu. En outre, la notion de modernisation laisse entendre que le temps laissé à la mise en œuvre d'un programme donné est, sauf pour de rares exceptions, très court, de deux à trois années effectives en moyenne, inscrites dans une logique d'accumulation réelle ou supposée de savoirs pratiques au service de la réalisation des objectifs poursuivis. Le propre d'une mode est de mourir assez rapidement, notamment en gestion.

Le présent ouvrage propose une interprétation de cet objet appelé modernisation de l'État qui se décline d'une manière précise. Le parti adopté est que toute réforme de l'État peut porter sur un certain nombre de grandes dimensions qu'il importe de distinguer analytiquement même si l'action concrète de réforme peut les entremêler.

Nous identifions cinq dimensions : le champ d'action de l'État, l'organisation des pouvoirs publics et la macrostructure qui lui est associée, les modes de relation de l'État et de ses segments avec la société, le management public ou le pilotage de ses organisations, l'utilisation de l'innovation technologique.

LE CHAMP D'ACTION

Il est banal de constater que le champ d'action de l'État s'est constamment élargi avec le temps. Les raisons en sont multiples : la prise en compte d'une nécessaire solidarité dans le fonctionnement de la société, par exemple par le recours à l'État-providence, l'exigence de réguler l'économie de marché, ou encore l'obligation de résoudre les problèmes nés des nouvelles technologies dans des domaines très divers comme celui des libertés publiques, des droits de propriété intellectuelle ou de la concentration de firmes. Or la limitation du champ d'action de l'État est périodiquement inscrite à l'agenda politique sous des formes ou slogans divers tels que « moins d'État » ou « recentrage de l'État sur ses missions essentielles ».

De surcroît le terme d'État peut s'entendre dans deux sens différents.

Le premier, défini par la nomenclature internationale comme le *general government* des comptes nationaux, comprend l'ensemble des administrations publiques : administrations de l'État central, administrations locales et administrations sociales. Il englobe donc les trois fonctions publiques – État, territoriale, hospitalière – que distingue le droit positif français.

Le second sens se rapporte au seul État central ou *central government* tel que défini par la littérature anglophone. Le champ d'action de ce dernier est aussi circonscrit – étendu ou restreint – par les dévolutions de compétences que l'État opère au profit des collectivités territoriales : il concerne donc les décentralisations ou recentralisations au sens que revêtent ces expressions en droit public français.

Le champ d'action actuel de l'État français est de fait quasiment illimité. Ses bornes sont pour l'essentiel tracées par le préambule de la constitution. Elles concernent d'abord et avant tout les libertés publiques. Ce sont les juges, qu'ils soient constitutionnels comme ceux du Conseil constitutionnel ou administratifs comme ceux du Conseil d'État et des autres juridictions administratives tels que les tribunaux administratifs et les chambres administratives d'appel, qui veillent non pas au caractère illimité de ces libertés mais à la conciliation et à l'équilibre, au cas par cas et texte par texte, entre ces libertés et les nécessités de l'action de l'État. Le seul domaine véritablement exclu du champ d'action semble découler du principe de laïcité. Une des faces de celui-ci veut que l'État ne s'occupe pas du religieux, tant qu'il ne touche pas à l'ordre public. Les mots d'ordre tels que « moins d'État » ou « recentrage sur les missions de l'État », qui en principe peuvent viser le champ d'action de l'État, ont donc sans doute plus de chances de porter sur les modes d'action de l'État que sur la limitation effective de son champ.

LA MACROSTRUCTURE

La deuxième dimension de la réforme de l'État par la modernisation concerne l'organisation des pouvoirs publics en termes de macrostructure. Elle touche au pouvoir, à la division du travail et des compétences entre ses sphères délibératives, exécutives et judiciaires, et entre grandes entités qui les composent.

C'est elle qui est visée dans le débat politique lorsque d'aucuns réclament une VIᵉ République, revendication exprimée depuis le début des années 1960, ou plus modestement quand des révisions constitutionnelles touchent au corps même de la constitution, et non pas à son seul préambule. C'est cette organisation ou macrostructure qui est concernée par des lois organiques ou ordinaires concernant la décentralisation des pouvoirs au profit des collectivités territoriales, posant et réformant les modes de regroupements de celles-ci, en 2014 avec la Modernisation de l'action publique territoriale et l'affirmation des métropoles[1], ou en 2015 pour une nouvelle organisation du territoire[2], qui se veut l'acte III de la politique de décentralisation entamée en 1981. Elle accroît le périmètre des régions par des fusions. Elle étend aussi leur rôle et leurs compétences propres. Elle renforce l'intercommunalité. Elle veut améliorer la transparence des actes des collectivités territoriales.

C'est la macrostructure qui est en cause quand on transforme une partie de l'administration de l'État en établissements publics, par exemple

---

1   Loi nº 2014-58 du 27 janvier 2014 de Modernisation de l'action publique et d'affirmation des métropoles. Dite « loi MAPAM ».

2   Loi nº 2015-991 du 7 août 2015 portant nouvelle organisation territoriale de la République. Dite « loi NOTRe »

par la création de l'Agence nationale pour l'emploi (ANPE) devenue depuis par la fusion avec les associations pour l'emploi dans l'industrie et le commerce (ASSEDIC) le Pôle emploi, ou quand sont créées des Agences régionales de l'hospitalisation élargies depuis en Agences régionales de santé (ARS). C'est encore de cette macrostructure qu'il s'agit quand sont créées des autorités administratives indépendantes, organismes de droit public ne dépendant pas du pouvoir exécutif et qui font exception à l'article 20 de la Constitution selon lequel le gouvernement dispose de l'administration. Apparues dans les années 1970, leur régime général aura attendu 2017 pour faire l'objet d'une formalisation par la loi[3]. Ces institutions, telles l'Autorité de la concurrence, l'Autorité des marchés financiers, le Conseil supérieur de l'audiovisuel, le Défenseur des droits, ou l'Autorité de sûreté nucléaire, pour n'en citer que quelques-unes, occupent pour beaucoup d'entre elles une place importante dans la vie publique. Elles jouent un rôle fortement médiatisé dans la régulation des secteurs économiques et la protection des libertés publiques. C'est encore de réforme de la macrostructure qu'il s'agit quand l'État incite puis oblige les universités, qui sont des établissements publics, sinon à fusionner du moins à collaborer dans des pôles de recherche et d'enseignement supérieur (PRES), puis en 2013 dans des communautés d'universités et d'établissements (COMUES).

Les réformes macrostructurelles soulèvent des problèmes assez similaires à celles des microstructures, que l'on examine ci-après dans la dimension dite de management. Pourtant elles s'en différencient par l'importance que revêtent ou paraissent revêtir certaines considérations idéologiques dans leur élaboration, les signaux et symboles qu'elles émettent, par exemple en direction du grand public ou des autorités de l'Union européenne, notamment lorsqu'elles apparaissent comme des applications des directives de mise en concurrence dans des secteurs jusque-là organisés de façon monopolistique comme l'électricité et le trafic ferroviaire. Les réformes microstructurelles pour leur part peuvent être également considérées comme des signaux, mais à un degré moindre, et sont surtout moins médiatisées que les réformes de macrostructures.

---

3   Loi organique du 20 janvier 2017 portant statut général des autorités administratives indépendantes et des autorités publiques indépendantes.

LES MODES D'ACTION

Un troisième volet que peuvent couvrir les réformes de l'État concerne ses modes de relation avec la société. Plus précisément il englobe, d'une part, les modes d'action ou les outillages qu'adopte l'État pour ce faire et, d'autre part, les attitudes de ses composantes face aux membres de la société, citoyens, usagers ou contribuables, personnes physiques ou organisations privées.

Une des caractéristiques depuis longtemps soulignée est la grande variété des modes d'action de l'État dans la poursuite de ses fins.

Au premier plan de ces modes d'action figurent les différentes formes d'usage de la contrainte, elle-même indissociable du monopole de la violence légitime propre à l'État (Weber, 1959). Ce dernier peut ainsi interdire ou obliger à faire, par exemple à mettre une entreprise en conformité avec des normes, à porter assistance à personne à danger ou à déclarer son changement de domicile. Il peut faire un usage direct de la coercition pour maintenir l'ordre public, arrêter les auteurs présumés d'actes de crimes et délits et les sanctionner, effectuer des opérations militaires contre des États ou groupes ennemis. Il peut imposer des prélèvements obligatoires.

L'État peut aussi distribuer de l'argent, sans engagement de la part du bénéficiaire comme c'est le cas pour certaines aides sociales, ou en contrepartie de certains engagements comme dans certains cas d'aides à l'emploi, à l'exportation ou à l'investissement.

Il peut encore construire et gérer des équipements mis à la disposition de la population ou de certains des groupes qui la composent : c'est le cas entre autres en matière de routes, stades, salles diverses, parcs et espace verts.

Il distribue gratuitement des biens et services comme l'enseignement ou les services de dispensaires, ou contre une rétribution plus ou moins liée au coût comme en matière de restauration scolaire, d'hospitalisation ou de contrôle de la navigation aérienne, pour n'en citer que quelques-uns.

Il lui est également possible de contracter avec des tiers, avec d'autres entités publiques ou privées, ce afin d'assurer la mise en œuvre de ses politiques.

Il fait appel à des campagnes de communication pour essayer de persuader et convaincre chacun de ne pas fumer, de ne pas conduire sous l'emprise de l'alcool, en téléphonant avec son portable et sans excès de vitesse, d'aller voter ou de trier ses déchets.

Ce foisonnement des modes d'action a conduit la littérature à caractériser leurs composantes et contours avec plus ou moins de succès (Mény et Thoenig, 1989).

Une typologie devenue classique qualifie une politique publique à partir de la façon dont la coercition publique affecte l'assujetti (Lowi, 1964). Elle distingue cinq types de politiques. Celles qui sont appelées réglementaires font usage de normes autoritaires d'obligations et d'interdits qui affectent le comportement des assujettis directement par des sanctions. Les politiques dites distributives allouent des autorisations, des faveurs ou des dérogations à des cas particuliers nommément désignés. Les politiques redistributives pour leur part édictent des critères qui donnent accès à des avantages au profit de classes d'assujettis non individuellement désignés. Les politiques dites constitutives voient la puissance publique agir par la définition de règles sur les règles ou par la création d'organismes publics. Quant aux politiques symboliques, elles se caractérisent par le recours à des annonces : l'autorité publique fait savoir qu'elle se saisit d'un problème, mais aucune suite n'est donnée en termes de mise en œuvre effective.

Une autre typologie des instruments d'action publique ou de gouvernance est plutôt fondée sur les types de ressources dont dispose l'État pour rassembler des informations sur la société ainsi que pour influer sur le comportement de ses membres (Hood, 1983). Elle distingue quatre types de ressources : la capacité du gouvernement à opérer comme un nœud dans les réseaux d'information, l'autorité issue du pouvoir légal du gouvernement ainsi que des autres formes de légitimité, les finances publiques incluant les actifs de l'État y compris liquides, et enfin l'organisation déterminant la capacité d'action du gouvernement par le moyen de l'armée, de la police ou de l'administration.

En tout état de cause le choix des modes d'action par l'État est une variable centrale des politiques publiques. Il est porteur de valeurs, il est lié à des idéologies et à des conceptions de son rôle. Par exemple une idéologie libérale, et cela sans qu'il soit nécessaire de la restreindre au libre fonctionnement du marché, considère la contrainte comme une solution de dernier recours. C'est ce que suggère par exemple une circulaire d'un organisme fédéral américaine directement rattaché à la Maison blanche, l'*Office of management and budget*[4]. Le dispositif que mobilise une action publique peut être défini comme à la fois technique et social. Il organise des rapports sociaux spécifiques entre la puissance publique et ses destinataires en fonction des représentations et des significations dont il est porteur (Halpern, Lascoumes et Le Galès, 2014). Ainsi il existerait une correspondance entre types de dispositifs, type de rapport politique qu'ils opérationnalisent et type de légitimité qui sous-tend ce rapport. Par exemple, à côté d'un État utilisant les classiques instruments de type législatif et réglementaire, tuteur du social et s'appuyant principalement sur la légitimité élective, un État utilisant des instruments incitatifs et contractuels serait un État mobilisateur recherchant la légitimité par la voie d'engagements directs. Un État utilisant des dispositifs d'information et de communication serait un État soucieux de la démocratie du public et appuyant sa légitimité sur l'explicitation de ses décisions et la responsabilisation des acteurs. Dans les faits ces divers types ne sont pas exclusifs les uns des autres.

Cette mise en relation des dispositifs, des rapports au politique et des types de légitimité est intéressante dans la mesure où l'on pourrait estimer qu'une véritable réforme de l'État ferait passer d'un type de rapport politique à un autre. Cependant les relations doublement biunivoques sont tributaires de la prédominance des représentations et des significations sur l'efficacité réelle ou supposée d'un dispositif à atteindre certains objectifs. Par exemple, la force des incitations qui encouragent une entreprise à investir ou à ne pas débaucher peuvent relever de l'usage par l'État d'instruments de type économique ou fiscal aussi bien que d'instruments de type conventionnel et incitatif. Elles peuvent conduire à l'utilisation d'outils jugés efficaces par le pouvoir sans que ce choix puisse être interprété comme un choix en faveur d'un rapport politique. En d'autres termes l'accent mis sur l'instrumentalité de ce que l'on appelle les instruments d'action publique ouvre la voie à des pratiques hybrides de la part des réformateurs de l'État.

---

4   *Office of management and budget. Circular A-4 September 17, 2003: To the heads of executive agencies and establishments. Subject: Regulatory Analysis Improving Regulatory Impact Analysis through Process Reform.*

En même temps le choix des instruments engendre d'importantes conséquences concrètes. Ainsi il détermine les activités que les administrations doivent mener pour mettre en œuvre des politiques publiques et qui forment un large éventail allant de l'instruction de dossiers au contrôle, en passant par la communication externe et l'allocation de biens et de services. Les dispositifs retenus ont une incidence directe pour les compétences qu'elles doivent mobiliser en termes d'effectifs et de professionnalité. Ils conditionnent aussi largement les modes de consommation de ressources qu'elles génèrent, sans oublier l'image que les administrés, les groupes sociaux, les individus et les entreprises ont de l'État.

Un second volet des modes de relation avec la société couvre l'attitude de l'État et de ses services dans la mesure où celle-ci détermine l'image de la puissance publique véhiculée par le corps social et le vécu de la relation des citoyens, usagers et contribuables à la puissance publique.

Un certain nombre de principes traditionnels peuvent ou pouvaient être interprétés comme exprimant la volonté de l'État d'échapper à la condition commune, de se mettre au-dessus de la société et de ses membres. Sans parler de l'existence d'un ordre juridique particulier incarné par le droit public et l'existence de tribunaux de l'ordre administratif, dispositifs que l'on peut plutôt ranger dans l'organisation des pouvoirs publics. Il s'agit par exemple du principe selon lequel nul n'est censé ignorer la loi, ou de celui, heureusement supprimé dans de nombreux domaines, selon lequel l'absence de réponse de l'administration à une demande adressée par un assujetti vaut décision négative. Par ailleurs il existe toutes sortes de barrières auxquelles l'administré se heurte dans son contact avec les autorités décisionnaires. Les organigrammes des services et des bureaux sont plus ou moins inintelligibles. Les personnes réellement chargées des problèmes exprimés par l'administré sont anonymes. Des formulaires rédigés de façon abrupte doivent être correctement utilisés et remplis. L'usage de l'internet préconisé voire imposé par les services publics pour traiter des dossiers et des demandes désoriente beaucoup d'usagers et administrés âgés.

À l'inverse, l'État se rapproche du citoyen, de l'usager, de l'assujetti lorsqu'il veille à développer une bonne capacité d'écoute, à fournir une explication simple du dossier de l'administré, du processus qui s'applique à son problème, et lorsque les agents publics manifestent une certaine bienveillance, voire recherchent un arrangement à l'amiable dans l'application d'une procédure. Ainsi on peut être surpris de constater que des administrations que l'on tendrait à considérer souvent comme des repoussoirs bureaucratiques, tels que les services fiscaux ou certains services sociaux, emportent la satisfaction des assujettis lorsqu'ils se déplacent pour traiter en tête à tête un problème spécifique avec un agent de ces administrations. La capacité à offrir des marges d'arrangement local à ses services déconcentrés constitue en France et pour l'État un atout essentiel pour son insertion durable dans le tissu social et politique diversifié de son territoire (Dupuy et Thoenig, 1985). Elle offre de la flexibilité dans l'application de dispositifs procéduraux et de critères impersonnels rigides. La hiérarchie compte sur le fait que les exécutants savent interpréter la manière de les appliquer en fonction des circonstances tout en restant dans les clous de l'acceptable et du raisonnable. Une autre fonction latente et majeure de ces arrangements locaux est de permettre aux services de l'État et aux représentants de divers secteurs de la vie locale de parler un même langage pour l'action, de partager des normes communes (Crozier et Thoenig, 1975).

À l'évidence, la modernisation de l'État concerne donc aussi l'attitude de l'État, qu'elle soit encastrée dans des principes juridiques ou qu'elle résulte du comportement d'agents de tous les niveaux, notamment des agents de guichet, comportements dépendant eux-mêmes de la culture en vigueur dans leurs services et du degré d'autonomie voire de la marge d'interprétation discrétionnaire que leur confie la hiérarchie.

LE PILOTAGE DES ORGANISATIONS PUBLIQUES

Aux trois dimensions de la réforme de l'État que sont son champ d'action, la macrostructure régissant la distribution des trois pouvoirs, et les relations avec la société, il faut en ajouter une quatrième qui couvre le management proprement dit, à savoir le pilotage des organisations publiques.

S'agissant de l'État en France, parler d'organisations peut paraître surprenante. Car aucun texte officiel n'utilise ce terme contrairement à ceux de ministère, d'administration centrale, de services déconcentrés ou aux vagues mais commodes termes d'organismes voire d'entités. Pourtant l'État est composé d'organisations ou de quasi-organisations si l'on définit celles-ci par une triple caractéristique. Ce sont des entités dotées d'une finalité. Elles sont relativement fermées, c'est-à-dire ont une frontière qui les distingue de leurs environnements. Enfin elles exercent une fonction de production consistant à transformer des ressources en un certain nombre de productions, produits tangibles ou services plus abstraites. Une préfecture est une organisation au même titre que l'est la Direction du budget à Bercy.

Les grands axes du management sont souvent énoncés par les sciences de la gestion comme au nombre de quatre : la finalisation, l'animation ou l'activation, le contrôle, et l'organisation (Thiétart, 2017).

La finalisation recouvre tout ce qui concerne les lignes directrices, les objectifs, l'agencement des différents niveaux de façon à ce que les objectifs d'un service à l'intérieur d'une organisation concourent bien à la réalisation d'objectifs de niveau supérieur de celle-ci. L'animation recouvre l'ensemble des activités visant à la bonne appropriation des objectifs par les membres de l'organisation. Elle inclut la gestion des ressources humaines et la motivation du personnel. La réduction de facto par certains consultants ou certains responsables administratifs du management à ce seul axe de l'animation-activation est inopportune car elle sous-estime l'interdépendance des quatre axes. Le contrôle remplit une double fonction : d'une part s'assurer que les résultats obtenus sont en phase avec les objectifs poursuivis, fonction relevant d'une approche dite de contrôle de performance (ou contrôle de gestion), d'autre part éviter des risques de toute nature, qu'ils soient notamment comptables, financiers, d'infraction à la légalité, de fraude ou de piratage informatique, auxquels toute entité est exposée, fonction confiée à ce qu'il est convenu d'appeler le contrôle interne. L'organisation quant à elle concerne l'agencement des responsabilités, la division des tâches, l'affectation des rôles, la nature des compétences requises à l'intérieur d'une entité. Dans le secteur public, on peut estimer que cette fonction traite des microstructures, les macrostructures relevant du ressort de l'organisation des pouvoirs publics.

LES TECHNOLOGIES AVANCÉES

La modernisation de l'État peut couvrir une cinquième dimension, celle de l'innovation technologique.

De nos jours et dans les activités de service, la technologie est assez largement assimilée à l'informatique et à ses dérivés. Elle ne se limite cependant pas au numérique. En matière de police judiciaire les progrès de la police scientifique constituent un exemple de ce que la technologie peut apporter aussi bien en termes de qualité de la production publique qu'en termes de relation avec les usagers. En venant doubler la vieille technique de reconnaissance des empreinte digitales, l'analyse de l'ADN améliore la probabilité d'identifier des auteurs de crimes et délits et réduit ou pourrait réduire l'importance de l'aveu dans les procédures pénales, importance notablement attentatoire aux libertés publiques lorsqu'il est sur-utilisé comme moyen d'établir la vérité en complément de la garde à vue et la prison préventive.

Pour sa part, l'utilisation de l'informatique dans l'administration concerne un large éventail d'activités. Elle apporte ses énormes capacités de mémoire, de calcul et de traitement de l'information à nombre de fonctions supports : le budget et la comptabilité, le contrôle de gestion et le contrôle interne, les achats ou encore la gestion des ressources humaines. Elle prend une importance croissante dans les politiques publiques d'au moins deux manières. Au niveau de leur élaboration, en traitant des *big data*, elle peut conforter des diagnostics sur des problèmes mis à l'agenda politique, permettre de mieux anticiper les conséquences des option retenues par exemple en facilitant l'évaluation *ex ante*, étayer des évaluations *ex post* de l'impact des politiques. Au niveau de la mise en œuvre, elle peut aider par une informatique de production à délivrer des aides, assurer la liquidation et la collecte des impôts ou encore pour contrôler les assujettis au port d'un bracelet électronique.

La maîtrise de l'usage de la technologie par l'administration ne paraît pas évidente si l'on en juge par les difficultés voire les ratages complets qu'on peut observer dans les innovations les plus ambitieuses : échec de l'Office national de paie initialement destiné à centraliser le traitement de l'ensemble des fonctionnaires, scandale des dysfonctionnements du logiciel Louvois quant à la paye des militaires, etc. Cependant les espoirs mis dans les technologies du numérique pour accroître la productivité des administrations et améliorer le rapport aux citoyens et usagers (Bertholet et Letourneau, 2017) justifient qu'on en fasse une dimension à part entière de la modernisation de l'État, même si elle n'est en fait qu'un support des autres dimensions.

L'énumération des cinq dimensions qui précède ne doit pas être interprétée comme si elle désignait cinq objets qui seraient par nature distincts les uns des autres. L'intérêt essentiel de ce découpage est de faciliter le repérage des réformes effectuées ou à venir, en se libérant de la sémantique utilisée par leurs promoteurs, qui, comme tout outil de communication, peut souvent être trompeuse. Les frontières de ces dimensions ne sont ni précises, ni étanches. Ainsi certaines macrostructures rangées dans l'organisation des pouvoirs publics peuvent être rapprochées des microstructures qui sont incluses dans les mesures regroupées dans les activités de management. Par ailleurs les définitions de ces dimensions peuvent varier, par exemple pour inclure dans le « management » l'ensemble des relations avec les usagers classées ici dans la dimension qui couvre les attitudes de l'État et de ses services.

Cela étant, une confusion doit être impérativement évitée : réformer l'État et transformer la société constituent deux choses distinctes. Supprimer le statut de fonctionnaire en transformant une administration en entreprise de droit commun, ou réduire sensiblement les interventions de l'État pour des raisons soit d'idéologie néo-libérale soit de déficit financier, touche directement l'État et ses agents. Ouvrir le mariage à des couples du même sexe, introduire une majorité sexuelle à 15 ans, établir des normes opérationnelles d'égalité entre genres, sont autant d'exemples des multiples réformes qui transforment la société sans pour autant réformer l'État.

DEUXIÈME PARTIE

UN DEMI SIÈCLE DE REFORMES DE L'ÉTAT

Des politiques *a priori* ambitieuses de modernisation de l'État se succèdent, parfois à vive allure, en France. Elles sont de nature transversale ou interministérielle, c'est-à-dire qu'elles affectent un large spectre de ministères, d'administrations et d'organismes publics. Elles se traduisent par des décisions prises de façon parfois solennelles par les autorités politiques au sommet de l'État. Elles promettent des avancées majeures qui feront basculer le gouvernement des affaires publiques dans l'ère moderne. Elles font l'objet, un temps en tout cas, d'une forte médiatisation.

Pas moins de huit politiques ou programmes de réformes transversales prétendant moderniser la façon de gouverner et d'administrer les affaires publiques se sont succédées de la fin des années 1960 à l'année 2018. De quoi donner le tournis même à qui la chose publique est familière ! Mieux encore, le flux ne s'est pas amenuisé au fil des ans. Un inventaire des programmes transversaux élaborés et affichés par les gouvernants, et ce quelles que soient les alternances politiques, s'avère donc nécessaire pour familiariser le lecteur à cette véritable avalanche de mesures apparemment hétéroclites.

Par-delà leur apparente diversité, ces politiques se caractérisent à l'examen par une marque de fabrique similaire. Si les initiatives des gouvernants se succèdent à une vitesse impressionnante, souvent en prenant le contrepied des réformes précédentes, elles se différencient bizarrement très peu de celles qu'elles remplacent et de celles qui vont leur succéder. Comme si plus leur contenu et leur nom changeaient, moins leur mode d'élaboration par les gouvernants politiques se transformait (Gibert et Thoenig, 1993).

UNE SUCCESSION
D'OPÉRATIONS TRANSVERSALES

La réforme de l'État n'est pas chose récente en France. Il y a belle lurette que des initiatives ont été annoncées et des chantiers lancés, notamment dans l'entre-deux-guerres. Ils visaient à rationaliser le travail parlementaire et l'organisation formelle des services publics, à renforcer le pouvoir exécutif ou encore à coopter les représentants d'intérêts socio-économiques dans les organes de l'État. Trois traits rendent cependant plus spécifiques les initiatives lancées avec plus ou moins de succès durant les dernières cinquante années. Les politiques définies comme transversales y occupent une place apparemment primordiale. Le discours de la modernisation de l'État se généralise. L'élaboration et l'annonce de telles initiatives semblent être devenues des passe-temps favoris pour les équipes gouvernementales successives.

Ce recours quasi continu à des approches ou politiques interministérielles par construction et par leur mode de prise en charge, correspond à ce que les spécialistes du management public nomment en anglais des *comprehensive reforms*, et qu'on on désigne ici comme des politiques transversales affectant plusieurs ministères voire tous les ministères. Elles se distinguent d'un autre type d'approches ou de réformes que l'on qualifiera de sectoriel.

Les approches sectorielles concernent des décisions de réforme qui portent sur un service, une direction, un ministère spécifique. Des mesures ciblées visent à modifier leur mode de gestion et leur fonctionnement interne, le champ de leurs compétences, leur façon de traiter les problèmes, ce au nom d'une combinaison variable d'impératifs de rationalisation gestionnaire et de souci de répondre à des attentes de la société à l'égard des prestations du secteur public. La fusion de deux administrations d'État jusque-là séparées relève par exemple de ce cas de figure. En 1966 les services des travaux publics et ceux de la construction sont regroupés. Les compétences en matière de travaux publics et en matière de logement et d'urbanisme doivent se fondre au sein d'une seule administration couvrant l'aménagement du territoire national et son équipement tant au niveau des services extérieurs qu'à celui des services centraux (Thoenig, 1987). En 2008 deux directions du Ministère des finances – une s'occupant des impôts et l'autre de la comptabilité publique – sont regroupées et fusionnées en une seule, la Direction générale des finances publiques (DGFIP). À l'inverse, en 1988 les services du Ministère des postes et télécommunications sont scindés en deux ensembles distincts, un organisme public chargé des télécommunications et un organisme public s'occupant du courrier. Le nombre exact d'opérations sectorielles ainsi lancées reste difficile à chiffrer de façon exacte, qu'il s'agisse d'initiatives portant sur la répartition des compétences entre des services, de mesures tendant à modifier la boîte à outils – en matière de ressources humaines, de logistique, de comptabilité ou d'applications informatiques – d'un sous-ensemble administratif donné, ou de plusieurs de ses services.

Une politique transversale quant à elle vise à réformer l'État sur un spectre plus large. Elle est transversale dans la mesure où elle est censée affecter et réviser les processus, les critères de choix et le mode de pilotage des actions en fonction de leur efficacité sociétale. Elle couvre un ensemble large de ministères d'État et d'agences publiques voire d'institutions comme le Parlement ou même les collectivités locales. C'est le cas par exemple de la politique lançant en 2005 les audits de modernisation et du programme de « révision générale des politiques publiques » (RGPP) de 2007.

De façon générale, que ce soit dans le discours politique ou pour le sens commun, l'idée de réforme de l'État recouvre en France un spectre vaste de programmes successifs et de mesures souvent peu précises quant à leur périmètre et leur contenu. Sont couramment mises dans le même sac des politiques sectorielles à finalité interne qui se cantonnent à modifier la gestion quotidienne de telle ou telle administration, et des opérations transversales à finalité externe qui touchent aux politiques publiques dont l'État assume la charge.

Les premières, à finalité interne, ne se limitent pas aux changements apportés aux fonctions dites support comme la comptabilité et la finance, la gestion immobilière, le personnel, ou l'informatique. Elles peuvent avoir trait à n'importe lequel des éléments qui créent de la valeur dans le fonctionnement des organisations publiques. En effet, améliorer la gouvernance des administrations publiques, leurs coûts de gestion, leur productivité ou la qualité du service qu'elles rendent, tous ces objectifs affectent la sphère administrative, ceci même quand les mesures prises le sont au nom d'un meilleur service public à rendre à la société. Néanmoins elles ne sont pas de même nature que des mesures à finalité externe qui explicitement visent à modifier les politiques publiques incombant à l'État. La modernisation dans ce cas de figure n'est pas une décision parmi d'autres, une réforme de nature administrative ou bureaucratique de plus. Elle se distingue par le fait qu'elle cherche à transformer en profondeur et de façon durable le pilotage et le management de l'action de l'État.

C'est assez récemment que le terme de modernisation de l'État est accolé en France aux programmes transversaux, même si les façons de qualifier les réformes décidées par le gouvernement fluctuent dans le temps. Ainsi, à la fin des années 1980, on parle de « renouveau du service public » pour nommer des initiatives visant à rationaliser l'action administrative et moderniser sa gestion. Cet usage ne persiste cependant que le temps que dure le gouvernement de Michel Rocard. Durant la même législature il fait place à la « modernisation de l'État », une expression utilisée par Pierre Berégovoy, le deuxième successeur de Michel Rocard à l'hôtel Matignon. Il sera petit à petit remplacé par celui de « réforme de l'État ». Si ce dernier syntagme était déjà utilisé durant les années 1930, il désignait à l'époque non pas des opérations administratives exclusivement destinées à changer la gestion interne des services mais aussi des réformes d'ordre politique destinées à modifier de façon institutionnelle la division des pouvoirs entre les organes en charge des affaires publiques. Tel aura encore été le cas en 1981 pour qualifier les transferts de compétences effectués par l'État en direction des collectivités locales, dans la foulée de la politique de décentralisation et de la réforme de l'administration de l'État (Thoenig, 1985), qui en ce qui concerne cette dernière se traduira par deux mesures successives : en 1992 un mouvement de déconcentration des administrations centrales au profit des compétences des services territoriaux, en 2004 un renforcement du rôle des préfets comme représentants l'État au niveau régional et au niveau départemental.

Durant les années 1990, les mesures dites « de réforme administrative » désignent les actions menées en vue d'améliorer le fonctionnement interne de l'administration. Néanmoins en 1994, une commission traitant des responsabilités et l'organisation de l'État et présidée par un magistrat de la Cour des comptes (Picq, 1994) propose d'élargir le sens du terme en associant à la réforme administrative ainsi entendue ce qui touche aux mesures prises pour redéfinir les responsabilités de l'État et ses missions essentielles. Les variations sémantiques ne s'interrompent pas pour autant. La même année un autre rapport officiel mandaté par le Ministère de la fonction publique et le Commissariat général au plan, dont la rédaction est confiée à un groupe de travail présidé par un consultant du secteur privé évoque pour sa part la nécessité d'une « modernisation de l'État » (Serieyx, 1995). Or si le concept même de modernisation de l'État n'est inscrit au fronton des mesures annoncées par le gouvernement que dans les années 2000, des opérations relevant du même objectif avaient déjà été décidées dès la fin des années 1960 pour qualifier la réforme dite de « rationalisation des choix budgétaires » (RCB). Cerise sur le gâteau, dans les années 2010 la cible des mesures de modernisation sera désignée de moins en moins comme l'État et de plus en plus comme l'action publique.

Il n'est pas inutile de rappeler avec plus de détails chacune de ces opérations ou politiques transversales. Au total on peut en identifier huit principales qui se sont succédées depuis la fin des années 1960 :

- 1968 : la Rationalisation des choix budgétaires (RCB) ;
- 1989 : le Renouveau du service public (RSP) ;
- 1995 : la Réforme de l'État et des services publics (RESP) ;
- 2001 : la Loi organique relative aux lois de finances (LOLF) ;
- 2005 : les Audits de modernisation (AM) ;
- 2007 : la Révision générale des politiques publiques (RGPP) ;
- 2012 : la Modernisation de l'action publique (MAP) ;
- 2017 : le programme Action publique 2022 (AP22).

En moyenne une tous les six ans, de quoi dérouter l'observateur ! Une sorte de record dans le genre qui devrait faire figurer la France parmi les champions de la modernité dans un classement international ! Comme si, en contradiction avec un préjugé largement partagé qui fait de la France une société bloquée par sa bureaucratie, moderniser l'État de fond en comble par de telles approches était devenu une obsession française, et ce quels que soient les gouvernants. À chaque gouvernement sa réforme, et qui n'est pas la même, la suivante prolongeant la précédente, bien au contraire. Cette surabondance de réformes, chacune avec son nom propre, oblige à un effort de description pour mieux s'y repérer.

LA RATIONALISATION
DES CHOIX BUDGÉTAIRES (RCB)

En janvier 1968, dans un gouvernement de centre droit dirigé par Georges Pompidou, le ministre chargé des finances et par ailleurs ancien Premier ministre, Michel Debré, lance une opération transversale appelée rationalisation des choix budgétaires.

Si elle s'inspire d'une approche conçue et mise en œuvre par le gouvernement américain au début des années 1960 et connue sous le sigle de *Planning programming budgeting system* (PPBS), elle n'en constitue pas pour autant un clone parfait. Certes ses concepteurs politiques français considèrent leur propre version, la RCB, comme une démarche permettant pour l'essentiel, comme aux États-Unis, de définir précisément des enjeux pour l'action publique et de comparer systématiquement les voies pour les atteindre, ce essentiellement en termes de dépenses.

En France comme aux États-Unis son domaine d'application est pensé et défini comme étant *a priori* étendu. Tout problème ayant une incidence directe ou même indirecte sur le budget de l'État devra être couvert par la démarche de la RCB, qu'il s'agisse de programmes d'investissements lourds et pluriannuels dont il assume le financement, par exemple en matière militaire, de santé publique ou d'infrastructures de transport, ou qu'il relève de dépenses plus ordinaires. Le pouvoir législatif est de ce point de vue autant partie prenante que le pouvoir exécutif. Car il intervient dans les domaines identifiés au minimum de deux manières, par le vote du budget et par des lois de programmation, même si le pouvoir exécutif bénéficie de larges marges de manœuvre dans la mise en œuvre. Par ailleurs, si le terme de budgétaire figure dans le titre de l'opération appelée RCB, les liens avec la procédure budgétaire elle-même ne constituent pas un volet explicité en détail.

Par rapport au projet fédéral américain qui visait, au moins pour ses parrains, à resserrer le lien entre d'une part les décideurs politiques, qu'ils relèvent du pouvoir exécutif ou du pouvoir législatif, et d'autre part les analystes professionnels et experts issus de la sphère académique, le programme français se montre un peu plus timide. Une réelle différence entre le PPBS et la RCB se situe surtout dans le fait qu'en France l'accent donné aux États-Unis à l'amont méthodologique, plus précisément à la valeur et à l'intensité du recours à l'analyse de système, passe nettement au second plan.

La RCB est en fait imposée par un ministre des finances, Michel Debré, qui préconise un État fort reposant sur un pouvoir fort dans les mains de sa sphère exécutive. Il est assisté par le Directeur du budget, poste occupé par un haut fonctionnaire issu des grand corps de l'État et qui attribue à son titulaire un droit de regard et de contrôle hors du commun sur les dirigeants des ministères dits dépensiers. Michel Debré avait joué un rôle pionnier lorsque, en 1965, il avait en tant que Ministre des armées lancé une réforme de ses propres services en introduisant un système de planification, programmation et préparation du budget (3PB) était inspiré par des techniques développées par le PPBS. À la différence de cette opération qui restait sectorielle, mais qui pour la première fois en France utilisait une méthode appelée le budget de programme, la RCB de 1968 était franchement transversale puisqu'elle devait affecter tous les ministères de l'État.

Michel Debré est nommé Ministre de l'économie et des finances en janvier 1966. Il quittera ce poste le 31 mai 1968, suite à un changement de gouvernement provoqué par l'élection de Georges Pompidou à la présidence de la République après la démission de Charles de Gaulle.

Par rapport à la planification supervisée par le Commissariat général au plan et dont la finalité est de proposer et allouer des investissements pour moderniser l'économie française, la RCB innove en considérant l'argent public comme un moyen au service d'objectifs finement analysés et donnant systématiquement lieu à des budgets-programmes. Cette approche vise avant tout à mieux dépenser les ressources engagées, notamment pour ces investissements publics qui dépassent le cadre de l'annualité budgétaire (Thoenig, 1974). En effet les pratiques de travail des administrations se traduisent par une forte routinisation de la prise en charge des contenus des politiques. Les interventions publiques abondées l'année précédente ont de grandes chances d'être à nouveau servies l'année suivante. À cela il faut ajouter que les pressions exercées par des lobbies défendant des intérêts particuliers abondent.

Ces façons de décider et de faire engendrent des risques élevés, du moins à entendre les porteurs de la RCB. L'un dérive de la reconduction automatique des services votés que prescrit l'ordonnance organique régissant le processus budgétaire annuel, comme des investissements financés par l'État, en particulier lorsque des projets lourds s'étalent sur plusieurs années. L'autre est que des situations acquises voire des rentes sont maintenues voire protégées sans confrontation rationnelle et explicite avec les effets ou résultats qu'elles engendrent ni avec des approches alternatives.

Le but assigné à la RCB est au contraire de mettre en place des méthodes ou processus qui définissent en premier lieu des choix ou des objectifs du budget de l'État, pour en deuxième lieu comparer les moyens nécessaires pour les atteindre ou les satisfaire. L'ambition est en définitive d'améliorer l'utilisation des ressources et le contrôle des dépenses en vue de les rentabiliser au maximum et de dégager une meilleure productivité par la répartition des ressources entre des affectations concurrentes ou alternatives. Deux instruments complémentaires sont convoqués afin de fournir des méthodes adéquates pour ce faire (Huet et Bravo, 1973).

L'un est le budget de programme.

La RCB met en place un système de planification stratégique pluriannuelle, les budgets de programmes étant élaborés par le pouvoir exécutif et fournis au Parlement pour éclairer ses décisions, ce en complément de l'approche traditionnelle par nature de dépenses. Ceci pousse l'État à établir des prévisions de crédits sur la base des impacts engendrés par ses décisions. Le budget de programme est ainsi censé contribuer à améliorer les choix en les exprimant en termes de buts ou objectifs à poursuivre, à différer ou à sacrifier. Optimiser les dépenses que les décideurs engagent signifie que chaque euro sera dépensé à bon escient (Mazoyer, 2013-2014).

L'autre instrument est l'évaluation *ex ante* ou *a priori*.

Le programme s'appuie sur le recrutement par le Ministère des finances d'ingénieurs de grands corps techniques de l'État tels que ceux des Mines ou des Ponts et chaussées qui ont été formés au calcul économique. Ces derniers restent toutefois encadrés par d'autres corpsards, membres de l'Inspection générale des finances et administrateurs civils du Ministère des finances présumés rompus à l'expertise financière et budgétaire. Le programme fonde ce qui est conceptualisé à l'époque comme « analyse », soit une démarche instrumentale propre à identifier les domaines d'intervention que la puissance publique devrait sélectionner et financer en priorité. Vaut-il par exemple mieux que le budget de l'État finance la lutte contre une maladie contagieuse plutôt que les soins en matière de périnatalité, ce par référence à un même type d'objectif qui serait celui de la santé publique ? Faut-il arbitrer, et comment, entre objectifs ou macro-domaines dans l'allocation de ressources prioritaires, par exemple entre la santé publique et la défense ?

L'évaluation *ex ante* s'appuie largement sur la recherche opération-nelle et le calcul économique en tant qu'ils permettent de comparer les coûts et les avantages résultant de la prise en charge par le budget de la puissance publique de telle ou telle intervention dans tel ou tel domaine. Une méthode appelée coût-efficacité et dans une moindre mesure une méthode baptisée multicritères sont mobilisées à cet effet et utilisent des indicateurs d'impacts quantitatifs et qualitatifs. Les impacts des bénéfices attendus par la méthode dite de coût-avantage se définissent et sont qualifiés pour l'essentiel en termes financiers et économiques. Une illustration de l'évaluation par cette dernière approche est le calcul du coût pour la société de la mortalité engendrée par l'insécurité routière ou le bénéfice en termes d'emplois et de développement économique engendré localement par un projet de construction d'autoroute.

Le Ministère des finances prend une position en flèche pour moder-niser l'ensemble d'un appareil d'État qu'il juge bien mal en point. À l'exception d'un débat au Parlement tenu en 1969, le gouvernement garde la maîtrise de l'opération de RCB et les services du Ministère des finances le leadership. Ces derniers allouent en 1970 l'équivalent de trente-deux millions d'euros de leur budget à cette entreprise, somme non négligeable pour l'époque. Un service dédié est implanté au sein de la Direction de la prévision et de l'analyse économique du ministère qui sert de référent interministériel pour l'opération RCB dans son ensemble. Des stages de formation interministériels sont mis sur pied et animés par des fonctionnaires de Bercy. Une abondante littérature technique est diffusée au sein de l'appareil d'État (Thoenig, 1974). En outre, le Secrétaire d'État en charge du budget et rattaché au Ministre des finances chapeaute un comité consultatif qui réunit et coordonne les responsables RCB agissant au sein de divers ministères.

Une dynamique se met en route qui voit dès 1969 un développement spectaculaire de cellules regroupant des cadres de la fonction publique et des contractuels. Début 1970 un peu plus de cent analystes sont au travail, sans compter une forte sous-traitance des études à des cabinets du secteur privé. Beaucoup de ministères créent en leur sein des services dédiés, les plus actifs ou étoffés se situant dans des ministères comme ceux chargés des finances, de l'équipement, des affaires sociales et des armées. D'autres ministères se contentent de créer une commission chargée de superviser les études. Un peu plus de trois cent analyses à thématique sectorielle ou ponctuelle sont menées comme études-pilotes. Elles couvrent pratiquement tous les domaines de l'action étatique : les aides aux entreprises, les modes de transport, la santé publique, l'aide sociale, l'action culturelle, etc. Elles peuvent bénéficier au sein de leur ministère ou auprès du Commissariat général du plan d'expertises de spécialistes qui alimentent leur stock de connaissance sur des domaines spécifiques de leur action et par des apports de disciplines comme la sociologie et l'économie alors encore peu répandues dans un milieu de fonctionnaires dominé par les juristes et les ingénieurs.

L'État décrète une inflexion majeure de ce programme ambitieux après les événements de mai 1968. Deux des successeurs de Michel Debré comme Ministre des finances, François-Xavier Ortoli et Valéry Giscard d'Estaing, décident au contraire de leur prédécesseur de ne pas imposer de manière coercitive la RCB aux autres ministères. Elle n'est pas non plus instituée par un acte juridique majeur tel qu'une loi organique. Par exemple le budget de l'État continuera à être préparé et décidé sur une base annuelle et sans approche en termes de programmes. La RCB se voit donc réduite au statut d'instrument volontariste interne à l'exécutif, comme un instrument parmi d'autres. Le paradoxe est que le budget de programme deviendra de confection et d'usage obligatoires quelques années plus tard !

Si Bercy garde le cap au sein de l'orchestre interministériel de la RCB, les approches adoptées par les différents ministères ne sont pas homogènes. Ainsi les services du Ministère de l'intérieur privilégient un éclairage par le contrôle de gestion. Les services centraux du Centre national de la recherche scientifique pour leur part se servent de l'opération RCB comme d'une opportunité pour se doter d'une comptabilité analytique, mais rien de plus. Aux Armées, l'accent est mis sur le regroupement de toutes les dépenses concernant toutes les activités sous la forme d'une structure de programme unique. Les Ministères de l'équipement et de l'industrie pour leur part mènent de front un projet de contrôle de gestion et de construction d'une structure de programmes par objectifs. Par ailleurs le développement de l'informatique et la constitution de banques de données sont souvent liés, au risque de l'emporter sur la RCB proprement dite. Les études ponctuelles ne sont donc pas toujours classables comme des contributions pures à la RCB, notamment en termes d'outils mobilisés. Parmi les études les plus orthodoxes en matière de techniques mobilisées telles que le calcul coût-avantage, le calcul coût-efficacité et les études multi-critères ou le bilan actualisé, se rangent celles qui concernent les forces de police, la vaccination, le financement de l'énergie ou la lutte contre l'insécurité routière.

Une petite cinquantaine d'études seulement adoptent pour leur part une perspective clairement transversale ou interministérielle. L'ambition de la RCB n'explique pas à elle seule la lenteur de ce développement. Car mener à terme des études interministérielles se révèle beaucoup plus difficile que d'amener à bon port des études sectorielles, les premières étant à la fois plus lourdes et plus exposées aux travers du cloisonnement entre ministères et aux rivalités entre leurs possibles animateurs (Giroux, 1973 ; Thoenig, 1974 ; Mazoyer, 2013-2014).

En 1984, une majorité de gauche étant installée au sommet de l'État, la procédure formalisée de la RCB sera purement et simplement abandonnée. Cette décision n'est pas un coup de tonnerre dans un ciel serein. Elle ne fait que ratifier un état de fait et une profonde mutation née d'une posture idéologique différente de celle du gaullisme porté par Michel Debré. La gestion financière de l'État est en fait en voie de devenir de plus en plus conjoncturelle depuis la fin des années 1970.

La sphère politique, tant exécutive que législative, tant de droite que de gauche, se montre rétive à une approche programmée de la dépense. Rares sont les chantiers de RCB qui, comme celui de la périnatalité, ont entretemps pleinement abouti et dont les conclusions ont suscité des effets rapidement visibles. Les ministères tournent le dos, parfois avec soulagement, au principe de budget-programme. L'évaluation intitulée *ex ante* ou *a priori* perd son attrait. Les stages interministériels sont supprimés en 1980. La Commission interministérielle de RCB siégeant au Ministère des finances ne se réunit plus depuis 1977. Les services spécialisés en RCB sont par conséquent conduits à trouver une vocation nouvelle à leur personnel d'études. Même les techniques de type coût-avantage ne sont plus guère mobilisées, car l'attention qu'elles suscitaient dix ans à quinze ans auparavant s'est entretemps estompée.

La modernisation de l'État par l'évaluation *ex ante* des décisions de programmes d'action des investissements lourds fondée sur des analyses dites objectives appuyées sur la science économique, et par les budgets de programme pluriannuels qui sécuriseraient une forme d'assurance pour l'avenir, fait long feu. Le pouvoir discrétionnaire laissé à la seule rationalité du jeu politique à court terme du gouvernement et du Parlement reste intact sur le plan budgétaire. Il faudra attendre 1989 pour qu'une nouvelle opération de modernisation de l'État à caractère transversal ne revienne sur le métier des gouvernants. Reste à savoir si cette nouvelle étape aura la possibilité de se déployer comme un levier pour une plus large réforme de l'État et déclenchera un cercle vertueux d'apprentissage, l'évaluation censée irriguer la décision publique engendrant à son tour de meilleures et plus efficaces décisions publiques.

Seul un troisième volet de la RCB connaît un sort moins tragique pour ses concepteurs. Il concerne non pas le management des politiques publiques, mais la conduite des organisations publiques et la réforme administrative. Les services sont poussés à moderniser leur gestion interne de diverses manières : par des plans de formation de leurs personnels, par des équipements informatiques, par des mesures de déconcentration interne ou encore par la constitution de systèmes d'information automatisés. Dans quelques ministères tels ceux de l'équipement, de la santé et des finances, une retombée de la RCB se traduit par une plus grande attention accordée au savoir économique et financier, à une compétence professionnelle mieux assurée en économie appliquée grâce au recrutement de cadres contractuels et qui permette outre les budgets programmes d'établir des statistiques de nature économique.

LE RENOUVEAU DU SERVICE PUBLIC (RSP)

Le 23 février 1989, un nouveau Premier ministre socialiste, Michel Rocard, rédige et signe une circulaire prônant le renouveau du service public. Elle est composée d'une quinzaine de pages et est adressée à tous les ministères et organismes relevant de l'État. Le 22 janvier 1990 il signe un décret. Cet important acte juridique émane du seul pouvoir exécutif, il crée ex nihilo un dispositif interministériel d'évaluation des politiques publiques[1]. Cette politique traduit une préoccupation propre à son signataire : améliorer la gestion de l'appareil d'État et du service public. Il l'avait annoncée pendant un discours tenu devant l'Assemblée nationale le 9 décembre 1988. Ce thème en revanche rencontre une forte indifférence de la part de François Mitterrand, Président de la république, au contraire de la loi-cadre dite Defferre qui dès 1982 avait, avec son soutien manifeste, voire son patronage, promulgué le lancement d'une politique de grande ampleur, celle de la décentralisation de l'État au profit des régions et des départements (Thoenig, 1985).

Deux orientations majeures de la RSP relèvent de la conduite interne des organisations publiques : améliorer les relations de travail en leur sein, par une gestion plus dynamique des ressources humaines et par un dialogue social plus dense, fournir un meilleur accueil et service rendu aux usagers, par exemple en recourant à des techniques de cercles de qualité.

Deux autres orientations impliquent une refonte de la prise en charge et du management des politiques publiques : une plus grande responsabilisation des ministères et de leurs services par le biais de la conception et de la mise en œuvre de projets de service, un recours généralisé à l'évaluation des politiques publiques.

Ces orientations reprennent des notions et des concepts – projet de service, centre de responsabilité, évaluation des politiques publiques – développés dès 1981 par une association de hauts fonctionnaires réformistes appelée « Services publics ». Plusieurs de ses membres rejoindront d'ailleurs Michel Rocard lorsqu'il s'installe à l'hôtel Matignon.

---

1   Décret n°90-82 du 22 janvier 1990 relatif à l'évaluation des politiques publiques.

Plus que d'imposer de bonnes pratiques importées de pays tiers ou d'adopter des techniques perfectionnées, le pari de Rocard est de faire en sorte que ses ministres se sentent encore plus responsables de leurs actes en termes d'efficience de la gestion interne de leurs services aussi bien qu'en termes d'efficacité sociétale de leurs politiques. Cette responsabilisation des services ne peut être rangée dans le seul volet de la réforme du management des politiques publiques. Dans l'idéal elle peut concourir à l'amélioration simultanée de deux volets de réforme différents, l'un modifiant la facette organisationnelle, l'autre modernisant la gestion des politiques publiques. Dans la pratique elle risque de renforcer le cloisonnement en silos de l'administration. En effet et jusque là on a peu réfléchi au sein de l'administration française sur la transposition de la pratique de centres de responsabilité à partir du secteur privé, en suivant une typologie d'une clarté aveuglante pour ce dernier même si la mise en œuvre soulève de gros problèmes. Font exception deux initiatives : une tentative du Ministère de l'équipement qui porte sur ses directions départementales, et un rapport sur les centres de responsabilité et de décision produit par un membre du Conseil d'État, Henri Teissier du Cros (Demesteere, 2001).

Si l'impératif de recherche de la qualité exige l'adoption de techniques gestionnaires plus modernes et managériales par les services publics, le recours à l'évaluation occupe une place encore plus décisive s'agissant des politiques publiques.

En effet le décret n° 90-82 du 22 janvier 1990 relatif à l'évaluation des politiques publiques crée un dispositif spécifique d'évaluation des politiques publiques formé de deux instances.

Un Comité interministériel de l'évaluation (CIME) est mis sur pied, qui est présidé par le Premier ministre. Il comprend comme membres permanents des ministres couvrant des domaines de compétences tels que l'économie, les finances, les réformes administratives, l'intérieur, le budget, et la planification. Il propose de lancer des initiatives d'évaluation et délibère sur la suite à donner à leurs résultats. Ses commandes sont confiées pour exécution à un Conseil scientifique de l'évaluation (CSE).

Composé d'universitaires et de hauts fonctionnaires de l'État nommés par le Président de la république sur la base de leur présumée expertise en la matière, le CSE assume la responsabilité de fournir une garantie et un contrôle méthodologiques de la qualité du processus. Il supervise tout le processus d'évaluation, depuis la rédaction d'un cahier des charges jusqu'à la certification de la validité des conclusions et de la fiabilité des méthodes et techniques utilisées. Il propose aussi l'opérateur auquel confier le marché, en général un bureau d'études du secteur privé ou du secteur public. Il fournit à chaque fois deux avis : l'un lors du lancement d'une évaluation porte sur les conditions de sa faisabilité, l'autre lors de la remise d'une évaluation porte sur sa qualité analytique et la pertinence de ses conclusions. Son secrétariat permanent est assuré par le Commissariat général au plan. Un Fonds national de développement de l'évaluation couvre les frais de production de la connaissance et diffuse la bonne parole de l'évaluation auprès d'autorités publiques autres que le gouvernement, comme les collectivités territoriales.

La création de ce dispositif ne passe pas inaperçue, car elle est relayée par une campagne de communication intense notamment dans les medias. L'évaluation des politiques publiques veut rompre avec des pratiques restées jusque là sporadique et non reconnue institutionnellement (Deleau, 1986). Trois traits la caractérisent.

Alors que la RCB avait fait appel à des méthodes d'évaluation dite *a priori* qui estiment sur la base de critères économico-financiers les coûts-avantages de tel programme d'action dans tel secteur précis afin d'établir un budget-programme, le dispositif Rocard institutionnalise une approche d'évaluation dite *ex post*. Celle-ci recense et apprécie les effets et les impacts d'un programme d'action une fois qu'il a été mis en œuvre. Il mobilise à cette fin un spectre beaucoup plus large d'approches de disciplines des sciences sociales voire des sciences de la nature. Que donne sur le terrain et dans les faits une politique spécifique une fois qu'elle est mise en œuvre ? Les effets sociétaux observés sont-ils ceux attendus ou assignés au départ ? Y a-t-il des effets collatéraux ou non recherchés ? Parce qu'ils sont de plus en plus transversaux, les chantiers de l'État impliquent que les évaluations couvrent des politiques qui voient intervenir des ministères et des décideurs publics multiples. C'est le cas de la protection des zones humides, de la prévention des risques naturels ou de l'insertion sociale des jeunes en difficulté, pour ne citer que trois exemples.

La généralisation et l'institutionnalisation de l'évaluation s'inspirent certes largement d'approches et de pratiques développées dans d'autres pays notamment mais pas uniquement aux États-Unis. Cependant la réforme Rocard ajoute à leur dimension instrumentale et administrative une seconde dimension qui relève de l'ordre de l'idéologie ou du projet civique. S'il faut accroître l'efficacité de l'élaboration et de la conduite des politiques publiques, donc responsabiliser leurs dirigeants par la production d'un savoir sur les conséquences factuelles de leurs choix, il faut aussi et avant tout que cette production améliore le débat démocratique, donc fasse évoluer les pratiques entre le secteur public et le reste de la société vers plus de participation. Des cercles ou think tanks comme le club Cambon animé par des hauts fonctionnaires de la Cour des comptes, prônent une approche évaluative « ouverte ». Un rapport rédigé par un proche de Michel Rocard et membre de la même Cour des comptes plaide la cause d'une évaluation dite « démocratique » (Viveret, 1989). Cette approche participative associerait des parties prenantes non publiques, et plus largement ce que le jargon de l'époque désigne comme étant la société civile, au motif que les citoyens sont en droit de demander des comptes aux gouvernants concernant leurs actions. Un souci de plus grande transparence incite d'ailleurs Michel Rocard à exiger que les rapports d'évaluation soient largement rendus publics. Ce caractère participatif sous-tend deux finalités différentes sinon contradictoires. L'une est l'association de parties prenantes non publiques. L'autre est la réalisation d'évaluations rigoureuses.

La *French touch* en matière de modernisation se traduit par la construction et l'empilement de dispositifs institutionnels qui suscitent l'étonnement de responsables de l'évaluation à l'étranger comme en Grande-Bretagne et en Allemagne. L'approche française leur paraît à la fois centralisée et autoritaire, par le quasi-monopole accordé au dispositif du comité interministériel de l'évaluation, par son rattachement au sommet du pouvoir exécutif et plus largement par la capacité de ce dernier d'imposer son emprise sur les ministères. En France même, des interrogations sinon des craintes se diffusent au sein des corps dits d'inspection ou d'inspection générale qui sont habituellement chargés de contrôler les services de l'État. Le dispositif d'évaluation est vécu comme servant une fonction nouvelle qui non seulement reste étrangère à leur compréhension instrumentale immédiate, mais qui risque de devenir un concurrent redoutable. Les grands corps d'État tels que le Conseil d'État et la Cour des comptes, et des services du Ministère des finances tels que ceux s'occupant du budget de l'État font des efforts d'entrisme dans le dispositif du CIME sinon rêvent de récupérer la compétence d'évaluation. Les inspections générales se hâtent de former leurs membres à une propédeutique de cette chose encore indéfinissable appelée évaluation.

Le démarrage des travaux du dispositif CIME-CSE semble se faire dans de bonnes conditions. Qui plus est, le Parlement se dote dès 1984 d'un office parlementaire des choix scientifiques et technologiques en matière de politiques énergétiques, de sciences de la vie et d'environnement. En 1989 les députés et les sénateurs votent une loi portant sur le revenu minimum d'insertion qui, sur la base d'une évaluation réalisée au bout de trois ans, sera abrogée ou non. De fait elle sera renouvelée en 1992. Pourtant assez rapidement l'atmosphère va changer.

L'idée d'un devoir national d'évaluation qu'invoquait le Premier ministre s'érode rapidement. Sa démission le 15 mai 1991 précipite son déclin. Le CIME se réunit en tout et pour tout trois fois entre 1990 et 1993, puis cesse ses activités. Aucune suite n'est d'ailleurs donnée à ses délibérations. Seize projets d'évaluation sur les vingt trois qui avaient été lancés par le CSE ont été menés à bien, sans que les ministères concernés y accordent une véritable attention.

Les Premiers ministres qui succèdent à Michel Rocard, qu'ils soient de gauche comme Édith Cresson et Pierre Bérégovoy, ou de droite comme Édouard Balladur, ne passeront aucune nouvelle commande et ne manifesteront aucun intérêt pour les conclusions des évaluations. Faute d'attention des politiques au pouvoir, du fait aussi d'une lourdeur, d'un coût financier et d'une lenteur de la procédure de travail jugés excessifs, une évaluation pouvant nécessiter jusqu'à deux ou trois années avant la remise de son rapport final, le dispositif finit par tourner à vide (Thoenig, 2005).

Il faudra attendre l'arrivée de Lionel Jospin au poste de Premier ministre pour qu'un nouveau décret relance fin 1998[2] l'évaluation inter-ministérielle tombée en torpeur. Le Conseil scientifique de l'évaluation (CSE) est supprimé et remplacé par un Conseil national de l'évaluation (CNE). Ce dernier est formé de six personnalités qualifiées choisies en raison de leurs compétences en matière d'évaluation et dans le domaine des sciences économiques, sociales ou administratives, d'un membre du Conseil d'État désigné par celui-ci, d'un membre de la Cour des comptes

---

2   Décret n° 98-1048 du 18 novembre 1998 relatif à l'évaluation des politiques publiques.

désigné par celle-ci, de trois membres du Conseil économique et social désignés par celui-ci, et de trois élus locaux, un maire, un conseiller général et un conseiller régional, désignés par leurs pairs respectifs. Certes ce CNE, dont les membres sont nommés par le Premier ministre pour une durée de trois ans, formule un avis sur la qualité des travaux effectués par les diverses instances et est consulté sur le programme annuel en matière d'évaluation. Pourtant c'est la décision du Premier ministre qui fixe en dernier ressort ce programme. La concertation interministérielle est fortement affaiblie. Le CIME est discrètement supprimé même si l'évaluation interministérielle est invoquée au niveau du Premier ministre d'une manière assez évasive : il sera désormais question de définir et de mener ce programme en concertation avec les administrations concernées.

Le dispositif relance aussi une mission qui avait déjà été assignée par Michel Rocard à celui qu'il avait mis en place en 1990 : associer les acteurs locaux ou territoriaux aux démarches d'évaluation, voire s'appuyer sur quelques régions pilotes dans lesquelles des groupes locaux d'évaluation seraient associés à des évaluations de politiques nationales sous la conduite de l'instance nationale, celle-ci jouant un rôle de missionnaire de la foi en l'évaluation à travers la France.

Cette relance suscite la mise en route de programmes annuels de type interministériel entre 1999 et 2001. Il produit une petite dizaine d'évaluations, par exemple en matière de préservation de l'eau, de sécurité routière ou encore d'aide à l'emploi dans le secteur non marchand. Pourtant lui aussi va buter rapidement sur les lourdeurs du travail interministériel et les méfiances politico-administratives qui avaient eu raison de son prédécesseur. Après les élections présidentielles de mai 2002, Lionel Jospin battu au premier tour se retire de la vie politique. Sous son second mandat, Jacques Chirac laisse ce dispositif tomber en désuétude. Il sera formellement abrogé en 2008[3].

Si l'évaluation se révèle être un vœu pieux et un échec patent en tant que véhicule du travail interministériel ou transversal, elle s'implante un peu moins mal dans deux autres types de contextes que celui de la sphère politique ou gouvernementale de l'État. D'une part quelques administrations centrales se dotent de services ou de

---

3   Décret n° 2008-663 du 4 juillet 2008 portant abrogation du décret n° 98-1048 du 18 novembre 1998 relatif à l'évaluation des politiques publiques.

cellules spécialisés dont elles font un usage variable. C'est le cas dans les secteurs de l'agriculture, de l'équipement, de la santé, du travail, de l'action sociale ou encore de l'enseignement. Au niveau national c'est aussi le cas des assemblées parlementaires sur des objets tels que les risques technologiques. D'autre part des collectivités territoriales dotent leurs conseils et leurs services d'une capacité interne d'évaluation de leurs actions dans divers domaines. C'est le cas notamment de régions comme Rhône-Alpes et Bretagne, voire de départements comme l'Hérault.

Les projets de services constituent un autre volet de la RSP que par les parrains de ce programme mettent fortement en valeur.

Dans les faits l'élaboration et surtout la mise en œuvre de ces projets sur le modèle développé dans les entreprises dans les organisations publiques exigent beaucoup de temps. En effet elles impliquent des changements culturels profonds. La part que peut y prendre le projet est aussi difficile à isoler des incidences de la modification du système de gestion ou du portefeuille d'activités du service. Une étude menée sur une série de chantiers suggère que l'exercice n'aura pas été inutile : il est même pleinement atteint si l'objectif est de d'identifier une culture, une image de soi et des aspirations communes à l'ensemble des services territoriaux d'une administration, comme cela fut le cas au Ministère de l'équipement (Gibert et Pascaud, 1989). Plus généralement cette étude suggère trois conclusions.

La signification d'un projet est d'autant plus réelle que celui-ci est bien ciblé, que le rôle qui lui est attribué est bien précisé, comme par exemple l'affirmation d'une identité collective. En revanche le projet ne doit pas être utilisé comme un vecteur d'un changement organisationnel. Par ailleurs pour que le projet soit perçu comme légitime dans une administration publique, il doit être lié à une orientation stratégique même si les grandes lignes d'action sont sujettes à caution dans des mondes où règnent des principes comme la logique d'attribution de missions définies par le haut de la hiérarchie, et non pas une logique de la concurrence à laquelle répondrait la hiérarchie. Lorsque ces deux conditions ne sont pas réunies le risque est grand que l'approche par le projet n'ait de participatif que le nom, et se limite à l'élaboration d'une série de démarches formelles, menées sans écoute véritable et aboutissant à formaliser un catalogue de banalités.

LA RÉFORME DE L'ÉTAT
ET DES SERVICES PUBLICS (RESP)

Deux mois et demi après avoir été nommé Premier ministre par le nouveau Président de la république, Alain Juppé signe fin juillet 1995 une circulaire destinée à préparer et à mettre en œuvre une nouvelle opération transversale qui porte sa marque[4]. Elle se différencie sans équivoque tant sémantique que de fond des mesures prises par Michel Rocard. L'objectif assigné à ce nouvel et ambitieux dispositif est de préparer puis de mettre en œuvre la réforme de l'État et des services publics.

La circulaire de fin juillet définit en détail cinq axes ou objectifs prioritaires à couvrir. Il s'agit de clarifier les missions de l'État et le champ des services publics. Les besoins et les attentes des citoyens doivent être mieux pris en compte. L'État central se concentrera sur des fonctions de régulation et se délestera de fonctions opérationnelles. Une forte délégation des responsabilités des services centraux sera opérée par la déconcentration sur des services de l'État regroupés et réorganisés. Enfin la gestion publique proprement dite sera rénovée. Si cette cinquième priorité, il faut le noter, avait déjà été endossée par la politique de Michel Rocard, la circulaire dite Juppé ajoute des pistes nouvelles et parfois osées, par exemple celle d'une diminution du nombre des corps de fonctionnaires d'État. En revanche aucune référence n'est faite à l'évaluation des politiques publiques.

Cette circulaire, que prolonge un décret signé en septembre de la même année, crée[5] un Commissariat à la réforme de l'État (CRE) et un Comité interministériel à la réforme de l'État (CIRE). Elle institue aussi un séminaire gouvernemental. Présidé par le Premier ministre, ou par délégation par le ministre chargé de la réforme de l'État, ce séminaire doit réunir l'ensemble des ministres en formation plénière. L'approche de la circulaire se veut large et sa tonalité est autoritaire. Le séminaire est chargé de fixer les axes d'un plan triennal de mesures.

---

4   JORF n° 174 du 28 juillet 1995, p. 11217. Circulaire du 26 juillet 1995 relative à la préparation et à la mise en œuvre de la réforme de l'État et des services publics.

5   Décret n° 95-1007 du 13 septembre 1995 relatif au Comité interministériel pour la réforme de l'État et à la Délégation interministérielle à la réforme de l'État.

Chaque ministre est fermement invité à rédiger une note stratégique sur l'administration dont il a la charge, au besoin sans se limiter à son domaine particulier d'attributions, et ce avant le 1ᵉʳ septembre. Un comité permanent présidé par le ministre chargé de la réforme de l'État, ou par délégation par un délégué interministériel chargé de la réforme de l'État, prépare ses réunions.

Le CRE nouvellement créé est constitué très rapidement et confié à un membre du Conseil d'État. À la différence de ce qui s'était passé sous le gouvernement de Michel Rocard, la Cour des comptes ne joue pas un rôle marquant dans ce nouveau dispositif. En effet ce CRE rassemble des hauts fonctionnaires désignés par leur ministre et censés jouer le rôle de facilitateurs de la mobilisation des administrations dont ils relèvent. Pour mettre en œuvre ses missions il dispose de compétences opérationnelles larges et précises à la fois qui laissent en principe une marge de jeu rétrécie aux ministères. C'est par exemple lui qui prépare les propositions opérationnelles soumises au CIME. Alain Juppé passe par ailleurs commande à divers ministres pour qu'ils lancent, mais sous son propre contrôle, des mesures de réforme, notamment au niveau territorial et local. La main du Premier ministre est clairement affichée : le dispositif traite d'une priorité qui s'impose à tous, ministres et services publics. Je ne veux voir qu'une seule tête et je ne veux qu'aucune tête ne dépasse.

L'opération transversale conçue par le Premier ministre trouve à peine le temps de se lancer qu'elle subit un arrêt soudain. Le 2 juin 1997 Alain Juppé démissionne, des conflits sociaux de forte ampleur ayant mobilisé la rue. Le président Chirac dissout l'Assemblée nationale. Les élections qui suivent provoquent un changement de majorité parlementaire : un gouvernement socialiste et de centre gauche dirigé par Lionel Jospin se met en place.

La façon de faire du gouvernement d'Alain Juppé s'inscrit dans la continuité d'une posture d'action gouvernementale déjà présente lors des épisodes précédents de modernisation de l'État et qui ira en s'accentuant par la suite : la construction de nouveaux mécanos institutionnels. Pratiquement à tout changement à la tête du pouvoir exécutif, que ce dernier lance ou ne lance pas une opération transversale de modernisation de l'État, le gouvernement nouvellement installé dissout une structure existante ou en modifie les compétences et le statut, en change le nom et le responsable, bref se démarque des décisions prises par ses prédécesseurs.

Ce bricolage sans continuité se poursuit, par exemple lorsque Lionel Jospin succède à Alain Juppé comme Premier ministre. Le 3 juin 1998 il envoie à ses ministres une circulaire leur demandant fermement de préparer des programmes pluriannuels de modernisation des administrations[6]. Leur objet sera de formaliser une volonté collective d'assurer avec efficacité les missions entrant dans les attributions dont leurs administrations respectives ont la charge. Le terme de modernisation se trouve ainsi fermement mis en évidence et officialisé dans le vocabulaire étatique.

La discontinuité se traduit aussi d'une autre manière. Par décret[7] le nouvel occupant de Matignon modifie en juillet 1998 celui signé en septembre 1995 par son prédécesseur à Matignon. Le Comité interministériel à la réforme de l'État (CIRE) est transformé en Délégation interministérielle à la réforme de l'État (DIRE). Celle-ci reste placée sous l'autorité directe du Premier ministre. Sa direction est confiée à un haut fonctionnaire venu de l'administration du Ministère de l'éducation nationale, Jacky Richard, en même temps Directeur général de la fonction publique. La DIRE est mise à disposition du ministre chargé de la fonction publique et de la réforme de l'État. Regroupant une quinzaine de cadres supérieurs fonctionnaires chargés de mission, elle couvre, en tout cas sur le papier, des missions larges. Cependant elle n'assume aucun rôle autre que fonctionnel. Elle est simplement chargée de faire au gouvernement toutes propositions relatives à la réforme de l'État, de coordonner la préparation des décisions à prendre en ce domaine, ce principalement sur des actions de gestion interne à l'administration telle que les technologies de l'information et les relations avec les usagers, et de veiller à leur mise en œuvre. En revanche elle n'est pas décisionnaire.

La valse des initiatives transversales va se poursuivre de plus belle. Le gouvernement de centre droit dirigé par Jean-Pierre Raffarin qui prend en 2002 la suite de celui de centre gauche jusque là dirigé par Lionel Jospin, modifie à son tour la structure administrative dont il hérite. Un décret du nouveau Premier ministre signé en février 2003 abroge celui

---

6   Circulaire parue le 9 juin 1998 dans le Journal officiel de la république française (JORF) n° 131, p. 8703.
7   Décret n° 98-573 du 8 juillet 1998 – art. 1 JORF 11 juillet 1998.

signé par Alain Juppé en 1995 et modifié par Lionel Jospin en 1998. C'est ainsi que la DIRE est remplacée par une Délégation à la modernisation de la gestion publique et des structures de l'État (DGMPSE)[8] ainsi que par deux autres entités : une Délégation aux usagers et aux simplifications administratives, et une Agence pour le développement de l'administration électronique. Toutes trois sont rattachées aux services du Premier ministre. Le temps de s'installer en 2003 et deux ans et demi plus tard, par un décret du 30 décembre 2005[9], la DGMPSE sera supprimée à son tour et remplacée par une nouvelle instance. La modernisation se joue comme un *Kriegspiel*.

LA LOI ORGANIQUE RELATIVE
AUX LOIS DE FINANCES (LOLF)

Le 1er août 2001 le Journal officiel publie une loi organique relative aux lois de finances, plus connue sous son acronyme de LOLF[10]. Elle réforme profondément le dispositif établi en matière budgétaire par l'ordonnance n° 59-2 du 2 janvier 1959.

Entre le début de 2002 qui voit entrer en vigueur dix-neuf de ses articles, concernant notamment des dispositions en matière d'annulation des crédits, des principes de sincérité ou encore des procédures juridiques de règlement, et l'entrée en vigueur de l'ensemble de ses modalités le 1er janvier 2006, il est procédé à des expérimentations en vraie grandeur. À la nouvelle architecture du budget qu'elle met en place s'ajoute l'édiction de nouveaux modes de gestion dans les administrations. Un point important est que leur référence sera la performance, concept alors relativement nouveau dans le vocabulaire de l'État.

Cette opération transversale revêt d'emblée un statut de grande réforme aux yeux de ses concepteurs et d'une partie de l'opinion publique éclairée. L'initiative en est d'origine parlementaire. Alain Lambert, sénateur

---

8   Décret n° 2003-141 du 21 février 2003 – art. 6 JORF 22 février 2003.
9   Décret n° 2005-1792 du 30 décembre 2005 portant création d'une Direction générale de la modernisation de l'État au Ministère du budget, des comptes publics et de la réforme de l'État.
10   Promulgation de la loi organique relative aux lois de finances (LOLF) n° 2001-692.

centriste, et Didier Migaud, député socialiste en sont les « pères ». Ils bénéficient par ailleurs du soutien actif de Laurent Fabius, alors Ministre des finances. La proposition de loi organique est approuvée par une large majorité de parlementaires, qu'ils soient de droite ou de gauche. Ce succès fait sensation à l'époque, car en 2001 il fait suite à multiples tentatives infructueuses de modification de l'ordonnance organique de 1959.

Selon une tautologie énoncée par son article 46, la Constitution française qualifie d'organiques les lois auxquelles la Constitution confère un tel caractère. Elles ont généralement pour objet de préciser l'organisation et le fonctionnement des pouvoirs publics, comme le rappelle le Conseil constitutionnel. Elle est souvent comparée à une Constitution financière.

La LOLF est un instrument de légitimation. Elle oblige à expliciter les objectifs des demandes budgétaires effectuées par le gouvernement en même temps qu'elle demande aux différents ministres de rendre compte des résultats obtenus aux regards des objectifs qu'ils ont affichés, et ce grâce aux ressources que le Parlement leur a accordées. Elle semble donc satisfaire un prérequis essentiel à toute modernisation de l'État, exigence qui tardait à être traitée alors qu'elle était sous-jacente aux opérations de RCB dès la fin des années 1960. Elle ouvre la voie permettant de passer d'une gestion des finances publiques par les moyens à une gestion par les objectifs. Elle est cruciale parce qu'elle est susceptible de modifier l'asymétrie d'information régissant de fait la division du pouvoir entre la sphère exécutive et la sphère législative, ce au bénéfice de cette dernière, et malgré le fait que le Parlement s'était déjà doté dès 1997 de nouveaux offices de contrôle et évaluation de la dépense publique et des lois, le bilan de ces offices s'avérant fort modeste et leur institutionnalisation fragile.

La LOLF marque le retour du Parlement, donc du pouvoir législatif et de la représentation politique nationale, dans le domaine de la modernisation de l'État. Sa capacité à débattre et contrôler devrait s'améliorer drastiquement grâce à plus de transparence et à une argumentation plus détaillée ou objective de la part des ministères. Alors que la RCB avait maintenu une structure du budget de l'État par nature de dépenses, la LOLF rend cette structure secondaire. Désormais les dépenses ne seront autorisées et gérées qu'à partir d'une présentation par missions, programmes et actions. Des indicateurs seront joints pour permettre de juger de la pertinence des dépenses et de la réussite des programmes.

Tous les programmes seront concernés, et non pas les seuls programmes d'action jugés comme prioritaires comme c'est le cas pour la RCB.

Le fait que désormais les administrations passeront d'une logique de moyens à une logique de résultats importe, du moins en théorie. Le cadre de gestion que la LOLF met en place sera centré sur le contrôle de la performance et la responsabilisation des gestionnaires, deux impératifs martelés à longueur de discours par les responsables politiques et de rapports commis par des groupes de travail *ad hoc*, commissionnés par des administrations diverses. Ces dernières espèrent trouver une meilleure écoute du gouvernement et des parlementaires pour ce qui touche à l'application de leurs préconisations.

Le défi à relever par l'opération LOLF n'est pas trivial : comment trouver un compromis acceptable à propos de deux ambitions simultanées des gouvernants, d'une part une logique de performance si possible chiffrée et d'autre part une logique politique dont la nature reste floue ? La LOLF introduit une plus grande souplesse de gestion des programmes. Par exemple leurs responsables se voient accordée une appréciable marge discrétionnaire dans le transfert de crédits d'un titre, soit d'une catégorie de dépenses par nature – fonctionnement, personnel, investissement – à un autre titre, à la seule exception des crédits de personnel qu'ils ne peuvent abonder par d'autres ressources. Cette possibilité reçoit l'appellation de fongibilité asymétrique. La LOLF reste néanmoins muette en ce qui concerne la définition de ce qu'optimiser les dépenses veut dire, ce même pour qualifier les impacts des actions financées. Les aspects méthodologiques et techniques concernant la façon de les étudier et de les définir sont renvoyés à des textes d'application qui seront rédigés ultérieurement par le pouvoir exécutif et les ministères. L'évaluation pour sa part, n'est évoquée qu'en filigrane et sans être véritablement distinguée du contrôle de gestion.

Parallèlement une circulaire de juin 2003 signée par le Premier ministre exige que chaque département ministériel élabore un document appelé stratégie ministérielle de réforme (SMR). Cette circulaire ne fait guère explicitement référence à la LOLF. Il s'agit d'identifier les réformes internes nécessaires dans les services publics afin de mettre en œuvre la nouvelle procédure budgétaire. Les ministères sont appelés à les définir pour accompagner la décentralisation de l'État au profit des institutions territoriales – régions, départements, communes – à partir d'un réexamen systématique de leurs propres missions et des structures administratives d'État qui les servent. L'éventail à considérer est large. Trois principes sont retenus pour élaborer les SMR : un réexamen systématique des missions et des structures qui les servent, une démarche qualité, et une évolution des modes de gestion des personnels par la déconcentration, la réduction du nombre de corps de fonctionnaires, la reconnaissance du mérite et la gestion prévisionnelle des effectifs. Le but affiché par le gouvernement est de soumettre ces SMR sectoriels au pouvoir législatif. Dans les faits deux cent trente mesures détaillées, dont le gouvernement attend une économie de un milliard et demi d'euros et de près de dix mille emplois, seront mises en œuvre dont la raison majeure invoquée est d'améliorer la productivité et la qualité de service des administrations.

La LOLF fait l'objet d'une attention très vive et pointilleuse notamment de la part des services du Ministère des finances où est créée une direction temporaire – la Direction de la réforme budgétaire (DRB) – pour élaborer tous les textes d'application de la loi organique.

Début janvier 2006 est créée une Direction générale de la modernisation de l'État (DGME)[11]. Elle est placée sous l'autorité de Jean-François Copé, alors Ministre du budget, des comptes publics et de la fonction publique. Elle regroupe et fusionne quatre structures administratives chargées de la réforme de l'État : la DMGPSE chargée de la modernisation de la gestion de l'État et des structures de l'État, la Délégation aux usagers et aux simplifications administratives, l'Agence pour le développement de l'administration électronique, et pour certaines de ses compétences la DRB. Sa direction est confiée à un ingénieur des Ponts et chaussées issu de l'École polytechnique, puis passé par un cabinet international de conseil, et recruté en 2004 par Éric Woerth, alors ministre en charge de la réforme de l'État. Elle comprend environ cent soixante agents.

Le jeu de mécano s'emballe et devient difficile à suivre, *a fortiori* à comprendre, par le reste du monde ministériel et administratif de l'État. Il devient difficile de répondre à la question de savoir qui est présumé se voir attribuer quelles compétences, quelles missions, dans quelles limites précises et comment. La modernisation perd alors – c'est un euphémisme pour maints fonctionnaires et ministères de l'époque ! – beaucoup de sa crédibilité.

---

11 Décret n° 2005-1792 du 30 décembre 2005.

LES AUDITS DE MODERNISATION (AM)

En juillet 2005, année décidément active, le gouvernement dont Dominique Villepin est le Premier ministre fraîchement nommé par Jacques Chirac, lance une opération de nature transversale qui consiste à établir des audits dits de modernisation, et qui est présentée comme s'inscrivant dans la logique de la LOLF. Une circulaire signée déjà en septembre définit le programme à mettre en place[12]. Une seconde, datée de juillet de 2006, énonce comment conduire un audit de modernisation[13].

En fait, et malgré le recours officiel au terme de modernisation de l'État, l'opération des AM se présente surtout et d'abord comme une rationalisation de services ou de procédures par la quête d'une gestion interne plus efficiente. La quête explicite d'efficacité des politiques publiques reste bien timide. Au passage l'opération des AM permet aux services du Ministère du budget de piétiner un peu les platebandes de la Cour des comptes en matière de compétences de contrôle des dépenses publiques.

L'objectif est d'identifier des gisements d'économies budgétaires. Le Ministre du budget, Jean-François Copé, parle de mettre en place une phase qu'il dit être « de nature industrielle » en matière de production d'AM. L'audit est censé traquer les dysfonctionnements d'un service, d'une procédure ou d'une mission. Le ministre concerné propose des solutions opérationnelles, chacune étant accompagnée d'un plan d'action concret. Il est par ailleurs attendu sinon requis que tous les ministères produisent tous les deux mois au minimum un audit. Les auditeurs seront pour l'essentiel des membres de corps d'inspection de l'État, qui dans leur majorité étaient accoutumés à pratiquer essentiellement un contrôle de conformité. Ils disposeront d'une durée de deux à trois mois pour réaliser un audit et énoncer des conclusions conçues dans un but opérationnel. Il appartiendra ensuite au ministère concerné et au

---

12 JORF n°231 du 4 octobre 2005 texte 2. Circulaire du 29 septembre 2005 relative à la mise en place du programme d'audits de modernisation.

13 JORF n°197 du 26 août 2006 texte n°1. Circulaire du 13 juillet 2006 relative à la conduite des audits de modernisation.

Ministère du budget et de la réforme de l'État, co-maîtres d'ouvrage, de décider des modalités de mise en œuvre de leurs recommandations et d'en assurer le suivi.

Entre octobre 2005 et avril 2007 sept vagues d'audits sont engagées. Près de cent soixante dix audits sont effectivement lancés qui portent sur près de cent cinquante milliards d'euros de dépenses de l'État. Les sujets audités sont divers : la façon dont la paie du personnel est assurée, le coût du recours par les services extérieurs à de la sous-traitance locale, la gestion de la prime pour l'emploi, les grilles horaires dans les écoles publiques, les aides aux entreprises, etc. La publicité du contenu des rapports finaux, qui peut être assez épais dans quelques cas, est garantie. En fait, plutôt que des audits entendus dans leur sens premier et restreint de contrôle des comptes, ces documents se rapprochent de ce qu'on pourrait appeler des diagnostics du fonctionnement intra-administratif se concluant par des conseils pour l'action. Cependant seule une petite minorité d'entre eux chiffre les économies que produiraient ces conseils. Les aspects plus qualitatifs telle que l'invocation d'une meilleure qualité en matière de rapport aux usagers constituent l'essentiel des retombées couvertes par ces documents.

Si les ministères semblent *a priori* jouer la partition que leur impose Bercy, ils ne le font pas avec un grand enthousiasme. En avril 2006 Jean-François Copé annonce donc une accélération. Il veut en l'espace de trois mois lancer pas moins de cent nouveaux audits, tous sectoriels. La plupart devront privilégier une exigence de réduction des effectifs des personnels. Un seul audit est de nature transversale : il porte sur la politique d'achat de l'État.

Alors que Bercy veut avancer à marche forcée et que, paradoxalement, son ministre dresse en octobre 2007 un bilan d'étape dont la tonalité est franchement positive, l'opération Copé est purement et simplement abandonnée un mois plus tard. Cette fin brutale est une des conséquences des élections présidentielles. Nicolas Sarkozy remplace Jacques Chirac à la tête de l'État et François Fillon succède à Dominique de Villepin comme Premier ministre.

LA RÉVISION GÉNÉRALE
DES POLITIQUES PUBLIQUES (RGPP)

Le 20 juin 2007, à l'occasion d'une réunion du Conseil des ministres, le nouveau gouvernement annonce une nouvelle opération transversale de modernisation. Elle est baptisée du nom de Révision générale des politiques publiques. Selon le communiqué du Conseil, elle se distinguerait de toutes les approches qui l'ont précédée.

La maîtrise des dépenses de l'État en constitue une nouvelle fois l'objectif général affiché politiquement. Il s'agirait d'arriver à rétablir l'équilibre budgétaire à la fin du quinquennat, en réduisant chaque année de 1 % la progression des dépenses publiques, soit deux fois plus vite qu'au cours des années écoulées. La LOLF aidant, tout doit être remis à plat : aucun ministère ne pourra en principe échapper à cet objectif. D'une part, il faudra assurer un management plus efficient des organisations publiques. D'autre part, à cette réforme interne des administrations devra s'ajouter un volet de réforme de l'État recherchant une efficacité plus grande des politiques publiques dont elles sont censées faire bénéficier la société.

Un dispositif spécifique est élaboré à cette fin. Le pilotage de la RGPP est confié à un Conseil de la modernisation des politiques publiques (CMPP). Cette instance est située au sommet de l'État : elle regroupe l'ensemble des ministres autour du Président de la république. Le rapporteur général en est Éric Woerth, entretemps promu Ministre du budget, des comptes publics et de la fonction publique en lieu et place de Jean-François Copé, après avoir été Ministre de la réforme de l'État sous la mandature présidentielle de Jacques Chirac. Un comité de suivi propose des décisions au Conseil de modernisation. Le Secrétaire général de la présidence de la république et le Directeur de cabinet du Premier ministre co-président deux fois par mois un comité de suivi. Celui-ci rassemble chacun des ministres pour les politiques publiques de son ressort, le Ministre du budget, des comptes publics et de la fonction publique, les rapporteurs généraux des commissions des finances du Sénat et de l'Assemblée nationale, et deux autres personnes, soit, d'une part un receveur général des finances, et d'autre part Michel Pébereau,

Inspecteur général des finances devenu président d'une très grande banque et militant néo-libéral actif, par ailleurs auteur d'un rapport alarmiste sur la dette publique de la France.

La RGPP telle qu'officialisée par Nicolas Sarkozy et François Fillon reprend et prolonge un discours déjà tenu par le gouvernement précédent. Par exemple, il reprend la rhétorique de l'amélioration du service rendu aux usagers par le recours à des procédures modernisées. En revanche la référence à des impératifs prioritaires de rationalisation financière se veut nettement plus tranchante. Sept milliards d'euros d'économies seront réalisées en cinq ans. Un fonctionnaire sur trois partant à la retraite ne sera pas remplacé. Un gain de productivité de 4 à 5 % sera réalisé.

Par ailleurs la RGPP mobilise des approches identiques à celles des audits dits de modernisation mais avec une portée et des ressources humaines renforcées. C'est ainsi qu'un audit systématique des dépenses de l'État est confié à des équipes *ad hoc* qui, en plus de mêler en leur sein des membres de corps d'inspection ministériels et interministériels, fait parfois appel à des consultants appartenant au Gotha des grands cabinets privés d'audit et de conseil aux entreprises. La RGPP marquerait ainsi l'entrée d'une nouvelle coalition autour de la réforme de l'État qui associerait les grands cabinets de conseil, les plus hauts responsables politiques et les grands corps d'inspection (Henry et Pierru, 2012).

Le dispositif dans son ensemble privilégie une approche financière des dépenses et un registre de réforme administrative qui ne se différencie pas nettement de la politique des AM.

Les commentateurs ont souvent opposé la RGPP à la LOLF. La mise en œuvre de la première aurait traduit une perte de crédibilité de la seconde. Certes un volet de la RGPP annonce une réforme de l'État par la recherche d'une efficacité plus grande des politiques publiques. Cependant l'essentiel des deux initiatives relève de la réforme administrative qui vise par la rationalisation interne à encadrer les coûts et à implanter des techniques et méthodes de management accroissant l'efficience interne des organisations publiques. Le travail sur les effets et les impacts des politiques publiques dans l'environnement sociétal, la valeur ajoutée par des choix du gouvernement, passe ici aussi au second rang. Le souci de la performance ou de l'efficacité s'efface au profit de la volonté de la rationalisation et de l'efficience.

Parmi les axes privilégiés figurent des actions telles que le regroupement de services, par exemple la fusion des administrations chargées des impôts et de la comptabilité publique, le recours à des techniques nouvelles d'information telles que le paiement par internet, la mutualisation de fonctions supports entre la police et la gendarmerie, ou encore et surtout la réduction des effectifs de fonctionnaires. En plus d'audits sectoriels, quatre chantiers dits interministériels seront ouverts et menés de manière indépendante des équipes chargées des audits, dont ceux couvrant la simplification des procédures, l'organisation de l'administration territoriale et la gestion des ressources humaines de l'État. Ils concernent notamment dans ce dernier cas la révision du contenu des concours administratifs de recrutement des fonctionnaires.

Une échéance est assignée à la RGPP : avril 2008. Le 4 de ce mois, une deuxième session du CMPP est effectivement convoquée. Cette date correspond au début du processus requis pour construire la programmation budgétaire triennale de 2009 à 2011, en application de la LOLF. À cette occasion six rapports successifs sont présentés par le gouvernement pour inventorier les avancées des mesures engagées sous la bannière de la RGPP. Des trains de réformes sont lancés qui concernent pour l'essentiel des réorganisations touchant aux organigrammes de l'administration. En revanche les mesures concernant des politiques d'intervention de l'État proprement dites sont renvoyées à plus tard.

Les travaux du dispositif de RGPP sont prolongés au-delà du délai trop court qui leur était assigné. En juin 2008 une troisième session du CMPP achève son travail d'examen et acte des décisions de réforme sur l'organisation des ministères. Un bilan de trois cent soixante quatorze décisions prises est rendu public. S'il manifeste une ambition remarquable, encore faudra-t-il de mettre en œuvre la plupart de ces décisions. Un rapport officiel souligne en effet la nécessité d'accélérer l'opération de RGPP, un quart des mesures ayant pris du retard ou n'étant pas encore appliquées, notamment celles concernant les fonctionnaires qui nécessitent une approbation du Parlement. La RGPP serait étendue à tous les opérateurs de l'État. Officiellement la liste finit par comprendre un peu plus de six cent soixante cinq audits à réaliser, un véritable travail d'Hercule. Le CMPP présidé par le chef de l'État Nicolas Sarkozy annonce en effet que les décisions et mesures prises devront être inscrites dans la loi de programmation financière 2009-2011.

La RGPP est ouvertement orientée vers l'amaigrissement de l'État : la réduction des dépenses est considérée comme essentielle. Elles doivent porter sur les dépenses de fonctionnement, l'objectif annoncé à trois ans étant une diminution de dix milliards d'euros, grâce au recours aux contrats interministériels d'achat, à la rémunération à la performance des cadres dirigeants et à des coupures drastiques dans les dépenses de fonctionnement. En même temps la RGPP promet d'améliorer la qualité de service, notamment en matière d'accueil des usagers. Un même effort est demandé aux opérateurs de l'État. En d'autres termes la RGPP ne constitue pas une revue de programme interrogeant les missions pour-suivies par les administrations. Elle édicte des réorganisations de leurs structures formelles à des fins de réduction des coûts (Dreyfus, 2010).

La RGPP suscite dans les ministères et de la part de la classe politique tant nationale que locale des réactions nettement plus vives que les audits de modernisation ne l'avaient fait. Les personnels de l'État et leurs syndicats se mobilisent bruyamment. Ils dénoncent à la fois l'autoritarisme du dispositif, l'absence de concertation et la dépossession des services publics qu'elle est supposée amorcer dans la foulée. Le non-remplacement de fonctionnaires partants à la retraite suscite de vives craintes. Comme le souligne avec malice la Cour des comptes, les économies attendues, mesurables à l'aune de la réduction de la dépense publique et annoncées par le Ministre du budget, soit sept milliards sept cent millions d'euros à trois ans, seront de toute évidence inférieures à celles qu'espère le pouvoir exécutif.

Le bilan de la RGPP s'avère somme toute assez maigre. Aucun des objectifs qui lui avaient été assignés n'a été atteint : modernisation des services publics, amélioration de la qualité d'accueil de l'usager, réali-sation d'économies budgétaires appréciables (Henry et Pierru, 2012).

LA MODERNISATION
DE L'ACTION PUBLIQUE (MAP)

À nouveau Premier ministre ou Président de la république, nouvelle politique transversale. François Hollande fraîchement élu à l'Élysée en mai 2012 décrète dès l'automne de la même année l'enterrement de la

RGPP mise en place par son prédécesseur. Le propos affiché est clair : la révision générale des politiques publiques, c'est terminé ! La gauche au pouvoir proclame qu'elle fera mieux et davantage que ce que la droite avait fait sous les présidences successives de Jacques Chirac et de Nicolas Sarkozy. Donc elle modernisera l'État différemment. François Hollande sort un autre programme de sa poche : ce sera la Modernisation de l'action publique (MAP).

Or, si l'étiquette utilisée change, la MAP affiche pourtant une ambition identique à celle des programmes qui l'ont précédée : rendre plus efficients l'action publique et l'ensemble de l'administration, ce dans un contexte d'économies budgétaires, autrement dit d'effort de limitation des dépenses publiques. Cette efficience financière se justifierait parce que la MAP améliorerait l'adéquation des politiques publiques aux besoins sociétaux. En revanche la MAP propose une innovation majeure censée la différencier des politiques affichées par les gouvernements de droite : faire éclore des expérimentations prometteuses avec les collectivités publiques territoriales, même si la notion d'économie, jusqu'alors contenue au second plan, resurgit avec force.

Un décret de fin octobre 2012 réorganise le dispositif administratif qui aura la charge de la réforme[14]. Par la fusion de deux structures publiques préexistantes il instaure une entité nouvelle appelée Secrétariat général pour la modernisation de l'action publique (SGMAP). Le premier des deux services administratifs interministériels fusionnés dans le cadre de ce nouveau SGMAP est la Direction générale de la modernisation de l'État (DGME), qui avait été créée en 2006 et placée jusque-là sous l'autorité de Bercy soit du Ministère du budget. Pour accroître sa visibilité, elle avait entretemps elle-même changé son nom pour Direction interministérielle pour la Modernisation de l'action publique (DIMAP). Le second service qui fusionne au sein du nouveau SGMAP s'occupe pour sa part de l'équipement des administrations publiques en systèmes d'information et de communication.

Ce SGMAP nouveau se voit confier la coordination interministérielle de la réforme des services déconcentrés de l'État – enjeu non trivial

---

14 JORF n°0254 du 31 octobre 2012. Décret n° 2012-1198 du 30 octobre 2012 portant création du Secrétariat général pour la modernisation de l'action publique et décret n° 2012-1199 du 30 octobre 2012 portant création du Comité interministériel pour la modernisation de l'action publique.

étant donné le redécoupage en cours de la carte des collectivités locales, notamment par des fusions de communes et la création de structures intercommunales en milieu rural comme dans les agglomérations urbaines. Qui plus est, le SGMAP rapporte directement au Premier ministre, et non pas à tel ou tel ministre en particulier.

Le 31 mars 2014 Manuel Valls succède à Jean-Marc Ayrault au poste de Premier ministre. Divine surprise, il veut à son tour imprimer sa touche personnelle dans le jeu de mécano institutionnel si prisé par les gouvernants de l'État. Certes la décision majeure prise par son prédécesseur est maintenue : le Ministère du budget n'aura plus autorité sur les compétences touchant à la modernisation et sur les structures administratives mandatées pour les couvrir. Néanmoins, quelques mois seulement avant sa démission début 2016, Manuel Valls signe un décret procédant à des retouches du dispositif mis au point par son prédécesseur[15]. Le jeu de mécano par des dispositions de réforme structurelle des administrations centrales se prolonge voire s'accélère. Trois de ces retouches méritent une attention particulière.

Le périmètre du SGMAP est amendé. À la partie héritée du DIMAP succède une direction interministérielle consacrée explicitement à l'accompagnement des transformations publiques. Par ailleurs le nouveau décret précise que le SGMAP coordonne, favorise et soutient au niveau interministériel les travaux conduits par les administrations ministérielles, en travaillant notamment avec leurs secrétaires généraux et leurs corps de contrôle et d'inspection. Enfin la direction du SGMAP en tant que telle est confiée à une secrétaire générale, haute fonctionnaire n'appartenant pas à un de ces grands corps qui constituent l'élite de l'élite de l'État.

Le même décret met en place un Comité interministériel pour la Modernisation de l'action publique (CIMAP). Il est censé réunir à intervalles réguliers tous les ministres, à commencer par celui qui est en charge du budget de l'État. Son rapporteur général est celui d'entre eux qui exerce par ailleurs la charge de la fonction publique et de la décentralisation, ministre chargé notamment de la réforme de l'État.

Ce décret renforce Matignon sur le double registre politique et administratif. Via le SGMAP et le CIMAP, l'important organe administratif qu'est

---

15 JORF n° 0219 du 22 septembre 2015, texte n° 1. Décret n° 2015-1165 du 21 septembre 2015 relatif au Secrétariat général pour la modernisation de l'action publique.

le Secrétariat général du gouvernement, qui auprès du Premier ministre assure le bon fonctionnement de l'action gouvernementale, redevient un acteur important des politiques de modernisation. Une de ses tâches principales est en effet de veiller au respect des procédures par les ministères et d'être à disposition pour donner des conseils juridiques en toutes choses ou domaines. Si la modernisation de l'État doit être une priorité gouvernementale, elle renforce le pouvoir et l'influence du Secrétariat général du gouvernement, organe dirigé par un membre du Conseil d'État et au sein duquel domine une culture professionnelle largement influencée par le droit public et par la science administrative traditionnelle.

Au fil des mois tout se passe comme si l'opération lancée en 2012 offrait la part du lion à des actions de réforme intra-administrative, la modernisation de l'État devenant marginale en termes de chantiers ouverts et de réalisations à mener. Le SGMAP est doté de près de deux cents agents, dont un peu moins de la moitié sont des fonctionnaires. Il bénéficie d'un budget dépassant quarante millions d'euros destiné à encourager et soutenir des opérations ponctuelles dans de multiples institutions publiques. Ces opérations vont de la formation permanente au conseil. Elles traitent de problèmes de gestion interne tels que la qualité du service rendu, la numérisation des opérations, l'usage des données, le recours aux tableaux de bord et la sécurisation des systèmes informatiques.

La modernisation des politiques publiques telle qu'elle est dès lors entendue et abordée recouvre ainsi des enjeux dont la préoccupation affichée est la rationalisation, donc une finalité financière en termes de maîtrise des dépenses publiques. Les logiques d'efficience gardent la main. Celles d'efficacité des politiques publiques passent quelque peu au second plan. C'est ce que laisse entrevoir la façon dont est lancée une soixantaine de nouvelles évaluations par le CIMAP. D'un côté la consigne donnée par les responsables du SGMAP aux corps et services d'inspection est de mieux distinguer entre leur mission d'évaluation et leurs missions usuelles de contrôle, d'audit voire d'audit de performance (Picavet, 2015). D'un autre côté la finalité assignée aux projets – sur des domaines allant du logement aux déchets ménagers et des aides aux entreprises à la chirurgie ambulatoire – lors de sa troisième session du CIMAP tenue le 18 décembre 2013, est de poursuivre voire amplifier la réalisation d'économies budgétaires afin de réduire le déficit de l'État.

Détecter les effets ou les impacts des politiques publiques, en vue de permettre de mieux manager les objectifs assignés aux choix faits par les gouvernants, n'est pas la priorité explicite de ces projets.

L'activité du CIMAP tombera à son tour assez rapidement en sommeil à la suite des élections présidentielles et parlementaires au printemps de 2017.

LE PROGRAMME ACTION PUBLIQUE 2022 (AP22)

À majorité présidentielle nouvelle, politique de modernisation nouvelle, du moins en apparence.

Le 26 septembre 2017, Édouard Philippe, nommé Premier ministre par le nouveau Président de la république, Emmanuel Macron, adresse une circulaire aux membres de son gouvernement[16]. Elle affiche comme priorité une transformation systémique de l'action publique. Cette sémantique remplace celle de modernisation de l'État. Le terme systémique suggère que le gouvernement ne se contentera pas de juxtaposer une série de réformes sectorielles et de mesures hétéroclites. Le nouveau gouvernement veut se distinguer par une ambition : modifier en profondeur et de façon articulée le mode de gouvernement de l'État, grâce à un grand programme de modernisation annoncé en conférence de presse par le Premier ministre le 13 octobre 2017. La référence au terme action, qui remplace celui de politiques publiques, peut dans la foulée de la plateforme affichée par Emmanuel Macron lors de sa campagne électorale, donner à penser qu'une part non négligeable des mutations à mettre en œuvre portera sur les effets produits par les interventions publiques. Elle ne devrait donc pas se cantonner au cadre plus étroit d'une réforme purement administrative.

Un programme baptisé Action publique 2022 (AP22) est lancé de façon solennelle. Plus spécifiquement trois objectifs sont assignés à cette nouvelle politique transversale. Ils reprennent d'ailleurs les marronniers que sont ces thèmes régulièrement évoqués à chaque affichage d'une nouvelle réforme de l'État en France.

---

16   Circulaire du 26 septembre 2017 n° 5968/SG.

Le premier objectif est de réduire les coûts et les déficits de l'État. En l'occurrence il s'agit d'opérer une réduction rapide des dépenses publiques de l'ordre de trois points du PIB d'ici 2022, soit avant la fin du quinquennat du Président de la république. Le deuxième est un recours massif à la technologie comme vecteur de transformation du travail des agences et des agents publics, notamment grâce aux nouvelles technologies numériques, ce « pour leur offrir un environnement de travail modernisé », comme annoncé en conférence de presse. Le troisième est de servir le bien des usagers et de la société, en améliorant la qualité des services publics offerts sur tous les registres possibles, et ce que ce soit de la part des administrations d'État proprement dites ou des instances relevant des collectivités territoriales.

Le portage politique sera assuré par l'Élysée et par Matignon. Chacun des ministres sera responsabilisé en tant que chef de file dans le secteur ou le domaine de ses services. Qui plus est, le périmètre d'AP22 sera très large : il inclura l'État et ses opérateurs, mais aussi les institutions de la sécurité sociale et les collectivités territoriales. Bref on verra grand et vaste.

Un calendrier est élaboré qui distingue trois phases.

La première court d'octobre 2017 à mars 2018. Elle est présumée opérer un diagnostic présenté en conférence de presse comme devant être « ouvert et partagé ». Plus concrètement une revue des priorités sera assurée par un comité présenté comme agissant de façon indépendante, et intitulé le Comité action publique 2022 (CAP22). Par ailleurs cinq chantiers interministériels seront lancés pour explorer les boîtes à outils à mobiliser. Ils traiteront notamment d'une rénovation du cadre des ressources humaines, de l'organisation territoriale des services publics et de la modernisation de la gestion budgétaire et comptable. En parallèle un forum de l'action publique sera lancé qui impliquera les usagers et les agents publics. Il est présenté comme une large consultation numérique et physique, incluant des rencontres dans les territoires et le montage de treize forums régionaux. Cette dernière initiative, il faut le noter, est originale par rapport aux sept politiques transversales lancées depuis 1968. Sa raison d'être, selon le Premier ministre, est de donner la parole et d'être à l'écoute des habitants, mais aussi d'engager au niveau local une réflexion avec les agents publics et leurs représentants. Édouard Philippe souhaite aussi créer un comité de jeunes formé exclusivement d'étudiants et de jeunes actifs de 19 à 29 ans venant de tous horizons et compétences. Sa mission serait d'être la caisse de résonance des aspirations et des propositions des jeunes générations. Il ferait pleinement partie de AP22. Sur le papier et en paroles les parrains politiques de cette politique transversale innovent par leur affichage d'un projet de participation, qui tranche au moins discursivement avec la façon de faire très autoritaire et centralisée adoptée par la majorité des programmes transversaux qui les avaient précédés.

Dans la deuxième phase, Matignon et l'Élysée rendront des arbitrages pour la suite. La troisième phase débutant en mars 2018 et s'achevant en 2021 correspondra à l'élaboration et à la mise en œuvre opérationnelle des plans de transformation ministériels et transversaux.

Un élément essentiel est présent dans le dispositif central de pilotage que met sur pied la circulaire signée en septembre 2017 par le Premier ministre Édouard Philippe. Gérald Darmanin, Ministre de l'action et des comptes publics, et ses services du Ministère des finances, se voient confier la préparation de la feuille de route et le suivi des travaux conduits par chacun des responsables gouvernementaux dans leur champ respectif de compétences. De ce point de vue, le gouvernement donne à nouveau un rôle prioritaire aux services budgétaires de Bercy comme l'avaient déjà fait certains de ses prédécesseurs, qu'ils soient de droite ou de gauche. Ce fut en particulier le cas du montage proposé au début de la mandature présidentielle de Nicolas Sarkozy mais rapidement abandonné par la suite. S'agissant de la réforme de l'État, Bercy reprend la main en matière de transversalité, après que les services du Premier ministre avaient occupé une place de coordination transversale prépondérante lors du mandat de François Hollande. La rivalité entre Matignon et Bercy constitue plus généralement une constante des dynamiques de pouvoir au fil des huit programmes transversaux.

La supervision d'AP22 confiée au Ministère de l'action et des comptes publics s'appuie sur deux ressources dédiées : de l'argent et un service fonctionnel spécialisé.

Un fonds spécial de 700 millions euros sur 5 ans est mis en place et rattaché à Bercy. Il est attendu au bout de 3 ans un retour sur investissement en termes d'économies pérennes de fonctionnement de 1 euro d'économies annuelles par euro d'investissement. Les projets proposés seront sélectionnés par Bercy, sous la présidence de Gérard Darmanin,

notamment par des représentants du Secrétariat général pour la modernisation de l'action publique (SGMAP), de la Direction du budget,
de celle du Plan des investissements d'avenir, et d'une personnalité
qualifiée en matière de financement, bref par un cercle des financiers
et budgétaires publics, alors que le projet de transformation publique
est bien plus large.

Chaque ministère devra présenter une feuille de route élaborée avec
l'appui du SGMAP qui avait été créé par Nicolas Sarkozy en 2012. En
fait ce secrétariat est coupé en deux. La Direction interministérielle du
numérique et du système d'information et de communication de l'État
(DINSIC pour les intimes!) s'occupera désormais d'informatisation.
L'autre, baptisée par un décret de novembre 2017 Direction interministérielle de la transformation publique (DITP)[17] s'intéressera à la
transformation publique. Le jeu de mécano institutionnel qui sous-tend
cette nouvelle architecture mérite lecture car il illustre aussi le sabir
employé par ses concepteurs, comme si moderniser signifiait nécessairement complexifier.

Le décret mentionné ci-dessus stipule que la DITP est placée sous
l'autorité du ministre chargé de la réforme de l'État. Elle est dirigée par
le Délégué interministériel à la transformation publique. Le 22 novembre
2017 le Conseil des ministres nomme à ce poste Thomas Cazenave. Ce
dernier appartient à l'Inspection générale des finances. Alors que la DITP
est placée sous l'autorité du Ministre de l'action et des comptes publics,
le délégué lui-même est placé sous l'autorité du Premier ministre. Qui
plus est, ce délégué est un proche d'un ancien camarade de corps qui se
trouve être le nouveau Président de la république. Il a aussi fait partie
du cabinet du même Emmanuel Macron quand celui-ci occupait les
fonctions de Ministre de l'économie.

En prenant un peu de recul, on s'aperçoit qu'un cercle restreint très
proche politiquement, socialement et administrativement du Président de
la république marque toute l'opération AP22 d'une forte empreinte. Cela
illustre notamment la mise sur pied d'un Comité dit d'action publique
2022 (CAP22) qui est annoncée en grandes pompes le 13 octobre 2017.

---

17   JORF n°0271 du 21 novembre 2017 texte n°5. Décret n°2017-1584 du 20 novembre 2017
relatif à la Direction interministérielle de la transformation publique et à la Direction
interministérielle du numérique et du système d'information et de communication de
l'État.

Ce CAP22 est composé de personnalités jugées qualifiées, françaises et étrangères, parlementaires, chefs d'entreprises, élus locaux et hauts fonctionnaires de l'État. Pour assumer sa mission il bénéficie d'un secrétariat assuré par trois autres institutions, la nouvelle DITP, la Direction du budget du Ministère des finances et de France stratégie, nom d'usage du Commissariat général à la stratégie et à la prospective rattachée au Premier ministre.

Cette mission n'est pas anodine, tant s'en faut. Ce comité devrait en effet être suffisamment indépendant de manière à renouveler l'approche de la transformation, selon les ambitions énoncées par le Premier ministre lors de sa conférence de presse du 13 octobre 2017 lançant le programme Action publique 2022. Sa feuille de route est de produire un rapport identifiant des réformes significatives et durables sur 21 politiques publiques jugées prioritaires. L'éventail à couvrir est large, allant des minima sociaux aux sports. Il est investi de la tâche de passer en revue d'ici à avril 2018, soit en moins d'un semestre, les missions et dépenses publiques sur l'ensemble du champ des administrations publiques de l'État et des collectivités territoriales et assimilées, et non pas du périmètre des seuls services de l'État. Il doit aussi statuer sur le maintien et le portage jugés les plus pertinents de chaque politique publique, y compris de leur abandon ou de leur transfert à d'autres secteurs que celui de l'État.

Chaque membre du gouvernement est fortement invité à soumettre à CAP22 une proposition de réforme structurelle à l'horizon de 2022. La proposition recensera dans son domaine de compétences les périmètres de politiques à réformer dans son ressort, les portages à modifier ou de transférer à tiers, et les économies financières durables qui pourraient être réalisées.

Ce montage tranche-t-il par rapport à ceux qui l'ont précédé ? Le nouveau monde est-il si nouveau que cela ? Les questions prennent sens si l'on examine CAP22.

La comitologie prend certes ici une forme originale. Néanmoins elle était aussi présente dans la plupart des politiques transversales antérieures. Tel était notamment le cas avec la RSP qui avait créé une commission située au Commissariat général du plan et présidée par un journaliste, François de Closets, dont les travaux avaient bénéficié d'une bonne couverture médiatique. Il est aussi frappant de constater la similitude en ce qui concerne l'encadrement de cette comitologie. Dans les deux cas comme dans d'autres, les rapporteurs sont des membres des grands corps de l'État. CAP22 est formé de trente quatre membres fondateurs. La plupart ont été sinon choisis du moins examinés de près par les plus hautes instances gouvernementales. C'est l'Élysée qui désigne les titulaires des fonctions de CAP 22 considérées comme centrales. La majorité de ses membres est issue de la haute fonction publique. Quinze nationaux sur trente deux, soit près de la moitié, sont d'anciens élèves de l'ENA. Douze d'entre eux sont issus de son concours extérieur, le plus prestigieux. L'appartenance à l'énarchie offre une prime. Parmi les anciens élèves issus de l'ENA, et s'agissant des grands corps adminis-tratifs, deux sont ou ont appartenu à l'Inspection générale des finances, trois au Conseil d'État, et trois à la Cour des comptes. Les membres de CAP 22 ayant exercé ou exerçant des fonctions comme administrateurs civils ou assimilés sont au nombre de neuf, trois d'entre eux ayant débuté leur carrière dans des services de Bercy tels que le Trésor et le Budget.

Les chiffres sont encore plus parlants quand on prend les parcours de formation des membres. Sciences Po Paris prédomine. Sur trente deux personnes, quinze y ont acquis un diplôme. Le passage par des cabinets ministériels fait également la différence. Au total, la moitié des membres français a bénéficié d'une expérience de cabinet. Le nec plus ultra est d'avoir pu à un moment ou à un autre de leur parcours de fonctionnaires être en fonction à Matignon et/ou à l'Élysée : c'est le cas de dix d'entre eux, trois ayant même cumulé les deux affectations. En clair, CAP22 ressemble à un club dont le noyau dur serait incarné par des hauts fonctionnaires issus des plus prestigieuses filières de sélection et de recrutement de la république.

CAP22 se voit assigner une mission de réflexion ouverte sur les missions et les dépenses du secteur public en France. Il doit « penser autrement » la transformation. S'agissant d'action publique, et non pas d'une simple transposition d'approches en usage dans les entreprises, cela suppose de dépasser les références et les raisonnements inculqués par des filières de formation où dominent les langages procéduraux ou institutionnels d'une part et les langages normatifs de la science économique d'autre part. Or, si le monde de la recherche est représenté dans CAP22 par trois économistes académiques reconnus, les experts et spécialistes des sciences sociales appliquées à la gestion des affaires publiques, au changement des organisations publiques et au management des politiques publiques, sont totalement absents, à l'exception d'un Suédois qui cumule une expérience de praticien et une fonction de consultant en la matière. Aucune expertise reconnue en matière d'évaluation n'est identifiable en son sein.

La posture qu'adopte le programme Action publique 2022 et qui est assignée à ses travaux reste ambiguë et source de biais dans l'analyse. Elle mêle constamment des exigences ou des objectifs de réduction des dépenses publiques avec des exigences ou des objectifs en matière de modèle désirable de société. Il y a fort à parier que les deux ne seront pas conciliables, surtout si CAP22 ne se voit accorder qu'un délai de six mois pour déposer un rapport argumenté qui dépasse le stade des généralités, du *wishful thinking*, et se place aussi sur un registre plus financier et budgétaire, en proposant des coupes drastiques de type contrôle de gestion en cas de crise. Bref les langages pour agir restent d'un autre temps et surtout ne sont pas partagés par l'ensemble des membres de l'instance.

Les travaux du comité sont marqués par un fort taux d'absentéisme. Plus significatives encore, des tensions sinon des crispations vives alimentent les travaux du début à la fin. Par exemple, un clivage fort s'est manifesté entre les défenseurs de l'autonomie des collectivités locales et les partisans d'une recentralisation au profit de l'État. Tous les préjugés ont été invoqués, par exemple, que les collectivités locales dépenseraient trop et de façon somptuaire alors que l'État serait par nature plus vertueux. Des divergences fortes se sont exprimées quant à la priorité à donner aux seules mesures de baisse des dépenses. Des fuites sur l'orientation des travaux ont alimenté les medias et alerté l'opinion publique.

Le Premier ministre et ses collaborateurs ont suivi sinon encadré les travaux de CAP22 de très près, du début de ses réunions à la rédaction de son rapport. La plupart des membres de CAP22 n'ont pas eu connaissance préalable du rapport final. Même lorsqu'une première version de ce rapport leur a été présentée dans une réunion plénière, les membres présents ont dû laisser le texte sur place, jusqu'à conduire certains d'entre eux à refuser de signer un rapport, dont le contenu détaillé n'a *a fortiori* pas été rendu accessible au public.

CAP22 privilégie les mesures d'économie budgétaire – elles devraient avoisiner les trente milliards d'euros – les approches globales – par exemple recruter les cadres moyens des services publics non plus comme fonctionnaires statutaires mais comme contractuels, mesure devant concerner près de 120 000 postes – et la réduction du déficit public pendant la mandature du Président Macron dans le cadre de l'engagement de la France par rapport aux critères budgétaires émis et supervisés par l'Union européenne. Le rapport propose par exemple de supprimer le Ministère des sports, de donner plus d'autonomie aux chefs d'établissements scolaires du secteur public, de transférer aux intercommunalités une mesure aussi valorisée par les maires que les permis de construire, etc. Par comparaison avec les effets de ciseau budgétaire, les propositions plus détaillées sur telle ou telle politique publique aussi bien que les ambitions plus managériales touchant à la gouvernance et la conduite des mutations gestionnaires des services publics semblent être restées nettement plus timides.

En fait, entre la fin de 2017 et la mi-2018, le contexte national dans lequel s'inscrit l'initiative CAP22 se transforme profondément. Suite au rapport dit Borloo portant sur la politique de l'État sur les banlieues et dans la foulée d'une réforme bousculée de la SNCF, en particulier avec l'abandon du statut de cheminot, CAP22 se transforme pour le gouvernement de ressource en contrainte. Ses recommandations peuvent engendrer des risques politiques et sociaux majeurs. Un contrôle gouvernemental encore plus étroit s'installe pour assurer la reprise en main par le pouvoir exécutif, qui veut garder sa liberté en matière de transformation publique, et donc ne pas se sentir engagé par des initiatives qu'il ne maîtrise pas. La publication du rapport de CAP22 est renvoyée sinon aux calendes grecques du moins à plus tard, officiellement après les décisions prises par le pouvoir politique, à commencer par l'exécutif. Par ailleurs, s'il est publié, le texte ne le sera pas en entier.

Parallèlement aux tribulations de CAP22 et à sa reprise en main, le Premier ministre envoie le 4 juin 2018 une circulaire à ses ministres. Ces derniers sont fortement invités à boucler un plan de transformation des domaines de compétence dont ils assurent la responsabilité. Ils obtiennent aussi le droit d'annoncer des réformes sans attendre. Une condition essentielle leur est imposée : le rapport final mais expurgé de CAP22 doit leur servir de référence.

Par ailleurs, comme c'était déjà le cas dans la politique de RGPP lancée en 2007, un appel d'offre est publié qui s'adresse aux grands cabinets de conseil privés. La formulation adoptée sous la présidence d'Emmanuel Macron est quasiment identique. Le thème affiché est l'assistance à la conception et à la mise en œuvre opérationnelle de projets de transformation de l'action publique. Trois lots sont attribués qui comprennent trois ou quatre attributaires chacun. L'attributaire mobilise par ailleurs des sous-traitants (entre 1 et 13 selon les cas !), à l'exception d'un groupement associant le *Boston Consulting Group* et *Ernst & Young Advisory* qui n'en liste aucun. Dès la fin mai 2018 Thomas Cazenave, directeur de la DITP, signe des marchés publics en la matière sans attendre la sortie du rapport CAP22. Ces lots couvrent « stratégie des politiques publiques », « conception et mise en œuvre des trans- formations », et « performance et réingénierie des processus ». Bref ils traitent d'un éventail large allant de la décision stratégique à l'accueil du public en passant par la mise en place de plans de transformation d'un ministère. Ces marchés sont sur le fond relativement indépendants du cycle politique. Ils permettent de prendre la suite de marchés conclus en 2014 et qui arrivent à échéance début 2018. Néanmoins l'achat de conseil se modifie. Jusque-là chaque ministère disposait d'une certaine autonomie en la matière. Dorénavant au motif de la rationalisation, le portage des marchés est largement centralisé par la DITP. Du côté des grands cabinets mondiaux, ces marchés de l'État représentent peu de choses en termes de chiffre d'affaires : à peine un pour cent. Néanmoins il leur sert de référence, notamment pour vendre d'autres prestations à des institutions du secteur public et pour accroître leur visibilité dans le secteur privé comme prestataires de l'État, opération d'autant plus utile que la circulation des élites dirigeantes de l'administration d'État vers le secteur des grandes et moyennes entreprises reste forte. À leur façon, ces marchés publics leur offrent donc d'accéder à un club de l'élite de l'élite.

UNE RÉFORME À RÉPÉTITION

Huit programmes transversaux successifs conçus et affichés sur une période couvrant un demi-siècle, voilà qui suggère immédiatement deux commentaires de la part d'un observateur non averti.

D'une part, en France, le paysage de la modernisation se distingue par une vigilance et une mobilisation sans trêve des plus hautes autorités de l'État. En même temps leur capacité à faire évoluer le mode de gouvernement et la gestion des affaires publiques semble *a priori* ne pas suffire pour faire bouger de façon rapide à la fois le mastodonte bureaucratique dont elles assument en principe la gérance administrative et la scène institutionnelle sur laquelle ils évoluent politiquement.

D'autre part, la modernisation de l'État par le biais de politiques transversales n'obéit pas à un modèle type déroulé de façon linéaire. Elle se présente comme un bricolage instable et opportuniste d'éléments disparates, bricolage soumis à des aléas politiques constants. Elle est du coup difficile à classer selon les catégories habituelles utilisées pour identifier et nommer les politiques et initiatives de réforme du management des affaires publiques dans les comparaisons internationales.

Le chantier de la modernisation de l'État est un travail de Sisyphe : pour gravir le rocher de la modernisation, le réformateur éclairé s'y reprend à plusieurs fois mais en empruntant à chaque fois une voie nouvelle. Les élites politiques perpétuent l'idée de l'urgence de la tâche, cherchant avec obstination et impatience à bousculer un mammouth composé de dizaines de ministères et de centaines d'organismes publics, d'autorités administratives indépendantes et d'organismes de régulation, dont elles ont sinon la charge, du moins en principe la tutelle.

Un indice de la difficulté de l'entreprise est fourni par la spectaculaire accélération du rythme de lancement de nouveaux programmes transversaux depuis l'annonce de la politique de RCB en 1968 : un peu plus de vingt ans se sont écoulés avant qu'un deuxième programme succède à la RCB, puis six ans pour un troisième et quatre ans pour le quatrième.

Depuis lors, les programmes nouveaux sont annoncés tous les cinq ans, un tel intervalle signifiant que la durée de vie de chacun ne dépasse pas dans le meilleur des cas trois ou quatre ans au cours des années les plus récentes. La désignation du programme, les méthodes qu'il mobilise et les dispositifs qu'il met en œuvre sont à chaque fois ou presque modifiés.

Bref, en apparence tout du moins, rien ne paraît facile ni linéaire. La modernisation ne peut être que chaotique, de plus en plus illisible en termes d'étiquetage des programmes transversaux et de mise à jour du contenu que recouvrent les sigles.

En fait, si les instrumentistes qui élaborent et annoncent les programmes transversaux changent souvent, ils jouent souvent une partition semblable ou des parties de partition identiques. Plus généralement, si les politiques transversales ne se succèdent pas de façon linéaire, les raisons d'investir dans une offre de réforme restent fondamentalement les mêmes au fil des gouvernements. La lecture détaillée des programmes met en évidence des éléments de continuité dans cette discontinuité chaotique. Si les sigles changent, les façons de faire demeurent identiques de la part des concepteurs politiques et de leurs collaborateurs. Plus les programmes transversaux se renouvellent, moins leurs approches se modifient.

La continuité se manifeste dans les traits de la conception et de la décision menées au sommet de l'État en accord avec des responsables des majorités parlementaires de centre-droit comme de centre-gauche. Leur récurrence par-delà les clivages partisans invite le commentateur à ne pas se contenter de conclure que les responsables gouvernementaux sont des illusionnistes qui jettent la poudre aux yeux des citoyens par cynisme politique bien compris, ou des naïfs surestimant les pesanteurs de la réalité administrative dont ils assument pourtant le commandement et la responsabilité. Le contexte dans lequel ces programmes émergent, prennent forme et sont décidés, imprime sa marque sur leur manière de traiter les problèmes.

Huit traits récurrents sont identifiables dans la fabrication d'une politique transversale, les interprètes successifs imprimant ici ou là une touche plus personnelle dans la musique des programmes :

— un affichage politique affirmé voire claironné par les gouvernants,
— un travail de démarcation souvent radical et parfois cosmétique par rapport aux politiques précédentes,

– la prééminence d'une approche et d'une gouvernance descendantes (*top-down*),
– une élaboration par des cercles fermés de généralistes sortis des grandes écoles et s'érigeant en experts de la modernisation,
– un objectif explicite et continu de rationalisation financière,
– une promesse réitérée de bénéfices pour les usagers et la société,
– une boîte à outils mêlant la création de montages institutionnels *ad hoc* et l'innovation technologique,
– une réforme de l'État centrée d'abord et avant tout sur le management public, à savoir le pilotage des organisations et services publics.

L'AFFICHAGE POLITIQUE

Les politiques de modernisation s'appuient d'abord sur un engagement affirmé de la part des gouvernants du moment.

Tout se passe comme si un nouveau gouvernement à peine installé se sentait obligé de sortir de sa poche un programme transversal inédit et qui lui soit propre. Gage de sérieux et de volontarisme, voire marque consolidant sa légitimité, ce programme est annoncé de façon solennelle par le nouveau Premier ministre voire même par le Président de la république.

Tout se passe comme s'il importait de ne pas trop tarder pour satisfaire ce qui ressemble fort à un rite permettant d'acquérir une identité crédible et respectable et d'être rapidement pris au sérieux, notamment en énonçant même des engagements sur les opérations spécifiques à lancer. La communication de ces intentions, leur diffusion par les medias, l'écoute des instances parlementaires, les réactions qu'elles suscitent dans les cercles élitistes parisiens, sont sur le coup prises en compte par les gouvernants eux-mêmes. En même temps la fonction implicite ou explicite d'un programme est d'obtenir des résultats présentables à un horizon de court terme, c'est-à-dire avant la fin de mandat électoral du Parlement et/ou du Président de la république. Pourquoi faudrait-il en faire bénéficier les adversaires ? Autant engager sans tarder des réalisations qui, condition majeure, ne suscitent pas d'emblée de résistances trop bruyantes, grèves ou manifestations dans la rue, ou d'aliéner des sympathisants et des alliés électoraux.

Bref cet affichage public est un discours qui tente de rendre compatibles deux exigences : l'ambition volontariste et la prudence politique. Les media en sont le vecteur privilégié.

UNE VOLONTÉ DE SE DÉMARQUER
DES PRÉDÉCESSEURS

Un deuxième trait récurrent, souvent explicitement évoqué, est la démarcation qu'un programme nouveau permet d'assurer par rapport aux programmes lancés par des équipes gouvernementales précédentes.

À cet égard les solutions adoptées au fur et à mesure du déroulement des huit programmes transversaux prennent des formes diverses. Toutes cependant affichent une discontinuité forte. Le message sous-jacent et souvent explicite du nouveau responsable exécutif est qu'il fera mieux que son prédécesseur, dont il décrédibilise au besoin le bilan sans pudeur excessive. L'abrogation du programme précédent se justifie alors parce que ce prédécesseur a failli dans ses ambitions et dans ses choix en matière de modernisation, parce que la voie qu'il avait prise n'était pas la bonne, et n'a donc pu engendrer des changements acceptables, cela sans tenir compte de la brièveté de sa mise en œuvre.

Ainsi le programme transversal AP22 annoncé en septembre 2017 s'inspire d'un livre collectif préfacé par Emmanuel Macron – alors encore Ministre de l'économie – et publié sous la direction de deux de ses futurs collaborateurs. Cet ouvrage qualifie le paysage français du milieu des années 2010 d'astre mort. À une approche qualifiée par ses auteurs de décliniste, il proclame la nécessité d'opposer une vision ouvrant un nouvel âge (Algan et Cazenave, 2017). On notera que l'un des deux co-auteurs de ce livre, en l'occurrence Thomas Cazenave, par ailleurs énarque et Inspecteur des finances, sera nommé Délégué interministériel à la transformation de l'État.

Une alternative est plus subtile : l'équipe politique arrivée au gouvernement se contente de ne pas donner suite aux mesures lancées par celle qui le précédait ou de ne pas faire usage des dispositifs mis en place par son prédécesseur. Un cas patent fut celui de l'évaluation des politiques publiques : le dispositif mis au point par le Premier ministre Michel Rocard fut simplement ignoré comme instrument de pilotage interministériel par le successeur de son créateur. L'oubli lui aussi remplit une fonction de démarcage.

UNE MODERNISATION
QUI TOMBE DU TRÈS HAUT

Troisième trait commun à la plupart des huit programmes, ils sont conçus selon une approche essentiellement descendante, « *top-down* » et non-participative. La modernisation est régie le plus souvent par voie autoritaire.

Autrement dit, l'initiative émane des autorités ministérielles parisiennes, de leurs cabinets ou des réseaux personnels des décideurs politiques. Le style en usage est autoritaire et discrétionnaire, sans véritable consultation ou réel débat interne préalable. La décision prend la forme de décrets et de circulaires rédigés au plus haut de l'appareil d'État, par le Ministre des finances ou par le Premier ministre, dont la déclinaison est confiée au contrôle de services qui leur sont directement rattachés. Bercy et l'hôtel Matignon voire le palais de l'Élysée veillent, tranchent en dernier ressort. La définition du contenu d'un programme et de son mode de gouvernance échappe aux échelons opérationnels : elle leur tombe du ciel et ils sont priés de s'exécuter en respectant le principe de conformité hiérarchique. La consultation interne comme moteur du management est pour le moins restreinte, même si la politique de RSP lancée par le Premier ministre Michel Rocard fait un peu exception dans l'approche managériale du changement qu'elle préconisait.

UNE AFFAIRE DE TECHNOSTRUCTURE
ADMINISTRATIVE

Une quatrième constante, corollaire de la précédente, tient au fait que l'élaboration de ces programmes manifeste un mode de raisonnement propre à un milieu très fermé et élitiste.

Les hauts fonctionnaires des grands corps de l'État y jouent un rôle prépondérant. Ces membres de l'élite républicaine sont toujours massivement présents aux diverses étapes de la conception du programme, du travail des membres de cabinets ministériels au pilotage de tel ou tel organisme chargé de décliner concrètement tel ou tel de ses volets. Ils inspirent les politiques, ils mettent en musique les lois et autres décrets non seulement formellement mais aussi dans le détail. Ils supervisent en principe la façon dont les procédures sont mises en œuvre par les services de l'État. Le cercle est relativement fermé socialement et cognitivement assez homogène. Trois types de normes et de références pour l'action dominent : le droit administratif, les finances publiques, accessoirement la micro-économie, cette dernière étant privilégiée notamment lors du programme de RCB. Ces langages sont véhiculés par les hauts fonctionnaires des corps exerçant un magistère juridique et des corps appartenant aux services de Bercy. Le programme AP22 suggère une influence accrue ces dernières années du langage économique, portée par des corpsards plutôt jeunes, notamment de l'Inspection des finances, ayant œuvré dans des cabinets ministériels, puis étant passés le cas échéant par une ou des entreprises, et ayant rallié le *momentum* politique créé par l'accession d'Emmanuel Macron à la Présidence de la république.

Par contraste, les professionnels et experts de milieux tiers restent fortement marginalisés, pour ne pas dire quasi absents. Certes depuis les programmes dits Copé, le recours à de cabinets de consultants indépendants est devenu une constante. Mais ces derniers restent pour l'essentiel cantonnés dans des fonctions de sous-traitance méthodologique, et leur action demeure temporaire. Ils ne servent guère sinon pas du tout de vivier pour faire recruter par la fonction publique des professionnels chargés de concevoir et d'animer la modernisation. Il en va de même pour les universitaires, notamment des spécialistes de sciences sociales, sciences de la gestion publique et analyse des politiques publiques. Certes ils occupent parfois des strapontins dans tel ou tel comité. Néanmoins leur apport reste fort modeste sur le fond, pour des raisons qu'on analysera plus loin.

Contrairement à d'autres pays leaders en matière de réforme de l'État et de modernisation de leur management public, la France des hauts fonctionnaires et de ses responsables gouvernementaux manifeste une confiance inébranlable dans sa capacité à assimiler par elle-même et sans intermédiaires professionnels les innovations en matière de management public développées notamment aux États-Unis ou préconisées par l'OCDE, sans que sa propension à l'imitation soit toujours bien reconnue. Le monde de la recherche scientifique ne lui semble pas d'un secours évident, sauf cas exceptionnel de recours à quelques rares économistes universitaires. Au final, les politiques sont pensées et conçues de façon autarcique par l'élite issue des corps recrutant dans la botte de l'ENA. Rares sont les membres de cette élite qui ont une véritable connaissance des politiques de modernisation menées ou en cours dans d'autres pays. Il arrive même que tel ou tel d'entre eux, pourtant considéré par ses pairs comme un expert en la matière, ne sache même pas lire les textes fondamentaux du management public publiés dans la *lingua franca* de la discipline, à savoir l'anglais.

Bref, et plus généralement, le capital cognitif mobilisé pour les programmes transversaux manque singulièrement d'ouverture internationale en des temps où l'on pourrait pourtant la croire indispensable.

UNE MÊME PARTITION

Un cinquième trait structure la partition que jouent les gouvernants. Leurs programmes transversaux donnent clairement la priorité à la dimension budgétaire.

La réduction des dépenses et des coûts de fonctionnement des services publics est un objectif récurrent. Ici encore, dans le programme qu'annonce sa circulaire du 26 septembre 2017, le Premier ministre Édouard Philippe chausse les bottes de ses prédécesseurs. Certes il faut moderniser l'État mais il faut en même temps voir d'abord réduire ses dépenses. Dans le cas présent le chiffre annoncé est de vingt cinq milliards d'euros par an, sur la base de suppression de postes de fonctionnaires, de numérisation des démarches administratives et de redéfinition des missions publiques. Cette ambition annoncée diffère de celle des précédents programmes sur un seul point : la façon de la mettre en œuvre.

Le programme de RGPP lancé en 2007 sous la présidence Sarkozy prétendait remplacer un fonctionnaire partant à la retraite sur deux ou sur trois, ce en procédant à des coupes uniformes. François Hollande devenu Président à son tour juge cette approche trop brutale voire aveugle. En 2012, pour s'en démarquer en même temps que pour apaiser les syndicats de fonctionnaires, il confie une mission de réduction des coûts publics à un programme dit de Modernisation de l'action publique. Aucun objectif ne lui est fixé en termes de coupes budgétaires détaillées, notamment concernant le non-renouvellement de postes de fonctionnaires et de délais à atteindre. De même si l'approche qu'adopte le Président Macron évoque le bénéfice majeur d'une réduction financière forte, elle tarde à préciser comment répartir les ponctions et les gains entre les trois volets qu'elle mentionne.

LE BIEN-ÊTRE DES USAGERS

Un sixième trait de l'avalanche française de réformes transversales frappe l'observateur. Ce sont les promesses faites à l'usager de multiples bénéfices qu'il va en tirer.

Le thème est un classique du discours de la réforme, utilisé non seulement en France mais aussi dans d'autres pays. Certes la modernisation se justifie parce qu'elle doit réduire les coûts financiers, en rémunérant moins d'agents et en accroissant la productivité. Mais elle fournira aussi la garantie d'un service public de bien meilleure qualité, d'un accès facilité aux guichets et aux formalités administratives, ce jusqu'au traitement des dossiers, d'une écoute plus fine des besoins des administrés, voire de leur mise à disposition d'outils d'expression qui ne se limitent pas au suffrage universel et à la médiation par leurs élus.

Si déjà dans les années 1980 le programme de renouveau du service public invoquait la participation active des populations comme une exigence à la fois idéologique et fonctionnelle, le discours de la présidence Macron reprend trente ans plus tard cette idée en faisant de la modernisation de l'État un champ d'innovation sociale. Le nouvel âge de l'action publique est d'abord celui des citoyens, prétendent ses collaborateurs (Algan et Cazenave, 2017). Le marketing public se prolonge par des modes de participation nouveaux et plus interactifs. Ils tiennent compte de l'émergence de nouveaux enjeux – le développement durable, l'écologie, la désertification des zones rurales, etc. – par le biais de nouvelles instances de concertation, des referendums locaux par exemple, en parallèle aux outils de consultation publique déjà établis. L'État doit se déconcentrer. Le gouvernement des affaires publiques doit se décentraliser sur les collectivités publiques. La carte des communes doit se réformer par la création d'intercommunalités plus aptes à prendre en charge les affaires locales.

LA TECHNOLOGIE COMME VECTEUR
DU CHANGEMENT

Un septième trait récurrent des programmes transversaux est leur constant recours à une boîte à outils qui mêle la création de montages institutionnels *ad hoc* et l'innovation technologique, et qui charge la barque de la réforme ou de son annonce.

D'une part, les politiques transversales font un usage intensif de la révision des organigrammes des services et des compétences au niveau de la haute administration de l'État. La créativité en matière de structures formelles atteint parfois des sommets de sophistication. Le décryptage des montages institutionnels *ad hoc* est souvent difficile. La modernisation organisationnelle semble souvent s'épuiser dans des jeux de mécano, le *redesign* des structures formelles obéissant à une finalité d'affichage symbolique plus qu'à une fonction de modification des pratiques effectives des services en place et de motivation des personnels. Les huit politiques gouvernementales étudiées ici en offrent une surprenante démonstration. Des services nouveaux sont créés qui se voient confiés des fonctions spécifiques en matière de réforme de l'État : commissariats, directions d'administration centrale, secrétariats généraux, etc. Ils reportent tantôt à Matignon, tantôt à Bercy ou à un autre ministre. Des services existants se voient en revanche privés de certaines de leurs attributions ou sont carrément fermés. Ces manipulations peuvent même à l'occasion provoquer des chevauchements de compétences entre agences centrales, une entité nouvellement créée n'ayant pas encore conduit à la fermeture de celle qu'avait créé l'équipe gouvernementale précédente. Cette situation est patente, par exemple avec la MAP en 2012. Qui s'occupe de quoi et comment ? Cela devient une véritable énigme d'autant plus que les désignations des structures n'aident guère à y voir clair. Qui plus est, la brièveté de leur existence suscite chez les fonctionnaires, notamment ceux en poste dans les ministères dits dépensiers, des réactions d'incrédulité et de prudence : ils attendent le prochain montage qui remplacera celui mis en place depuis peu. Les chiens de la modernisation pourront toujours aboyer, la caravane des services gestionnaires continuera à passer comme elle en a l'habitude.

D'autre part, le mécano institutionnel se traduit aussi l'apparence croyance en des instruments miracles, des procédures dédiées, de nouveaux outillages ou approches. Le programme de RCB lancé par Michel Debré privilégie ainsi le calcul économique appliqué à la sélection des investissements à l'aide d'évaluations *a priori*. La politique de Michel Rocard en matière de RSP mesure l'efficacité sociétale de telle ou telle action de l'État par l'évaluation *a posteriori* de telle ou telle de ses politiques sectorielles. La réforme de la RESP lancée par Alain Juppé met en place un dispositif interministériel qui, via un nouveau Commissariat à la réforme de l'État, sera consacré à établir une planification globale et détaillée à la fois de la modernisation, en fixant les axes prioritaires des missions de l'État et en clarifiant en conséquence l'agenda des responsables ministériels pour les trois ans à venir.

D'autres voies sont également ouvertes. Tantôt une politique transversale confie prioritairement la mise en œuvre à des dispositifs intra-administratifs rattachés à tel ou tel ministère ou même au Premier ministre. Tantôt une part importante en est sous-traitée par appel d'offres public à des cabinets de conseil privés dont le cœur de métier est l'aide à la gestion et à la stratégie des entreprises. Un compromis plus ou moins variable entre les deux options est le plus souvent élaboré.

Une constante majeure de la partition commune des politiques transversales est que l'innovation technologique en général et les nouvelles techniques d'information en particulier sont considérées comme des leviers essentiels de la modernisation. Ce pari est devenu prépondérant depuis la fin des années 1990. Informatiser les administrations est érigé en préalable de la mesure des actes et des flux. Des crédits substantiels sont mobilisés pour faire basculer le fonctionnement courant des services publics dans l'âge de l'informatique puis du numérique. Les ambitions affichées sont tonitruantes. Par exemple, le nouvel âge de l'action publique évoqué par Emmanuel Macron dès 2016 prévoit que l'État travaillant en mode start-up construira une action publique de nature nouvelle car augmentée par les outils du numérique. Bref, la technologie paraît fournir par elle-même la clé universelle du progrès.

Or on peut douter de la maîtrise de l'usage de la technologie par les administrations publiques, du moins si l'on en juge par les difficultés voire les ratages complets que l'on a pu observer dans ses entreprises les plus ambitieuses : fiasco dramatique du logiciel dit Louvois conçu pour gérer les rémunérations des personnels militaires, dont les graves errements ont obligé le Ministère de la défense à lui substituer un nouveau système à compter de 2021, abandon du projet intitulé Opérateur national de paie, destiné à gérer les fiches de paie de l'ensemble des agents de l'État, difficultés rencontrées lors de la mise en place d'une application dite Chorus s'appliquant à la gestion budgétaire.

En privilégiant l'organigramme et la technique, on tend à négliger le recours à des approches de management moderne qui permettent de mobiliser les personnes dans le cadre de leur contexte quotidien de travail, de susciter et négocier leur participation au développement de leur organisation, d'élever le niveau d'écoute entre échelons hiérarchiques, de décloisonner les filières. Ainsi l'ouverture aux sciences sociales de la gestion en matière de relations humaines, que marqua à cet égard le programme de RSP lancé par Michel Rocard à la fin des années 1980, est demeurée une sorte d'exception. La boîte à outils des programmes transversaux peut être qualifiée de technocratique, par sa constante négation de la singularité des contextes dans lesquels est censé s'opérer le pilotage des dynamiques de changement et d'appropriation de leurs modalités par les services opérationnels.

UNE GÉOMÉTRIE VARIABLE
DES DIMENSIONS COUVERTES

Un huitième trait récurrent en matière de fabrique des politiques transversales concerne les domaines qu'affichent leurs ambitions.

Les dimensions de la réforme de l'État	Les politiques transversales de modernisation de l'État	Date
Les champs d'action de l'État	Le Commissariat à la réforme de l'État	1995
	La Révision générale des politiques publiques	2007
	La Modernisation de l'action publique	2012
L'organisation des pouvoirs publics (macrostructure)	La Réforme de l'État et des services publics	1995
	La Loi organique relative à la loi de finance	2001
	Action publique 2022	2017
Les relations de l'État avec les assujettis et la société		
Les modes d'action de l'État	La Révision générale des politiques publiques	2007
	La Modernisation de l'action publique	2012
	Action publique 2022	2017
L'écoute et l'accès des assujettis	Le Renouveau du service public	1989
	La Modernisation de l'action publique	2012
	Action publique 2022	2017
Le management et le pilotage des organisations publiques	La Rationalisation des choix budgétaires	1968
	Le Renouveau du service public	1989
	La Réforme de l'État et des services publics	1995
	La Loi organique relative à la loi de finance	2001
	Les Audits de modernisation	2005
	La Révision générale des politiques publiques	2007
	La Modernisation de l'action publique	2012
	Action publique 2022	2017

TABLEAU 1 – Les dimensions de la réforme de l'État couvertes par les ambitions affichées par les programmes transversaux de modernisation en France entre 1968 et 2017.

La lecture de ce tableau suggère trois observations.

La première est que l'horizon de temps laissé à la mise en œuvre d'une politique donnée et de l'appropriation des instruments d'action qu'elle impose ou préconise est, sauf pour de rares exceptions, très court. Au bout de quelques années, un programme gouvernemental est arrêté : il est aboli, explicitement remplacé par un autre ou plus simplement envoyé aux oubliettes. Les instruments d'action connaissent le même sort : le temps manque pour préparer leur usage, par exemple en formant professionnellement les fonctionnaires à leur maniement, ou en permettant de les diffuser à l'intérieur de la sphère d'État de façon suffisamment extensive et intensive, à l'exemple de l'évaluation et de l'audit. Des horizons courts ne permettent guère l'apprentissage par l'expérience de nouvelles approches. Des horizons incertains défavorisent l'émergence de comportements d'engagement et de mobilisation pour la modernisation.

La deuxième observation est que les huit politiques transversales traitent toutes de la dimension du management et du pilotage des organisations publiques, quoi que pas nécessairement avec les mêmes approches. Le fait que le management des organisations publiques constitue l'axe central de la réforme de l'État à la française revêt une grande importance, comme le montreront par le détail les parties 3 et 4 qui suivent. Le management des politiques publiques confiées à l'État mobilise-t-il autant ou moins de place et d'attention que l'axe du management interne ?

La troisième observation met en relief l'existence de combinaisons, variées selon les cas, qui lient la dimension du management avec une, deux ou les trois autres dimensions que sont la définition des champs d'action de l'État, l'organisation des pouvoirs publics au niveau de leurs macrostructures, et les relations de l'État avec les assujettis et la société. Elles peuvent couvrir un périmètre comprenant plusieurs dimensions ou plusieurs sous-dimensions à l'intérieur de dimensions déjà vastes. C'est ainsi que la réforme de l'administration territoriale de l'État, qui est issue de la révision générale des politiques publiques (RGPP) et qui est entrée en vigueur en janvier 2010, a touché d'une part aux macrostructures, en redéfinissant les rôles des directions régionales et départementales et en établissant le niveau régional comme lieu de territorialisation des politiques publiques et l'échelon départemental comme lieu des services de proximité, et, d'autre part aux microstructures, par le regroupement au niveau départemental de nombreuses agences ou services déconcentrés de l'État qui étaient jusque-là séparés les uns des autres dans deux ou trois directions interministérielles.

TROISIÈME PARTIE

RECHERCHER LA PERFORMANCE
OU ÉVITER LE RISQUE ?

La finance d'entreprise offre un binôme sur lequel la recherche contemporaine s'est forgée et dont la portée est très largement transposable au secteur public : celui du rendement et du risque, ce dernier étant en l'espèce compris comme la variation possible du rendement attendu et commodément assimilé au concept statistique de variance de ce résultat. En effet tout investisseur potentiel sait que la recherche d'un résultat certain, c'est-à-dire non entaché de risque, s'accompagne normalement de l'acceptation par avance d'un rendement faible. L'achat de Bons du trésor ou obligations assimilables du Trésor allemand ou français traduit de la part de l'acheteur un arbitrage au profit de la sûreté du placement et au détriment de l'espérance d'un fort rendement. Inversement les placements les plus aléatoires ne sont acceptés qu'avec une espérance mathématiquement définie de rendement important, espérance qui implique par ailleurs une probabilité forte d'être déçue. Pour sa part, dans la composition de son portefeuille d'activités et de ses choix de croissance, toute entreprise a de manière générale un arbitrage à opérer entre le niveau de rendement qu'elle ambitionne et le niveau de risque qui lui paraît acceptable.

La tension entre la recherche de la performance et l'évitement du risque concerne l'État comme tout autre acteur. Il fait face à des risques de même nature que les entreprises, mais aussi à des risques d'un autre type tels que par exemple ceux liés à des troubles à l'ordre public ou à des comportements de désobéissance civique. Un des risques fondamentaux ressentis par les dirigeants politiques est évidemment la perte d'autorité, de légitimité voire de pouvoir consécutive à un échec électoral.

L'État doit donc gérer à la fois sa performance et l'évitement du risque. Il doit moderniser ses façons de faire dans l'une comme l'autre de ces gestions. Cependant ces modernisations n'ont pas le même statut médiatique. La modernisation des outils de la performance répond en principe aux canons d'une société progressiste. La rénovation de l'évitement du risque ne bénéficie pas de cette aura. Si celle-là est annoncée à grand renfort de cuivres et trompettes dans les opérations transversales de l'État en particulier, celle-ci est peu claironnée et n'est jamais intégrée dans ces grandes opérations. Si les initiés la perçoivent bien, le grand public l'ignore.

La question qui se pose pourtant est celle de l'importance relative de l'une et de l'autre dans les changements non pas annoncés mais réels de la gestion de l'État. C'est cette importance relative que la présente partie entend éclaircir.

Le lecteur non spécialiste pourrait être décontenancé par l'analyse menée dans les deux chapitres qui suivent, notamment par la technicité du langage gestionnaire. On peut en résumer les apports à deux constats majeurs.

Le premier est que la recherche d'une meilleure performance par la modernisation reste en France modeste : en termes politiquement incorrects, ses résultats sont fort limités.

Le second est que la gestion de l'évitement du risque donne une large part au contrôle interne, qui exprime la défiance traditionnelle du milieu bureaucratique.

Sous ces deux aspects, c'est à l'épreuve de leur mise en œuvre et de leur mode d'appropriation au fil des années que la plus-value des apports novateurs de la modernisation publique est anesthésiée, rendant ces politiques compatibles avec les postures conservatrices.

Une lecture attentive de ces deux chapitres révèle une première série de raisons qui ne facilitent pas la marche vers la recherche de la performance et vers un traitement du risque qui ne soit pas obnubilé par la défiance. Elles seront reprises en détail plus avant dans les quatrième et sixième parties du livre.

LA QUÊTE DE LA PERFORMANCE

Un maigre bilan

La quête de la performance est un terrain particulièrement propice à l'analyse. Elle fait appel à des valeurs morales et à des normes socialement ancrées : fournir au nom du service public et de l'intérêt général des biens et des services qui satisfassent encore mieux les besoins et attentes des populations, qui résolvent des problèmes sociétaux ou qui empêchent de les voir émerger. Ces valeurs et normes peuvent être durables. Elles peuvent aussi être le reflet de la mode du moment ou de causes morales passagères. Elles renforcent la légitimité de l'État. Ce faisant elles rendent la modernisation désirable et attrayante, du moins *a priori*.

Le souci de la performance laisse entendre qu'il s'agit pour l'État de mieux satisfaire des finalités nobles au bénéfice de l'ensemble de la société. En ce sens un discours qui privilégie des finalités internes ou propres au seul État ne justifie pas *ipso facto* ce souci et *a fortiori* ne provoque pas de mobilisation en sa faveur, surtout lorsque modernisation rime avec rationalisation, réduction des coûts et recherche de productivité. Autrement dit, s'agissant de l'État, l'amélioration de l'efficacité par la quête de la performance fonde une promesse plus audible que l'amélioration de l'efficience interne de ses organisations ou du coût de production de leurs biens et services. Il ne faut pourtant pas oublier que la modernisation ne se réduit pas à une réponse aux seules valeurs et attentes sociétales du moment. La performance repose aussi sur l'innovation dans des secteurs moins à la mode et dans le traitement d'enjeux moins valorisés ou plus obscurs sur le terrain sociétal.

Tant pour les discours que dans les écrits, la référence à la performance irrigue le vocabulaire administratif français. Ce terme même de performance n'a pourtant rejoint le vocabulaire administratif que depuis quelques années. La Direction du budget du Ministère des finances lui consacre désormais un site web nommé Forum de la performance. Les Contrats d'objectifs et de performance (COP) sont érigés en instruments privilégiés de pilotage stratégique des opérateurs de l'État, ainsi que le préconise une circulaire du Premier ministre émise en 2010[1]. L'élaboration d'indicateurs de performance spécifiques s'impose non seulement dans les projets ou rapports annuels de performance annexés aux lois de finance, mais aussi dans les COP ainsi que dans les tableaux de bords dont sont dotés de nombreux services administratifs. À première vue, la quête de la performance est devenue une référence obligée du langage politiquement correct en cours dans les hautes sphères de l'État français.

Demeure une question : si la recherche de la performance enrichit le langage, qu'en est-il de l'usage des instruments de gestion et d'action adoptés à cette fin ? Plutôt que de s'attarder à décrypter les politiques affichées par les gouvernants successifs, il convient de se pencher sur l'analyse des processus effectifs tels qu'ils sont concrètement mobilisés et appropriés au quotidien pour engendrer la performance. Ce regard renvoie aux usages que font l'État et ses multiples institutions des nouveaux instruments préconisés ou imposés par les politiques de modernisation.

Ce qui suit se situe plutôt dans un paradigme de la modernisation en termes de processus en actes alors qu'en politique transversale on est plutôt dans le paradigme de politiques affichées. Cette perspective requiert une méthode ou un regard bien différent de celui qu'offrirait le seul commentaire en chambre ou la seule lecture de sondages d'opinion, ignorant des pratiques réelles des personnes et des services affectés par ces instruments. Les informations rigoureuses, soit celles qui mettent en lumière les actes concrets, en particulier dans une perspective à la fois comparative et synthétique et non seulement monographique, demeurent rares. Cette méthode doit permettre de prendre du recul par rapport à telle ou telle politique transversale. Autrement dit, et c'est la démarche qui fonde ce qui suit, elle doit permettre d'élargir le propos au-delà du cas d'une seule des huit initiatives transversales listées plus haut. L'analyse est rendue d'autant plus complexe que les instruments de gestion mobilisés pour la performance ne manquent pas, et ce depuis un demi-siècle.

L'analyse de la quête de la performance se centre ici au niveau d'ensemble de la gestion de l'État. Comme dit plus haut, cette approche transversale de la modernisation se différencie de trois autres perspectives :

---

1   Circulaire du Premier ministre 5454/SG du 26 mars 2010 sur le pilotage stratégique des opérateurs de l'État.

sectorielle des différents domaines d'intervention de l'État, dotés de dispositifs propres, comme par exemple l'évaluation socioéconomique *ex ante* qui est obligatoire pour toutes les infrastructures de transport ; territoriale des dispositifs de tel ou tel service déconcentré de l'État, par exemple pour le choix de financement de la prévention de maladies ou l'exploitation de dessertes ferroviaires ; opérationnelle des projets ou des marchés publics (Gibert et Verrier, 2016).

Le présent chapitre examinera en détail trois dispositifs ou instruments de gestion mobilisables visant à améliorer la performance. Deux d'entre eux sont portés par au moins une des huit politiques transversales listées plus haut : ils se rattachent à la question de l'évaluation. Un ne l'est pas : l'étude d'impact des lois et des règlements.

Cette approche permet de comparer les processus en cours en fonction de deux questions.

Un dispositif de performance rattaché à une politique transversale qui ne partagerait pas une sorte de profil type qui serait commun aux politiques transversales serait-il approprié de la même manière que pour ces dernières ? Cette question importe parce que l'étude d'impact des lois et règlements ne semble pas, notamment du point de vue médiatique et politique, avoir été un dispositif aussi fortement endossé par les gouvernants du moment que d'autres outils de modernisation.

Le statut juridique d'une politique fait-il réellement la différence entre les politiques transversales ? Deux des dispositifs couverts dans ce chapitre sont encastrés dans des textes de haut niveau juridique tels que des lois organiques et sont donc susceptibles d'avoir une certaine pérennité. Un autre, les évaluations définies par le programme MAP, a été instauré par voie réglementaire, sa survie dépendant donc du seul bon vouloir des gouvernements successifs.

De prime abord, le tableau qu'offre la quête de la performance au niveau global de l'État est séduisant, en particulier parce qu'il présente une apparence de complétude et d'alignement sur la doxa internationale. Plus intriguant est le constat que l'objet auquel est appliquée la notion de performance est défini de manière fluctuante, voire floue dans ses contours et son contenu. Plus dérangeant encore est le fait que les productions issues de l'usage des instruments de gestion pour la performance se révèlent être bien en deçà des ambitions affichées à leur propos. Un tel décalage s'explique, en partie au moins, par les errements constatés dans la répartition des rôles et des interactions entre intervenants qui contribuent à cette production.

Ce tableau suggère à ce stade deux remarques provisoires. Les acquis de l'appropriation et l'usage des instruments de gestion pour la performance sont modérés voire restreints. D'autre part le statut juridique d'une politique importe peu, car, comme le suggère l'analyse des dispositifs sous examen, le mode d'usage d'une politique transversale est pratiquement identique à plusieurs égards.

UN TABLEAU D'ENSEMBLE SÉDUISANT AU PREMIER ABORD

Observés en vue cavalière, les instruments qui composent le dispositif d'ensemble de gestion et de suivi de la performance publique de l'État présentent un tableau plutôt séduisant de l'avancée de la modernisation en France.

L'étude d'impact est un premier élément du dispositif d'ensemble qui en principe concerne l'analyse de la performance atteinte par l'ensemble des composantes de l'État.

Au plus haut niveau de l'État, les votes de l'Assemblée nationale et du Sénat à propos des projets de lois soumis par le gouvernement sont censés être éclairés par les analyses *a priori* de leurs motifs et des conséquences qui en sont attendues. C'est à l'étude d'impact que revient cette fonction, selon une loi organique de 2009 qui l'impose au gouvernement pour la très grande majorité des projets de lois.

Les approches requises pour élaborer cette étude sont énumérées avec une grande précision. Selon les termes de la loi[2], les documents qui la matérialisent « définissent les objectifs poursuivis par le projet de loi, recensent les options possibles en dehors de l'intervention de règles de droit nouvelles et exposent les motifs du recours à une nouvelle législation ». Ils sont censés exposer avec précision l'évaluation des conséquences économiques, financières, sociales et environnementales, ainsi que des coûts et bénéfices financiers attendus des dispositions

---

2   Loi organique n° 2009-403 du 15 avril 2009.

envisagées pour chaque catégorie d'administrations publiques et de personnes physiques et morales intéressées, en indiquant la méthode de calcul retenue, ainsi que l'évaluation des conséquences des dispositions envisagées sur l'emploi public.

Intervenant dans la phase de confection d'une loi, l'étude d'impact législatif doit expliciter et clarifier les objectifs retenus par le gouvernement. Elle est aussi soumise à l'obligation de montrer sinon de démontrer la supériorité du dispositif retenu par rapport aux modes alternatifs qui auraient pu être utilisés dans la poursuite de ces objectifs. Elle doit en troisième lieu anticiper les conséquences qu'engendreront l'adoption et la mise en œuvre des dispositions du projet de loi. La démarche rendue obligatoire consiste donc en une évaluation *ex ante* ou *a priori* de politique publique, du moins si, en toute première approximation, on assimile une loi à une politique publique.

Le deuxième élément du dispositif global est le volet dit de performance que, aux termes de la LOLF, doivent comprendre d'une part tout projet de loi de finances initiale ou budget de l'État, et d'autre part tout projet de loi de règlement par lequel le gouvernement demande l'approbation par le Parlement des comptes relatifs à un exercice budgétaire.

Ce volet est inclus dans les annexes budgétaires au projet de loi de finance initiale sous le nom de Projet annuel de performance (PAP) et dans les annexes au projet de la loi de règlement sous le nom de Rapport annuels de performance (RAP). Ses caractéristiques principales sont définies par les articles 7, 51 et 54 de la loi organique.

L'article 7 de la LOLF dispose que « les crédits ouverts par les lois de finances pour couvrir chacune des charges budgétaires de l'État sont regroupés par mission relevant d'un ou plusieurs services d'un ou plusieurs ministères. Une mission comprend un ensemble de programmes concourant à une politique publique définie. Les crédits sont spécialisés par programme ou par dotation ». On trouve ainsi en 2018 parmi la cinquantaine de missions identifiées comme étant celles de l'État, dont trente deux pour le seul budget général, des missions comme « Travail et emploi », « Agriculture, alimentation, forêt et affaires rurales » ou encore « Culture », et parmi les programmes de ces missions des programmes comme « Accès et retour à l'emploi (programme 102) », « Sécurité et qualité sanitaires de l'alimentation (programme 206) » ou encore « Transmission des savoirs et démocratisation de la Culture (programme 224) ».

Les annexes de la loi de finances initiale, populairement désignée sous le nom de budget, doivent être accompagnées du PAP de chaque programme. Ce projet doit préciser la présentation des actions, des coûts qui leur sont associés, des objectifs qu'ils doivent poursuivre et satisfaire, des résultats obtenus et de ceux attendus pour les années à venir, résultats mesurés au moyen d'indicateurs précis dont le choix est justifié, ainsi qu'en dispose l'article 51 de la LOLF. De tels indicateurs sont notamment présents dans les trois programmes cités comme exemples ci-dessus. On peut ainsi noter le « taux d'accès à l'emploi durable six mois après la fin d'une formation prescrite par Pôle emploi », le « coût d'une inspection », et la « part des enfants et adolescents ayant bénéficié d'une action d'éducation artistique et culturelle », ce respectivement pour les programmes 102, 206 et 224.

L'article 54 requiert que soient présentés « les écarts avec les prévisions des lois de finances de l'année considérée, ainsi qu'avec les réalisations constatées dans la dernière loi de règlement les objectifs, les résultats attendus et obtenus, les indicateurs et les coûts associés » en annexe du projet de la loi de règlement des RAP. La LOLF instaure donc bien un dispositif de justification des demandes budgétaires pour les différents programmes fondées sur les ambitions affichées par un ensemble d'objectifs, précisés ou déclinés en indicateurs précis. Elle édicte l'obligation d'un *reporting* fondé sur les mêmes outils.

Le troisième élément du dispositif global régissant l'État et qui en principe se rattache à la gestion de la performance est constitué par le recours à l'évaluation de politique telle qu'elle est incorporée dans le programme de la MAP.

Ce programme, il faut le rappeler, est complété par une série d'autres axes ou objectifs tels que la simplification de l'action publique, la mesure de la qualité du service public, l'accélération de la transition numérique et l'intégration de la gestion des agences et des opérateurs dans la Modernisation de l'action publique. S'agissant de l'évaluation proprement dite, le relevé des décisions prises par le Conseil interministériel de Modernisation de l'action publique (CIMAP) en date du 18 décembre 2012 note qu'un « travail d'évaluation des politiques publiques sera conduit [...] avec l'ensemble des acteurs publics concernés (État, collectivités locales, organismes sociaux et opérateurs) [...]. Cette démarche d'évaluation opérationnelle de l'ensemble des politiques publiques [...]

doit permettre de construire une vision collective des enjeux, des objectifs, des résultats et des modalités de mise en œuvre de chaque politique publique [...]. Il s'agit de simplifier, de rendre plus cohérente l'action des différents acteurs et d'améliorer de manière significative l'efficience de l'action publique [...]. À l'issue des travaux, le scénario de réforme à retenir ainsi que le plan d'action associé sont proposés par l'équipe d'évaluation. » Il est par ailleurs prévu que, « sur le quinquennat, c'est l'ensemble des politiques publiques qui sera évalué, en concertation avec les collectivités locales et les organismes sociaux ». En fait une soixantaine de politiques feront l'objet d'une évaluation dans le cadre de la MAP proprement dite. Elles concernent des domaines aussi disparates que le soutien à l'économie du livre et du cinéma en région, la promotion des médicaments génériques ou encore le contrôle des transports routiers.

L'État se dote ainsi d'une boîte à outils qui à première vue est plutôt impressionnante. Les évaluations *a priori* et *ex post* sont mobilisées comme le sont les principes du contrôle de gestion ou du moins ceux du *reporting*. La performance paraît imprégner un ensemble d'instruments, en apparence complémentaires et dont on pourrait penser qu'ils s'intègrent dans un système de gestion de l'État.

Tout conduit à penser que l'ensemble de l'appareil d'État s'engage de façon résolue vers l'avenir. Autre point remarquable, les caractéristiques des trois instruments présentés ci-dessus, énoncées dans le droit positif qui les instaure en France, révèlent une inspiration très proche de la *doxa* internationale. C'est ainsi que l'étude d'impact législatif se situe dans la ligne directe de la doctrine élaborée par l'OCDE relative à l'analyse d'impact de la réglementation, doctrine présentée dans un document intitulé *Regulatory Impact Assessment* ou RIA (OCDE 2008). La LOLF quant à elle peut être rattachée à la logique du *performance budgeting*. Elle reprend même des termes utilisés par le *Government Performance Review Act* ou GPRA en 2003, loi américaine relative à la présentation du budget fédéral quant aux appellations de projets et de rapports annuels de performance. Cependant la différence avec la France est notable ; le GPRA ne modifie pas la structure du budget américain mais vient le doubler, un peu comme les budgets de programme doublaient en France le budget classique de l'État du temps de la RCB. Les évaluations mises au point par la MAP semblent participer pour leur part à la mode, adoptée par la France avec un certain retard, de l'évaluation dite partenariale (Guba and Lincoln, 1989), tout en mettant fortement l'accent sur l'utilité des évaluations, fût-ce au détriment du respect strict de normes internationales de qualité professionnelle, en large partie du fait de l'appropriation française de l'évaluation telle que celle opérée par le programme du renouveau du service public ou RSP à la fin des années 1980 (Battesti *et al.*, 2012).

Globalement donc, l'administration française a pratiqué, en la matière, l'isomorphisme, ce comportement qui pousse en général les organisations à faire leurs « les pratiques et les procédures définies par les concepts, rationalisés et dominants du travail organisationnel institutionnalisés dans la société » (Meyer et Rowan, 1977), ou par transposition, les États à imiter ce qui se fait dans la société internationale. Plus précisément, si l'on reprend le triptyque mis en exergue par Paul diMaggio et Walter Powell (1983), l'État en France fait montre en la circonstance de ce qu'il est convenu d'appeler un isomorphisme mimétique qui s'inscrit dans une déjà longue tradition d'imitation de ce que ses dirigeants considèrent comme étant des références pour l'action. Ainsi la RCB lancée en 1968 fut inspirée par le *Planning Programming Budgeting System* américain mis en place au milieu des années 1960. Pour leur part les contrats de partenariat, devenus entretemps les marchés de partenariat, furent inspirés par une procédure britannique appelée le *Build, Operate, Transfer* (Marty, Trosa et Voisin, 2006). Une telle liste n'est pas exhaustive.

Ces faits suggèrent que les dirigeants français une fois qu'ils sont installés au pouvoir ne se recroquevillent pas frileusement sur des modes de gestion hérités du passé. Ils ne font pas non plus preuve de scepticisme voire d'arrogance, par exemple en se fermant aux approches développées par d'autres pays. Leur démarche est volontariste. S'agissant de sa modernisation, l'État en France ne se soumet pas à un isomorphisme de type coercitif.

Aucun tiers ne l'a obligé à adopter les trois dispositifs listés ci-dessus et à légitimer ce faisant un quelconque primat donné à l'atteinte de la performance, une exception coercitive ayant été le traité de Maastricht en matière de déficit budgétaire. Pour ce qui concerne par exemple l'étude d'impact, l'OCDE, grande prosélyte des études, n'édicte que des recommandations. Elle n'impose rien, ni de façon explicite, ni par la bande. Quant à la thèse souvent entendue selon laquelle la France se serait ralliée à l'idéologie du NPM parce qu'elle n'avait pas le choix et que des pays tiers auraient exercé sur elle une pression discrète mais insistante pour qu'elle se rallie aux arguments idéologiques – néo-libéraux – et aux critères de gestion de cette idéologie du management public, elle paraît, s'agissant des dispositifs ici analysés, pour le moins un peu hâtive. L'existence d'une pression exogène issue d'autorités étrangères et des institutions internationales sur la sphère de l'État reste une hypothèse à démontrer.

L'État ne subit pas non plus la pression d'un isomorphisme norma-tif, soit celui qui résulte de la pression exercée par les professionnels d'un domaine particulier, leurs associations et leurs publications, pour que leurs normes soient adoptées et respectées. Les professionnels de la performance tels que les contrôleurs de gestion, les évaluateurs de politiques et les spécialistes de la stratégie, qui sont majoritairement des contractuels, pèsent d'un poids assez faible dans l'appareil administratif français au sein duquel les hauts fonctionnaires sont des « généralistes » se revendiquant comme tels. Le cas de l'étude d'impact est de ce point de vue un peu particulier. En effet le Conseil d'État a joué un rôle important dans l'inscription à l'agenda étatique de l'obligation de l'étude d'impact. Or il est composé de professionnels du droit, et non pas d'experts de la performance, ce fait aidant à expliquer par ailleurs certaines des caractéristiques adoptées par l'État en France en la matière.

LE FLOTTEMENT TROUBLANT
DE L'OBJET DE LA PERFORMANCE

Les trois instruments du système de gestion global de l'État paraissent bien avoir en commun un objet, à savoir les politiques publiques appré-ciées, mais de façon non exclusive, du point de vue spécifique de la performance.

S'agissant des PAP et des RAP cette observation ressort à la lecture du texte de la LOLF. Elle s'impose aussi pour l'évaluation *ex post* à la lecture du guide méthodologique de 2012 (Battesti, Bondaz, Marigeaud et Destais, 2012) qui énonce que l'évaluation doit « apprécier [l']effi-cacité [de la politique] sur la base de critères explicites portant sur ses objectifs, ses logiques d'intervention et ses instruments ainsi que sur les effets produits voulus ou non ». S'agissant de l'évaluation *ex ante* cette observation transparaît, sous une autre sémantique, dans le guide de légistique rédigé par le SGG et qui fait office d'instruction pour l'application de la loi organique. En effet ses auteurs énoncent que l'étude d'impact est une méthode destinée à éclairer les choix possibles, en apportant au gouvernement et au Parlement les éléments d'appréciation pertinents : sur la nature des difficultés à résoudre, sur les avantages et inconvénients des options possibles en fonction de l'objectif poursuivi, à propos de l'évaluation détaillée des conséquences qui peuvent être raisonnablement attendues de la réforme pour chacune des catégories de personnes concernées comme pour les administrations elles-mêmes.

Cela étant les trois instruments ne se rapportent à des politiques que si on utilise le terme de politique de façon très large et en acceptant qu'il désigne des objets de contours très variés.

L'étude d'impact se rapporte d'abord à une norme, selon les termes du guide de légistique, de fait le plus souvent à un ensemble de normes contenues dans ce texte. Les PAP et les RAP se rapportent à des pro-grammes dont la nature réelle est, suite aux découpages qui en ont été opérés, très fortement marquée par la prégnance de la structure administrative. Quant aux politiques de la MAP, ce sont des objets créés pour les besoins de l'évaluation. Elles rassemblent sous un même toit l'ensemble des actions menées par les divers secteurs de l'appareil d'État dans un domaine déterminé ou au regard d'un problème spéci-fique, ce quelles que soient la contemporanéité ou non de ces actions, l'homogénéité ou l'hétérogénéité de leurs finalités. L'évaluation de la politique du sport professionnel et des solidarités avec le sport amateur rend par exemple bien compte de cette délimitation *ad hoc* du champ d'une politique pour et par l'évaluation *ex post*.

En d'autres termes savoir à quoi se rapporte la performance publique devient une tâche impossible à mener à bonne fin. On a affaire à un objet non identifié, approché de trois côtés. En premier lieu, et en ce qui concerne l'étude d'impact, par l'explicitation en principe obliga-toire de la rationalité définie en termes de cohérence et de crédibilité des relations causales avancées et qui est proposée au législateur par le biais d'un texte normatif. En deuxième lieu, par l'obligation pour les responsables de programme de justifier la demande et l'utilisation de crédits budgétaires, les programmes n'étant ni des éléments de la structure organisationnelle de l'État, ni des éléments de ce que serait une structure d'objectifs de celui-ci au sens de répertoire et de décomposition de l'ensemble des objectifs qu'il poursuit, mais comme des éléments de la structure budgétaire. En troisième lieu, par le fait que l'objet performance est attaqué par le biais d'une évaluation *ex post* d'objets baptisés politiques, eux-mêmes constitués *ex post* pour le seul besoin de l'évaluation.

Par comparaison avec ce qui se passe au niveau central de l'État, il est intéressant de noter qu'à des niveaux inférieurs de l'appareil administratif, par exemple celui de la direction de ses services déconcentrés qui quadrillent le territoire national, l'approche qui à l'usage est dominante est celle de la redevabilité des structures, de leur obligation de rendre compte de leurs activités : tel est entre autres le cas pour les tableaux de bord qu'ils doivent dresser et adresser à leurs référents hiérarchiques nationaux respectifs.

L'ÉPREUVE DE LA MISE EN ŒUVRE

Si la façon dont les textes fondateurs présentent les trois instruments que l'on peut considérer comme des éléments constitutifs d'un système de gestion se révèle comme globalement assez proche de la *doxa* internationale en la matière, leur mise en œuvre par l'État en France fait apparaître et révèle des caractéristiques qui amènent à émettre un jugement beaucoup plus prudent sur leurs orientations, leur effectivité et leur contribution à l'amélioration de la gestion publique au quotidien.

Cinq traits principaux ressortent de leur mise en œuvre effective et qui justifient une telle prudence : l'affichage d'ambitions excessives et non différenciées au regard des champs concernés, le rétrécissement des investigations réellement effectuées par rapport à ce qu'elles sont censées être, des biais de leur centrage par rapport aux bonnes pratiques auxquelles elles sont censées s'apparenter, une forte fragmentation des approches, une absence à peu près généralisée de recours à une théorie d'action, recours qui auraient pu sinon éviter du moins limiter, ou pallier certains des travers évoqués.

En premier lieu, des ambitions excessives et non différenciées au regard des champs concernés transparaissent des usages.

Les initiateurs de l'adoption des instruments mentionnés plus haut ne se sont pas contentés de demi-mesures. Ce qui frappe d'abord, c'est la généralité voulue du champ d'application de chaque instrument. Selon la loi organique de 2009, l'étude d'impact des projets de lois s'impose pour tout projet déposé par le gouvernement, à quelques exceptions près, notamment pour préserver le secret défense. Cette procédure est la même quel que soit le domaine concerné et le caractère du projet, qu'il soit de nature instrumentale c'est-à-dire visant surtout à des effets dans les pratiques sociales ou leurs conséquences, ou de nature plutôt symbolique c'est-à-dire visant surtout à affirmer des principes de la vie en société. Une illustration parmi d'autres en est la loi sur le port de la burka. L'obligation d'étude d'impact ignore l'importance *a priori* de la loi concernée tant pour les effets qui en sont attendus que par l'intensité du débat public qu'elle est susceptible d'engendrer. Par contraste, dans d'autres pays voire au niveau de l'Union européenne, la décision d'effectuer une étude d'impact est prise au coup par coup, et l'on prévoit le plus souvent de n'effectuer des études que pour les projets considérés comme étant substantiels.

En France, selon les termes de la LOLF, l'obligation d'établir des objectifs précis et des indicateurs les mettant sous contrôle s'impose pour toutes les missions, non seulement celles qui relèvent du budget général, mais aussi celles qui relèvent des budgets annexes comme des comptes spéciaux du Trésor. L'uniformisation est poussée très loin. Ainsi le même format de présentation vaut pour l'ensemble des programmes, qu'ils soient de politique publique c'est-à-dire orientés vers l'action publique. Par exemple au sein de la mission couvrant agriculture, alimentation, forêts et affaires rurales c'est le cas du programme 206 portant sur la sécurité et la qualité sanitaires de l'alimentation, ou des missions dites de soutien comme le programme 215 intitulé « Conduite et pilotage des politiques de l'agriculture », programme dit d'appui à l'ensemble des services ministériels aux termes mêmes du PAP qui lui est consacré. L'obligation vaut de la même manière pour les programmes les plus coûteux tel que le programme 141 « Enseignement scolaire public du second degré » avec ses 32 milliards d'euros de crédits pour 2018, et pour les programmes plus modestes comme l'est l'unique programme portant le numéro 219, qui relève de la mission « Sport » avec ses 300 millions d'euros de crédit. Quant à l'évaluation *ex post* imposée dans le cadre de la MAP, elle aurait dû elle aussi concerner toutes les politiques publiques avant la fin du quinquennat présidentiel 2012-2017.

On se trouve donc en face d'un isomorphisme coercitif de type endogène. Car il est imposé par le droit français aux différentes parties constitutives de l'administration de l'État, ce qui le distingue d'un isomorphisme coercitif exogène qui serait imposé à la France par une organisation internationale ou par un traité, qui pour sa part est absent. La généralité de la contrainte imposée par l'État peut surprendre.

La prise en compte des environnements spécifiques, qu'ils soient sociaux, économiques ou technologiques, des domaines touchés par les lois, les programmes et les politiques concernés, aurait pu faire conclure à l'opportunité de dispenser les uns ou les autres de telle ou telle obligation détaillée. Par exemple, pourquoi ne pas dispenser d'étude d'impact des projets de loi d'importance mineure ? À quoi sert une étude d'impact pour la loi ratifiant un accord franco-autrichien sur l'entraînement aux opérations en milieu équatorial proposé en Guyane à quelques militaires autrichiens ? Il aurait également été possible de permettre le remplacement d'un outil de gestion de la performance par un autre. Ainsi en matière de suivi de performance budgétaire on pourrait parfaitement imaginer de substituer à des comptes rendus annuels, nécessairement peu significatifs en raison de la difficulté de trouver des indicateurs pertinents au regard des missions dans certains domaines – par exemple la diplomatie – l'obligation de produire des évaluations de politique à intervalle de trois ou quatre ans. En matière d'évaluation de politique on aurait pu donner la priorité à l'évaluation des effets d'actions publiques s'apparentant à des programmes relativement bien centrés, aux objectifs relativement clairs et peu nombreux, plutôt que d'effectuer des évaluations dans des domaines où l'on sait par avance qu'il n'existe pas de politique publique, au sens d'action un peu cohérente dans un champ d'intervention de l'État, comme cela s'est révélé être le cas pour l'évaluation portant sur le sport professionnel et les solidarités avec le sport amateur ! Arriver à la conclusion qu'il conviendrait de passer de l'empilement de dispositifs disparates aux objectifs multiples, hétérogènes voire contradictoires s'expliquant en partie par leurs décalages dans le temps, à la mise sur pied de quelque chose qui ressemble à une véritable politique ne saurait scandaliser l'observateur. Cependant cela ne justifie pas forcément le recours à l'instrument relativement lourd et coûteux qu'est l'évaluation, sauf à détourner celle-ci de sa finalité première.

Le fait de s'adonner à une pratique d'isomorphisme coercitif endogène nuit gravement à l'effectivité et à la crédibilité de l'instauration et de l'utilisation d'instruments que l'on pourrait voir comme des éléments efficaces du système global de gestion de l'État. L'absence de contextualisation qui en découle est un des éléments explicatifs du fait que les services qui y sont assujettis vivent ces instruments comme autant de contraintes nouvelles se rajoutant aux nombreuses contraintes préexistantes et qu'ils les considèrent comme de pures formalités auxquelles il convient malheureusement de se conformer sans que l'on puisse en tirer soi-même un avantage particulier pour l'action. Loin de faire voir l'utilisation d'instruments managériaux comme une rupture nette avec un fonctionnement marqué par le respect scrupuleux de procédures, la nouveauté instrumentale apparaît ainsi trop souvent comme un élément de bureaucratisation supplémentaire.

Qui pouvait sérieusement penser qu'en l'espace de cinq ans à peine et en retenant des objets d'évaluation souvent à mailles très fines, par exemple dans le cas de l'aide juridictionnelle, il serait possible d'évaluer sérieusement l'ensemble des politiques de l'État ? Comme le rappellent les sciences sociales, l'énoncé d'ambitions excessives voire démesurées en termes de délais à respecter, de champs des réformes ou encore de résultats à atteindre nuit gravement à la crédibilité des innovations managériales, ce dans le secteur public aussi bien que dans le secteur privé. Viser à l'excellence pour tous, vouloir être exemplaire en toute chose tout le temps sont des objectifs qui finissent par susciter leur propre échec. L'emphase verbale évoque davantage la vanité du coq gaulois qu'elle ne pousse à l'action et à la recherche de la performance comme peuvent le faire des objectifs ambitieux mais réalistes. L'État, à commencer par ses élites dirigeantes, devrait se montrer plus modeste dans sa communication interne, afin d'obtenir d'engager durablement des fonctionnaires qui ont appris à repérer et à décoder les abus communicationnels, et qui deviennent très sceptiques quant à l'intérêt intrinsèque des nouveautés et quant à leur apport pour l'évolution de leur travail quotidien.

Un deuxième trait émerge de la mise en œuvre des instruments de gestion : le rétrécissement des investigations et leur centrage approximatif.

L'observation de la mise en œuvre des trois instruments de gestion et de suivi de la performance montre que leur usage est assez rétréci et corrélativement biaisé au regard de ce qu'est censée être leur finalité.

En ce qui concerne l'étude d'impact des projets de loi, ce rétrécissement de l'investigation se repère en étudiant l'équilibre des contenus des études d'impact réalisées au regard des différentes prescriptions de la loi organique. Les développements ayant trait à l'encastrement juridique des dispositifs des projets soumis au Parlement (tels que l'état et l'application du droit existant, le positionnement par rapport aux normes de l'Union européenne, les textes d'application à prévoir ou encore la mise en œuvre dans certaines collectivités ultramarines) l'emportent quantitativement, et de beaucoup, d'une part sur les développements consacrés aux effets prévisibles, recherchés ou non, pour toutes les parties prenantes, de la législation proposée, et d'autre part sur les développements consacrés à l'explicitation de la réalité de la démocratie participative dans l'élaboration des textes.

Les faits parlent d'eux-mêmes comme le montre une statistique portant sur les cinq projets de loi considérés par le Parlement durant les premiers mois de la nouvelle législature en 2017. Ils concernent un projet de loi renforçant la sécurité intérieure et la lutte contre le terrorisme, un projet de loi organique visant à rétablir la confiance dans l'action publique, un projet de loi d'habilitation à prendre par ordonnances les mesures pour le renforcement du dialogue social, le projet de loi de programmation des finances publiques pour les années 2018 à 2022, et le projet de loi « mettant fin à la recherche ainsi qu'à l'exploitation des hydrocarbures conventionnels et non conventionnels et portant diverses dispositions relatives à l'énergie et à l'environnement ». En termes de nombre de signes, 58 % en moyenne de l'espace couvert par les études accompagnant ces projets sont consacrés aux questions juridiques contre 21 % à la question des effets et 3 % aux consultations de tierces parties. Les 19 % restants se rapportent à des développements transversaux par rapport à cette segmentation tels que les objectifs poursuivis ou encore l'applicabilité du texte dans les territoires situés outre-mer (Gibert, 2018).

Les effets prévisibles sont en effet peu analysés dans les études mises à la disposition des parlementaires, ce qui attire de sévères remarques notamment de la part du Conseil d'État. Ainsi, dans son l'avis émis sur le projet de loi « pour une république numérique », il « déplore [...]

l'insuffisance de l'étude d'impact qui, sur plusieurs sujets, n'évalue pas les incidences des mesures prévues par le texte ». Il note par ailleurs que ces effets sont de surcroît très rarement quantifiés. Ils sont aussi rarement étayés car « les données permettant d'apprécier l'utilité de la mesure introduite [n'ont] pas été suffisamment exposées », par exemple à propos de l'avis émis sur le projet de loi ratifiant les ordonnances n° 2016-1019 du 27 juillet 2016 relative à l'autoconsommation d'électricité et n° 2016-1059 du 3 août 2016 relative à la production d'électricité à partir d'énergies renouvelables[3]. Les effets sont parfois formulés de façon tautologique au regard des objectifs mentionnés, lesquels objectifs sont exprimés de façon vague voire confuse ou bien confondus avec les moyens que l'on se propose d'utiliser pour les atteindre. Quant à l'exposé des options possibles en dehors de l'intervention de règles de droit nouvelles pour atteindre les objectifs mis en avant, soit un élément pourtant essentiel dans la *doxa* internationale régissant l'analyse d'impact de la réglementation, il est soit absent soit expédié en peu de mots : 5 % des développements lui sont consacrés en moyenne dans l'échantillon étudié (Gibert, 2018).

Dans le cas de la LOLF, les indicateurs présentés dans chaque programme rendent souvent mal compte de l'objectif qu'ils sont censés mettre sous contrôle. Un exemple parmi des centaines d'autres est fourni par le programme 105 portant sur l'action de la France en Europe et dans le monde. À l'objectif qui est de renforcer la sécurité internationale et la sécurité des français, est associé un indicateur mesurant le pourcentage de relecture par trimestre des fiches de conseils aux voyageurs. L'écart entre le niveau très élevé de l'objectif et son caractère vague d'une part, le niveau très terre à terre de l'indicateur d'autre part, sont flagrants. L'indicateur ne mesure en rien un impact de l'action publique dans le domaine diplomatique et consulaire, ni même une réalisation de l'administration. C'est tout juste s'il peut être qualifié comme étant un indicateur d'activité.

Plus généralement la systématisation de la préoccupation du management de la performance est totalement occultée par la fonction de maîtrise relative des dépenses publiques. Ni l'efficacité, ni l'efficience des crédits votés et des dépenses réalisées ne sont réellement mises en exergue (Benzerafa et Gibert, 2016). Quant aux indicateurs figurant dans les documents PAP et RAP, pour de multiples raisons, ils sont loin de

---

3   Loi n° 2017-227 du 24 février 2017.

structurer l'action des services publics de l'État et en particulier de ses services déconcentrés, (directions régionales, directions départementales interministérielles etc.) qui se montrent beaucoup plus sensibles aux indicateurs conçus par ailleurs par leurs administrations pour rendre compte de leur action.

Les évaluations *ex post* préconisées par la modernisation transversale de la MAP accordent la primauté à la recherche d'économies financières. Les objectifs à poursuivre ne sont pas questionnés. L'efficacité en terme d'impacts des politiques n'est pas estimée (KPMG et Quadrant conseil, 2017). En revanche les lettres de mission et le cahier de charges, les questionnements que celles-ci contiennent et qui encadrent le travail des évaluateurs, mettent l'accent sur les économies budgétaires à réaliser.

Cette orientation explique la très faible place laissée à la participation de parties prenantes, participation d'ailleurs peu propice à la satisfaction de cet objectif financier et budgétaire. L'exercice qu'impose la MAP rappelle ainsi celui mené auparavant lors de la réalisation des audits dits Copé mais aussi celui placé sous la bannière de la RGPP. Le rapprochement entre les travaux de cette dernière et les évaluations de type MAP est d'autant plus tentant que dans les deux cas, sous un pavillon mettant pourtant l'accent sur le questionnement des politiques publiques, ils opèrent paradoxalement un rétrécissement de la perspective des études menées. Il se manifeste par le fait de passer de l'interrogation concernant l'opportunité des différentes politiques publiques – et donc du lien qu'il est possible d'établir entre la suppression de l'exercice de certaines missions de l'État et des économies de dépenses – à une recherche d'économies, ce tout en laissant inchangées les missions sinon leur mode même d'exercice et en améliorant leur efficience apparente : faites donc la même chose mais en vous y prenant de façon plus économique. C'est dire que la recherche d'une fallacieuse médecine douce, d'une opération indolore en dehors du milieu administratif, l'emporte sur la mise en cause plus douloureuse de la sédimentation des actions de l'État qui s'est construite à travers le temps.

Un troisième trait commun à la façon d'utiliser les trois instruments est la fragmentation des approches (*loi Dit ou dites avec ou sans « »*).

En matière d'étude d'impact, cette fragmentation se matérialise par le développement des différents volets de l'étude d'impact non pas pour l'ensemble du projet de loi concerné mais article par article ou groupe d'articles par groupe d'articles. Cette approche est d'ailleurs en accord avec les recommandations émises par le guide de légistique rédigé par le SGG en 2012. Ces mini-études par article sont coiffées d'un chapeau commun introductif plutôt léger en règle générale. Cependant, pour un même projet de loi, De nombreuses études d'impact sont faites qu'il vaudrait mieux distinguer du document formellement dénommé étude d'impact. Dans le cas de la loi dite Sapin 2[4], ce nombre s'élève même à cinquante-six !

Cette façon de faire est certes pleinement justifiée dans le cas limite où les objets des études élémentaires n'entretiennent aucun rapport les uns avec les autres, c'est-à-dire dans les cas de lois fourre-tout. Plus généralement elle permet de dépasser l'objection classique selon laquelle l'évaluation législative est délicate car elle porte sur un objet intermédiaire entre une évaluation de projet ou de programme et une évaluation de politique, objet plus circonscrit que celle-ci et moins que celle-là. Néanmoins elle présente l'inconvénient dans des cas plus ordinaires d'offrir un miroir brisé du projet gouvernemental. Elle pousse à la mise en exergue au niveau élémentaire d'objectifs instrumentaux plutôt que d'objectifs d'impact ou d'effets sociétaux. Elle rend aussi plus improbable une discussion un peu objective des alternatives au portefeuille de normes présentées. Elle rend enfin très problématique l'estimation des impacts d'une mesure appréciée indépendamment de l'effet conjugué de celle-ci avec les autres mesures de la même loi. En bref elle éloigne des ambitions autres que celle de l'étude fouillée de l'insertion de la loi projetée dans le droit positif. On peut l'ajouter à la gamme des ruses de l'État présentée dans la première partie de l'ouvrage.

Pour ce qui est la mise en œuvre de la LOLF, c'est la performance annoncée qui est appréhendée de façon éclatée. Certes l'idée d'une performance globale de l'État, appréciable de façon un peu rigoureuse et robuste, est hors de portée de l'exercice. Il existe des estimations de l'état général d'une société. À la classique mesure du produit intérieur brut à laquelle ont recours les comptables nationaux viennent s'ajouter des estimations osées du bonheur national brut, et dans la presse des classements des pays où il fait bon vivre. Cependant le poids des conventions existant dans le cas des comptes nationaux, les limites

---

4   Loi n° 2016-1691 du 9 décembre 2016 relative à la transparence, à la lutte contre la corruption et à la modernisation de la vie économique.

des méthodes indiciaires, la subjectivité de certains classements, les problèmes d'agrégation de phénomènes hétérogènes afin d'arriver à formuler un indicateur composite limitent considérablement la crédibilité de ces représentations de l'état général d'une société à un moment donné. Qui plus est, il est très problématique de repérer avec quelque rigueur ce qui est dû à l'action propre de l'État, et encore plus ce qui est dû à l'action d'un programme ou d'une politique publique spécifique, en la distinguant de ce qui est dû au « reste du monde ».

En ce qui concerne l'évaluation *ex post*, si le questionnement évaluatif circonscrit de façon impérative le travail des évaluateurs ou si les évaluateurs se laissent circonscrire par lui, il incite à une fragmentation des analyses et des recommandations qui en sont issues. L'habitude prise dans de très nombreuses évaluations de proposer des recommandations au fur et à mesure des développements du rapport, au lieu de les placer après l'ensemble de l'analyse des résultats et de la mise en œuvre de la politique, constituent une autre manifestation d'une approche morcelée et bricolée. Ainsi la moitié environ d'un total de quarante propositions présentées dans le rapport consacré à l'évaluation de la mobilité et l'affectation des fonctionnaires dans les territoires, sont concentrées à la fin du rapport alors que les autres sont essaimées au fur et à mesure du développement du texte et de l'analyse des résultats, la première se présentant dès la cinquième page.

Les principes de base qui régissent une analyse de système un peu rigoureuse semblent donc être mis à mal. Qui plus est, et en même temps, l'idée avancée par la *doxa* selon laquelle les recommandations constituent une phase de l'évaluation qui doit s'appuyer sur les constats et les analyses de l'évaluation du processus et de l'impact de la politique considérée, est enfreinte. Tout se passe comme si l'évaluateur était évalué lui-même en fonction du nombre de recommandations émises. Pire, comme s'il convenait de les acter point par point, l'évaluateur n'oublie pas de faire un récapitulatif des recommandations en fin de livrable. Bref la préoccupation normative finit par l'emporter avec entêtement et persistance sur la préoccupation de rigueur analytique alors même que la *doxa* de l'évaluation met l'accent sur la dépendance de celle-là au regard de celle-ci.

L'absence à peu près générale de recours à une théorie d'action pourtant bien utile pour limiter ou pallier les travers précédemment évoqués est le quatrième trait de l'appropriation d'instruments en principe conçus pour la gestion et le suivi de la performance.

À propos de chacun des trois instruments ici analysés, l'observateur est frappé par la faiblesse ou l'absence des développements consacrés à la théorie d'action ou du changement social qui anime une politique publique – c'est le cas pour l'étude d'impact et aussi pour l'évaluation *ex post* – ou son pendant organisationnel, la carte stratégique, quand on se situe dans le système d'allocation budgétaire et de *reporting* de l'utilisation de celle-ci, comme c'est le cas pour les PAP et les RAP des lois de finance.

La *doxa* professionnelle a établi qu'une politique publique doit être analysée comme une relation de causalité (Landau, 1977). Si la puissance publique produit des mesures ou des services de type A, c'est qu'elle escompte qu'il en résulte un impact sociétal de type B. C'est à l'évaluateur d'établir si c'est bien ce qui se produit dans les faits. Est-ce que le fauchage des accotements routiers aide ou non à combattre l'insécurité routière ? La peine de mort est-elle une politique pénale dissuasive pour tel ou tel type de crime ? En d'autres termes une théorie de l'action est plus qu'utile pour limiter ou pallier les travers évoqués par le travail d'évaluation, mais à une condition : qu'elle soit informée par de la connaissance rigoureuse concernant le phénomène observé, ce en particulier dans une perspective prescriptive. S'appuyer sur un état de la connaissance à jour, et non pas sur une intuition pure, est un prérequis de base (Mény et Thoenig, 1989).

La *doxa* de l'analyse d'impact de la réglementation ou RIA est fondée sur la mise en exergue des relations entre les dispositions d'une loi, les objectifs qu'on leur assigne et les résultats que l'on peut en attendre. Elle repose aussi sur la légitimation du dispositif par la supériorité de ses avantages nets sur ceux des substituts possibles moins contraignants telles que des incitations ou des obligations de transparence par rapport aux contraintes envisagées par le projet de loi considéré. En d'autres termes, la RIA suppose un travail sérieux sur la rationalité des mesures proposées, à condition que l'on entende par rationalité l'adéquation des moyens utilisés aux fins poursuivies ou en tout cas proclamées. Une simple affirmation de cette adéquation ne suffit donc pas : l'évaluation prescriptive n'est pas le lieu d'un déploiement rhétorique, contrairement à ce que peut être le traditionnel exposé des motifs. Le travail à effectuer est celui de l'explicitation d'une théorie d'action ou d'une théorie du changement social qui est entendue comme une explicitation des relations de cause à effet au moins supposées, si possibles validées par des savoirs précédemment acquis, ce entre les moyens utilisés, les effets immédiats ou impacts sur l'environnement sociétal, sans oublier les conséquences de ces effets immédiats, ce jusqu'aux objectifs finaux que l'État se fixe sur le moyen terme. Il s'agit d'expliciter une chaîne causale dans laquelle importent autant que les successions présumées de cause à effet les hypothèses de validité de chaque élément de la chaine.

Les observateurs ont noté depuis longtemps l'exceptionnelle clarté d'une théorie d'action associée à une loi qui transparaît des travaux préparatoires de la loi sur le prix unique du livre, également appelée loi Lang[5]. Cette théorie peut être schématisée comme suit :

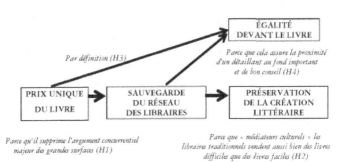

TABLEAU 2 – La théorie de l'action sous-jacente
à la loi sur le prix unique du livre.

La loi affiche deux objectifs finaux : la préservation de la création, l'égalité devant le livre.

La préservation de la création littéraire est attendue de la sauvegarde du réseau de libraire qui est elle-même attendue de l'obligation pour tous les distributeurs de vendre le livre à un prix fixé par l'éditeur avec un rabais maximum possible de 5 %. Le prix unique assure par ailleurs une égalité devant le livre, les acheteurs de celui-ci pouvant se le procurer

---

5   Loi n° 81-766 du 10 août 1981 modifiée relative au prix du livre.

pratiquement au même prix quelle que soit leur localisation géographique. Les relations supposées de cause à effet sont, dans la cartographie du tableau ci-dessus, représentées par les flèches, et les hypothèses qui expliquent ces relations sont explicitées au-dessous de ces flèches. En particulier le lien entre la sauvegarde du réseau de libraires et la préservation de la création littéraire s'explique par le fait que les libraires médiateurs culturels sont réputés donner leur chance à tous les types de livres, faciles comme difficiles, alors que les grandes surfaces se focalisent sur certains d'entre eux : prix littéraires, livres à fort tirage au détriment des livres difficiles ou à rotation lente. Le lien entre prix unique et sauvegarde du réseau de libraires repose sur l'idée que l'accroissement des parts de marché des grandes surfaces au détriment des librairies, constaté à l'époque du vote de la loi par le Parlement au début des années 1980, était la conséquence du fait que les grandes surfaces vendaient le livre moins cher.

Cet exemple montre que l'explicitation *ex ante* de la théorie d'action est pour les auteurs d'une loi ou d'une politique une arme à double tranchant. Elle peut renforcer la justification de leur projet. Elle peut à l'inverse suggérer en creux le caractère contestable de certaines hypothèses ou l'incomplétude des explications du diagnostic du problème. Par exemple, que donne le prix unique si les acheteurs les acquièrent de plus en plus en grande surface par simple commodité, parce qu'ils y font en même temps bien d'autres types d'achat ? Si la loi et sa théorie de l'action datent de 1981, elle reste en vigueur même si l'environnement a entretemps complétement changé et que le danger majeur pour les libraires est devenu l'entreprise Amazon.

Plus généralement on ne trouve pas trace dans les études d'impact législatif françaises d'une théorie d'action formalisée (Gibert, 2018). Ce trait est d'autant plus surprenant que, par exemple sous le nom de cartographie, les évaluations, nombreuses, faites dans le domaine spécifique de la santé publique mettent à juste titre l'accent sur la théorie d'action.

Dans les PAP et les RAP actuels, tout se passe comme si les responsables de programmes se contentaient de présenter une liste d'indicateurs non hiérarchisée en face d'objectifs avec lesquels – contrairement aux dispositions de la loi organique – ces indicateurs entretiennent des relations problématiques comme on l'a déjà dit plus haut.

À la demande récurrente des parlementaires, qui trouvaient tout à fait excessif le nombre d'indicateurs de programme, et faute de pouvoir diminuer de façon drastique ce nombre, le Ministère chargé du budget a mis sur pied des indicateurs de mission censés donner des représentations des objectifs ou des résultats les plus importants d'une mission qui ajoutent en fait à la perplexité du lecteur. Ces derniers, pour l'essentiel issus d'une sélection d'indicateurs de programmes, n'améliorent pas la vision de la performance revendiquée, espérée s'agissant des PAP ou observée s'agissant des RAP, mais l'obscurcissent. Comment en effet ce qui est peu représentatif au niveau du programme parce que trop particulier par rapport à l'objectif pourrait-il être représentatif au niveau plus élevé de la mission ?

Il serait néanmoins possible d'offrir un panorama plus compréhensible des raisons de l'action de l'État pour chaque programme, des moyens que cette action nécessite et des relations supposées entre les différents niveaux d'objectifs grâce à la logique des cartes stratégiques (Kaplan et Norton, 1996). Ces dernières découlent de l'idée selon laquelle toute stratégie d'une organisation a pour référence ou pour cause une théorie, idée dont la proximité intellectuelle avec celle qui veut que toute politique repose sur une théorie d'action est frappante. Ces cartes reposent sur la hiérarchisation et la mise en relation d'objectifs de différents niveaux. Elles sont susceptibles d'apporter une rationalisation explicite des liens entre présentation stratégique d'un programme et objectifs et indicateurs de celui-ci dont les PAP actuels sont trop souvent dépourvus (Benzerafa et Gibert, 2015).

Pour l'opération MAP d'évaluation *ex post*, les cabinets de consultants KPMG et Quadrant Conseil, auteurs de la méta-évaluation commanditée par le Secrétaire d'État à l'époque en charge de la MAP, notent que 15 % seulement des dix-sept évaluations comportant des conclusions relatives aux effets de l'intervention publique, appuient leur conclusion sur l'identification d'une théorie des effets de l'intervention. Ils observent le même pourcentage de cas dans lesquels la conclusion s'appuie sur « la réfutation d'une théorie sur les effets du dispositif par des éléments de preuves à charge ou à décharge ». Ils notent enfin que dans seulement 19 % des cas les évaluateurs ont procédé à l'identification d'effets inattendus de l'intervention. C'est dire combien cette pratique des évaluations de type MAP, largement assumée par des corps de contrôle et d'inspection de la fonction publique d'État, s'éloigne assez considérablement de l'idée, pourtant assez communément partagée, selon laquelle le succès ou l'échec d'une politique publique peut s'interpréter, concurremment avec les problèmes de mise en œuvre et les changements non prévus d'environnement, comme une validation ou une invalidation de la théorie d'action sous-tendant la politique.

Ces lacunes constatées dans les réalisations des trois instruments étudiés peuvent paraître sévères. Il est vrai qu'on ne saurait attendre de la mise en œuvre d'un instrument des effets identiques à celui que lui prête la *doxa*. Il paraît en effet utopique d'espérer que soit maintenu dans une étude d'impact un équilibre acceptable entre d'une part le dispositif présenté aux parlementaires et d'autre part les solutions alternatives rejetées par le pouvoir exécutif. Il semble difficile que soit véritablement assuré, année après année, un suivi de séries chronologiques absolument cohérentes dans le cas des PAP et des RAP, ce en raison de l'évolution des priorités des gouvernants, donc des objectifs et des indicateurs qui les accompagnent.

Une autre difficulté majeure surgit dans le cas de l'évaluation *ex post* s'il s'agit d'imputer à une politique publique l'impact qui est le sien. Elle explique notamment pourquoi les économistes qui sont désireux de promouvoir l'évaluation d'impact, outil qu'ils trouvent à juste titre insuffisamment développé en France, traitent le plus souvent des résultats d'une expérimentation, et non pas de ceux issus de véritables évaluations *ex post*. Un exemple est donné dans le cadre de l'évaluation du Revenu de solidarité active ou RSA par une expérimentation qui a été menée par la Caisse d'allocation familiale de la Gironde dans la foulée d'une campagne de communication renforcée auprès de personnes potentiellement éligibles mais qui néanmoins n'ont pas recours au RSA.

UNE DISTRIBUTION DE RÔLES
RÉVÉLANT DES CONTRE-EMPLOIS

Pour comprendre la façon dont le système politico-administratif s'approprie les trois instruments de gestion de la performance, il convient de repérer les rôles des différents acteurs qui interviennent dans l'élaboration et le contrôle des documents qui constituent les livrables de ces instruments : les études d'impact, les PAP et RAP, les évaluations *ex post*. La distribution de ces rôles explique largement la persistance des similitudes sinon des errements et des dysfonctions observés ci-dessus, et conduit à relativiser les explications qui invoqueraient les problèmes soulevés par le modèle idéal de tel ou tel des instruments.

En première approche ces rôles sont au nombre de cinq : les commanditaires des documents, les auteurs-rédacteurs de ceux-ci, les personnes ou groupes consultés avant les travaux de rédaction ou au cours de ceux-ci, les contrôleurs de la qualité de ces documents, les juges pour ce qui concerne la sanction qu'ils donnent ou non à la mauvaise qualité ou à l'absence d'un document.

Le tableau 3 ci-dessous résume l'identification de ces rôles pour chacun des instruments considérés.

Instrument	Commandite	Producteur	Consulté
Étude d'impact des projets de loi	Automatique	Service du ministère concerné	Obligatoire pour certaines mesures (par ex le CNEN)
PAP et RAP des lois de finances	Automatique	Services et contrôleurs de gestion des programmes concernés	Aucune
Évaluation *ex post* de la MAP	Ministère(s) concerné(s)	Principalement les inspections générales	Selon dispositif retenu par évaluation

Instrument	Auditeur	Juge
Étude d'impact des projets de loi	Conseil d'État	Conseil constitutionnel
PAP et RAP des lois de finances	Comité d'audit des programmes (pendant 6 ans) Cour des comptes	Conseil constitutionnel
Évaluation *ex post* de la MAP	Aucun *a priori*. En fait méta-évaluation ex port	

TABLEAU 3 – La distribution des rôles
par instrument de gestion de la performance.

Dans le cas de l'étude d'impact comme dans celui des PAP et des RAP où l'on a affaire à des obligations, il n'existe pas à proprement parler de commanditaire. D'autre part la date d'achèvement des travaux est conditionnée par la date du dépôt du projet de loi dans le cas de l'étude d'impact, et dans le cas des PAP et des RAP par la date de dépôt des documents budgétaires au Parlement.

S'agissant des évaluations entrant dans le cadre de la MAP, la proposition selon laquelle toutes les politiques publiques allaient être évaluées avant la fin du mandat présidentiel quinquennal de François Hollande ne préjugeait pas du calendrier précis des évaluations. Le fait notable était que, dès lors que l'on n'assimilait les politiques publiques sujettes à évaluation *ex post* ni aux différentes missions qui servent au vote du budget ou aux programmes qu'elles incluent, ni à des textes juridiques comme une loi ou un règlement, beaucoup trop nombreux par ailleurs, la démarche d'évaluation allait rester lettre morte. Il n'existait aucune liste du stock de politiques publiques existant au moment de l'opération d'évaluation. Une telle liste n'aurait d'ailleurs eu aucun sens dès lors que les politiques publiques s'enchevêtrent, s'interpénètrent. Par ailleurs un même dispositif concret peut être rattaché à plusieurs politiques : une aide à une entreprise culturelle peut relever aussi bien d'une politique culturelle que d'une politique de soutien à l'économie, l'aide juridictionnelle relève du domaine de la justice mais aussi du domaine social. Les politiques de la MAP résultent donc de commandes auxquelles les différents ministères ont été incités, tout en disposant d'une latitude de choix dans le portefeuille très abondant des possibles.

Les évaluations ont des commanditaires. Or ce sont eux qui ont plus ou moins défini l'objet à évaluer par des lettres de mission et le cas échéant des cahiers de charges. D'où l'extrême hétérogénéité de ces objets notée par les deux cabinets de conseil qui ont procédé à la méta-évaluation. « Les champs d'évaluation sont variables : des sujets à portée limitée comme les licences d'entrepreneurs de spectacle vivant côtoient des sujets plus vastes, comme la politique du logement. De même, les sujets choisis n'ont pas toujours été en cohérence avec l'agenda politique. C'est le cas de l'évaluation sur la gestion locale des déchets ménagers, lancée alors qu'un plan de gestion des déchets était en cours de finalisation. Au contraire, certains sujets suivent de près l'agenda de leur ministre chef de file, comme le développement agricole ou l'éducation prioritaire [Le sixième cycle d'évaluation] comprend des sujets hétérogènes dans leur périmètre, leur approche et leurs enjeux tels que le rôle et la place du logement locatif meublé dans la politique du logement, l'engagement citoyen international des jeunes, ou la démocratisation culturelle ». (KPMG et Quadrant Conseil, 2017, p. 34).

Pour l'étude d'impact comme pour les PAP et RAP, les auteurs des travaux sont les services en charge du projet de loi ou des programmes considérés avec, pour ce qui concerne les programmes des lois de finances, le concours des contrôleurs de gestion de programmes qui cohabitent avec les contrôleurs de gestion dits ministériels lesquels sont en charge des systèmes de contrôles propres à chaque ministère ou à certaines de leurs directions centrales.

S'agissant de la participation des parties prenantes et des citoyens à la confection des études d'impact, les consultations sont pour certaines obligatoires aux termes de lois ou règlements. C'est ainsi qu'en 2016 le CNEN note dans son rapport d'activité qu'il est consulté sur l'impact technique et financier pour les collectivités territoriales et leurs établissements publics des projets de texte réglementaire, des projets d'acte de l'Union européenne et des projets de loi créant ou modifiant des normes applicables aux collectivités et à leurs établissements publics. La plupart des consultations restent cependant à l'initiative du gouvernement et des administrations. Elles incluent assez souvent les syndicats de salariés et d'autres organisations professionnelles. Le grand public ne peut formellement se manifester qu'une fois l'étude d'impact déposée au Parlement par voie électronique, dans une contribution limitée à quatre mille caractères. Il est à noter que cette possibilité a été ouverte non pas par la loi organique de 2009 mais lors d'une modification du règlement de l'Assemblée nationale dans son article 83. Les contributions recueillies sont mises à la disposition des rapporteurs des projets de loi qui peuvent les inclure dans une annexe à leur rapport.

Aucune consultation n'est formellement prévue pour les PAP ou RAP. Les indicateurs sont conçus par l'administration même s'ils sont censés, selon les cas, concerner l'usager par le biais d'indicateurs dits de qualité de service, le contribuable par celui d'indicateurs dits d'efficience, ou le citoyen par des indicateurs dits d'effet socio-économiques. Certains observateurs avancent l'idée selon laquelle si les indicateurs développés pour satisfaire aux exigences de la loi organique relative au financement de la sécurité sociale, qui est le pendant de la LOLF pour le budget social de l'État, paraissent plus pertinents que ceux de la LOLF, c'est qu'ils ont été mis sur pied après concertation avec les parties prenantes (Brunetière, 2010).

S'agissant des évaluations effectuées dans le cadre de la MAP, la consultation doit être recherchée dans l'interprétation du terme partenarial qui leur a été accolé. Elle s'est matérialisée par la participation de certaines parties prenantes à des comités de pilotage qui, aux dires des méta-évaluateurs désignés (KPMG et Quadrant Conseil, 2017), ont été davantage des instances de suivi de l'avancement des travaux que d'orientation et de validation de ceux-ci. La consultation a pris aussi la forme « [d']enquêtes en direction des bénéficiaires finaux [qui] ont certes pu apporter des éléments nouveaux, mais en se limitant au recueil d'opinions ou de la satisfaction de bénéficiaires des politiques évaluées » (id,), c'est-à-dire à de simple matériaux de l'évaluation. En aucun cas le partenariat ne s'est traduit par la volonté de faire expliciter les préoccupations, intérêts et revendications ni par la volonté de faire converger les points de vue des uns et des autres, volonté caractéristique de l'évaluation partenariale telle que la présente la *doxa* (Guba et Lincoln, 1989).

En matière d'étude d'impact, la *doxa* de l'OCDE comme la littérature académique (Radaelli, 2004) soulignent l'importance du rôle des auditeurs, rôle qui est celui assigné aux *Regulatory Boards* en Grande-Bretagne et aux États-Unis pour assurer la qualité des études. En France c'est le Conseil d'État qui assure ce rôle, les avis qu'il donne au gouvernement sur les projets de loi comprenant une partie, parfois très réduite, consacrée à l'étude d'impact qui les accompagne. C'est dire que rien n'a été ajouté au droit positif et qu'aucun organisme *ad hoc* n'a été créé, options qui auraient pourtant pu être prises en compte, du fait du type d'expertise que demandent les études d'impact et leur contrôle, en particulier en sciences économiques, sociales et en gestion. Si le Conseil d'État s'est plaint du peu de temps qui lui est laissé pour émettre son avis, ce n'est que tout récemment qu'il a mis en avant le problème de l'expertise non juridique nécessaire au contrôle des études d'impact, ce pour en arriver à la conclusion que l'avis d'une instance nouvelle lui était nécessaire avant que lui-même se prononce.

Dans le domaine des PAP et des RAP, un organisme *ad hoc* dénommé Comité interministériel d'audit des programmes ou CIAP avait été constitué lors de la mise en œuvre de la LOLF. Il a fonctionné pendant six ans. Composé de membres des différentes inspections générales, il a réalisé un travail important visant à faire disparaître les défauts et lacunes les plus graves constatées dans les documents des premiers exercices (Benzerafa et Gibert, 2015). Depuis sa suppression, le rôle d'auditeur n'est plus exercé que par la Cour des Comptes qui, dans le cadre de ses rapports annuels sur les résultats et la gestion du budget de l'État, fait des observations sur le contenu des documents en question.

Les évaluations *ex post* effectuées dans le cadre de la MAP n'étaient soumises à aucun organisme de régulation. Un tel organisme n'a existé que dans le premier dispositif interministériel dit Rocard instauré en 1990 sous le nom de Conseil scientifique de l'évaluation (CSE) et avec un rôle amoindri dans le second dispositif interministériel sous le nom de Conseil national de l'évaluation.

Quant au juge qu'est en France le Conseil constitutionnel pour ce qui a trait au respect des lois organiques, il ne s'est vraiment pas révélé très exigeant en matière de sanction du non-respect des normes managériales. Ainsi, lorsque, une seule fois en ce qui concerne le contenu des PAP et des RAP, les parlementaires ont déféré devant lui pour annulation du budget voté dans la loi de finances initiale de 2006 en invoquant parmi les moyens la médiocrité des indicateurs présentés, le Conseil a rejeté ce critère (Gibert et Verrier, 2016). Il n'a pas été plus exigeant pour le contenu des études d'impact pour lesquelles il fait largement reposer l'acceptabilité d'une étude sur la conférence des présidents de l'Assemblée (Hutier, 2017). La prudence ainsi observée en France par le juge constitutionnel surprend d'autant plus que l'on compare sa posture à la jurisprudence plus pointilleuse édictée par d'autres cours constitutionnelles, allemande par exemple, et par la Cour de justice européenne (Popelier, 2018).

Comme on aime à l'exprimer dans certains cercles novateurs de la fonction publique française, il se forme en la matière un effet de système assez clair pour ce qui concerne les études d'impact et les PAP comme les RAP.

Les clients premiers de ces études, à savoir les parlementaires, font des utilisations principalement opportunistes de ces documents, qui leurs servent de source d'informations pouvant nourrir leur rapport. Les parlementaires de l'opposition considèrent pour leur part que les malfaçons dans les études sont au sens juridique du terme un moyen comme un autre de s'opposer à un projet de loi ou à un projet de budget, espérant ce faisant que le juge le retiendra. En matière d'études d'impact les auteurs ne sont pas incités à des travaux de qualité par leur hiérarchie, peu portée à donner des armes aux opposants par le biais de ces travaux. Ils ne le sont pas plus par les exigences relativement molles de l'auditeur, mais également par le comportement de retrait du juge. En matière de PAP et de RAP, le travail de finalisation s'attachant à raffiner les objectifs ou à veiller à l'adéquation des indicateurs aux objectifs est limité par son inopportunité politique. Les efforts des auteurs se concentrent donc sur la métrique, sur une meilleure définition des indicateurs présentés de façon plus précise et sur une explicitation améliorée de la façon dont ils sont alimentés. Quant aux évaluations *ex post*, la prépondérance de la recherche d'économies sur les autres considérations les a détournées de leur fonction évaluative.

Au cœur de cet effet de système se situe la question du statut de l'expertise dans l'appareil de l'État.

Chacun des trois instruments étudiés fait appel à des compétences notamment mais pas exclusivement en matière de sciences sociales, qu'il s'agisse de sciences économiques, de sociologie, de science politique ou encore de sciences de gestion. Or la mise en œuvre de chacun des instruments révèle en France un recours faible ou marginal à de telles spécialités.

En matière d'étude d'impact, la *doxa* et la loi organique voudraient pourtant que soient rigoureusement étayées les raisons du recours à la norme et le pourquoi du renoncement à des solutions alternatives à celle-ci. On devrait ici se situer sur le registre de la démonstration et non sur celui de la rhétorique. Si, du fait de l'antinomie entre la lourdeur des études et les contraintes de temps de l'action politique, il semble assez irréaliste de faire des études approfondies, par exemple de style analyse coût-avantage à l'occasion du dépôt d'un projet de loi, il paraît à la fois possible et souhaitable d'identifier, de collecter et d'effectuer une synthèse des meilleures connaissances dans le ou les domaines que le projet de loi doit régir (De Francesco, 2018). Ce travail demande de recourir à des compétences en particulier économiques mobilisées en l'occurrence pour l'action à court terme et non pour des travaux récurrents ou déconnectés de l'agenda politique. À en juger par le contenu des études d'impact françaises, ce travail n'est pas effectué ou ses résultats en sont occultés. (Cour des comptes, 2018). Des organismes d'études de qualité existent pourtant dans l'administration française tels que l'Institut national de la statistique et des études économiques (INSEE) et la Direction de l'animation de la recherche des études et de la statistique (DARES) du Ministère du travail, pour ne citer que deux exemples.

En matière de PAP et de RAP, la réflexion sur les objectifs et les indicateurs, ainsi que sur une exploitation des résultats qui ne soit ni une paraphrase ni un commentaire trivial devrait s'appuyer sur les développements actuels de la littérature de la recherche appliquée en contrôle de gestion, domaine d'ailleurs de plus en plus rebaptisé comme analyse de la performance. Or la Direction du budget qui depuis son fief de Bercy assure la maîtrise d'œuvre de ces documents et qui est responsable de ce qui pourrait être une doctrine du contrôle de gestion dans l'administration française, continue à se contenter en 2018 d'un guide qui est une simple nouvelle mouture d'un texte datant de 2001. Même si le contrôle de gestion centré sur le contrôle de la performance se prête moins à l'édiction de normes que le contrôle interne centré sur l'évitement des risques, la faiblesse de la capitalisation au niveau interministériel français de pratiques pourtant développées et variées des différentes administrations de l'État laisse songeur. L'explication donnée selon laquelle chaque ministère est en la matière maître du ou des systèmes qu'il entend développer sonne comme une musique très libérale et décentralisatrice dans un système qui n'y a pas par ailleurs habitué ses assujettis.

En matière d'évaluation *ex post* de la MAP, le problème du recours à l'expertise est apparu comme encore plus aigu. Les inspections générales telles que celle des finances, de l'administration et des affaires sociales ont été les grandes pourvoyeuses d'évaluateurs. Les méta-évaluateurs tels que les cabinets KPMG et Quadrant Conseil notent que les équipes d'évaluation ainsi mobilisées n'ont que rarement disposé en interne d'une expertise évaluative, et ont plus rarement encore fait appel à une expertise extérieure. Ce déficit en expertise reflète le fait que les études avaient été fréquemment traitées comme des missions d'inspection, et non pas comme un travail d'évaluation. L'intérêt de la méta-évaluation est d'avoir mis en exergue de façon diplomatique mais claire les conséquences de ce déficit : d'abord la rareté de la ré-interrogation des objectifs des politiques ainsi que celle des interrogations explicites du lien causal entre effets constatés et politique publique évaluée ; ensuite le fait que les analyses ne présentent pas systématiquement leurs sources et donc que leur traçabilité est rendue difficile ; enfin le manque assez fréquent d'explicitation du lien entre les conclusions tirées des analyses et les recommandations présentées, ce manque pouvant s'expliquer dans un certain nombre de cas par la pression exercée par le commanditaire pour voir figurer dans le rapport des recommandations auxquelles il tenait d'emblée.

DÉFIANCE ET ÉVITEMENT
DU RISQUE

Les entreprises, leurs dirigeants et leurs actionnaires sont soumis à des risques extrêmement divers. Risque de devoir répondre d'infraction à la réglementation de la concurrence en raison d'un abus de position dominante, risque d'être victime d'espionnage industriel, risque de pâtir de détournements d'argent effectués par un employé indélicat, risque d'être condamnés pour atteinte au droit du travail, risque d'être victimes d'incursions frauduleuses dans leurs applications informatiques, etc.

En face de l'omniprésence du risque s'est systématisée dans les dernières décennies une approche dénommée contrôle interne. Peu prisée du monde académique, sans doute en raison de sa relative faiblesse théorique, vivement promue en revanche par les cabinets internationaux d'audit, elle rencontre de plus en plus l'attention favorable notamment de corps de fonctionnaires chargés de la fonction de contrôle des administrations publiques, en premier lieu de la Cour des comptes et des inspections générales rattachées aux divers ministères. Cette attirance s'explique en particulier par l'aura que revêt un des outils sur lesquels s'appuie le contrôle interne, à savoir l'audit interne. En effet ce dernier se caractérise par la nature très méthodique de ses investigations, ce qui tranche avec les études traditionnellement menées par ces corps, dont les méthodes et processus se révèlent beaucoup moins formalisées que les investigations de l'audit interne. La méthodologie de l'audit apparaît comme la technologie dont ces corps ressentaient le besoin et grâce à l'adoption de laquelle ils peuvent espérer que s'améliorent la professionnalisation de leurs membres et la crédibilité de leurs avis.

Le crédit sinon le succès que recueille le paradigme du contrôle interne depuis les années 1990 dans l'administration française permet de souligner quatre aspects majeurs qui, par delà le seul cas ici traité du contrôle interne et de l'audit, font obstacle en France à la modernisation de l'État et aux politiques qui sont censées la stimuler. C'est d'abord

la confusion, volontaire ou non, entre deux approches pourtant fondamentalement différentes de ce qui se définit comme étant le contrôle
interne, confusion qu'alimente une sémantique malheureuse. En deuxième lieu, la quête affichée de la performance peut celer des dispositifs
ou des pratiques qui ont pour rôle sinon pour finalité de renforcer le
système d'évitement du risque pour l'État ou pour ses gouvernants selon
les cas. Le troisième aspect tient à ce que le système de contrôle interne
qui s'est développé au sein de l'État vise moins à éviter les risques de
toute nature liés aux politiques publiques qu'à assurer une maîtrise au
moins relative des comptes de l'État. Enfin, l'Europe et les prescriptions
qu'elle impose aux États membres – avec leur accord – fournissent des
motifs utiles de contrôle à l'État français de ses collectivités territoriales.

UNE SÉMANTIQUE MALHEUREUSE

En management, le concept de contrôle interne peut être entendu
dans deux sens qui sont assez différents l'un de l'autre.

Le premier recouvre une acception étendue. Dans ce cas le contrôle
interne désigne un processus qui est mené par le conseil d'administration,
la direction et l'ensemble du personnel. Sa fonction manifeste est de
leur fournir instrumentalement une sécurité raisonnable en matière
d'efficacité et d'efficience des opérations, de fiabilité du *reporting* financier, de respect des lois et règlements dès lors qu'il s'agit de réaliser les
objectifs. Le référentiel de contrôle interne le plus connu a été défini par
le *Committee of Sponsoring Organizations of the Treadway Commission*. Ce
comité américain, initiative privée regroupant des entreprises sensibilisées
au progrès social, s'est mobilisé à la suite de divers scandales financiers
au tournant des années 2000 afin de garantir une sécurité financière
concernant les entreprises et les banques. C'est à l'organisation de définir le niveau de prise de risque qu'elle est prête à accepter dans le but
d'accroître sa valeur, différentes stratégies l'exposant à différents risques.
En conséquence, le comité s'assure que les résultats ou conséquences de
la stratégie qu'adopte une organisation sont cohérents avec son appétit
au risque.

Le second sens est plus restrictif. Ici le terme de contrôle interne recouvre l'ensemble des politiques et procédures conçues pour assurer une information comptable fiable et la préservation des actifs de l'organisation (Simons, 1995).

La différence entre les deux visions n'est pas anodine, bien au contraire, s'agissant de la gestion publique et de sa modernisation. La première donne le sentiment que le contrôle interne englobe le contrôle de gestion dès lors que ce dernier est centré sur la recherche de l'efficacité et de l'efficience, et sur leur suivi. Selon la seconde vision plus restrictive en revanche, les deux contrôles se différencient fortement. Le contrôle interne semble centré sur et couvrir essentiellement des besoins dits fondamentaux que la logique de la performance et la pression de l'atteinte de l'efficacité, poussées à l'extrême, pourraient faire passer au second plan voire négliger.

L'approche qu'offre le contrôle de gestion s'est bâtie autour de la recherche de la performance, c'est-à-dire pour l'entreprise du rendement de ses capitaux investis. En revanche, celle du contrôle interne a privilégié la limitation et la maîtrise du risque. Si les frontières entre les deux ne sont pas toujours évidentes, la différence doit cependant être opérée dans toute organisation désireuse d'un management efficace. Cette différenciation est rendue nécessaire en particulier par les valeurs qui dominent dans l'une ou l'autre des approches : une approche du risque ou bien une recherche de la performance.

Le contrôle interne, pour sa part, repose sur la défiance. Cette dernière est elle-même fondée sur et alimentée par la crainte. Les exemples sont innombrables : peur d'être victime de détournements, peur d'une inexécution des consignes données, peur de comportements de collaborateurs qui même par ailleurs bien intentionnés entraînent des conséquences néfastes pour leur organisation et leur hiérarchie, que ce soit en termes de trésorerie, de sources de financement, de réputation, d'itinérances sur des marchés ou de technologies mal maîtrisées. Or cette observation, qui fait sens pour les entreprises, vaut aussi *mutatis mutandis* pour l'État.

En effet dans le secteur public et notamment en France, mais pas uniquement, la défiance est organisée et entretenue par des montagnes de procédures plus ou moins tatillonnes. Elle est aussi matérialisée par des interdits ou par des obligations. Ainsi seuls les ordonnateurs peuvent engager des dépenses. Ou bien, et à l'exception de faibles montants monétaires, la commande publique ne peut se faire qu'en respectant scrupuleusement les règles édictées par le code des marchés publics. Qui plus est, le principe de défiance dispose comme bras armé du contrôle du respect de ces interdits ou obligations, que ce soit dans le secteur des institutions étatiques ou pour les entreprises. Ce contrôle est opérationnalisé par les investigations d'un instrument comme l'audit et, le cas échéant, transposé sur le plan de la réputation par le mécanisme des certifications en tout genre.

En résumé ce sous-système managérial qui a pour raison d'être et pour principe de légitimité la défiance peut être opportunément comparé au système de freinage d'un véhicule (Simons, 2000). En même temps il a pour effet une dynamique de renforcement de la centralisation du pouvoir. En effet, pour garantir un évitement à peu près uniforme du risque, les règles, interdits et obligations du contrôle interne doivent être décidés à un niveau élevé de la hiérarchie organisationnelle.

Pour sa part, et même si dans son application l'on voit souvent ce principe quelque peu maltraité, le contrôle de gestion présente une double facette. D'une part, il est conçu comme une aide au pilotage de chacun des services qui composent l'organisation. D'autre part, il intervient dans les relations entre niveaux hiérarchiques comme un *alter ego* de la délégation, de la sphère d'autonomie et des marges décisionnelles dont bénéficient un service et son responsable. Corrélativement il apparaît comme un mode d'organisation de la confiance, non pas naïve ou fondée sur des relations interpersonnelles, mais fondée sur l'explicitation des attentes de la hiérarchie et leur opérationnalisation par des objectifs et des niveaux cibles à atteindre ainsi que sur un rendre compte (*reporting*) structuré autour de ces objectifs et des indicateurs les ayant mis en forme. Lorsque les objectifs ne sont pas atteints, l'analyse des résultats doit suggérer des mesures correctives. Le contrôle de gestion est donc orienté vers la recherche de la performance.

Cette différence de nature entre l'évitement du risque et la recherche de la performance, de même qu'entre les deux contrôles, peut à l'évidence être occultée par le vocabulaire.

Dans le langage courant le terme d'interne s'oppose le plus souvent à celui d'externe.

Dans ce sens le contrôle de gestion dans une entreprise est un contrôle interne parce que les caractéristiques qu'il revêt résultent de choix discrétionnaires faits par cette entreprise. Ils ne sont imposés ni par l'État ni par un autre organisme, corporatiste ou autre. Le contrôle interne au sens d'évitement du risque résulte lui-même de choix faits par l'entreprise. Il est d'abord conçu pour elle et comme étant propre à elle. Cependant il va devenir obligatoire dans son principe (loi Sarbanes-Oxley aux États Unis, loi de sécurité financière de 2003 en France) après les grands scandales financiers qui marquent le tournant des années 2000. Néanmoins la différence entre contrôle interne et contrôle externe reste à peu près claire. Elle permet ainsi d'énoncer que le contrôle opéré par le commissaire aux comptes pourtant choisi par l'entreprise reste malgré tout un contrôle externe.

Dans l'administration française, cette différence est beaucoup moins évidente. Ainsi la Cour des comptes considère qu'elle remplit des fonctions de contrôle externe. Une telle posture est sociologiquement exacte et juridiquement soutenable lorsque le contrôle fondamentalement réalisé par ses chambres régionales ou territoriales porte sur des collectivités publiques territoriales, ces dernières telles que les départements ou les communes étant des entités formellement dotées de la personnalité morale. En revanche cette idée de l'extranéité du contrôle de la Cour est plus discutable lorsqu'il s'agit d'investigations portant sur des administrations de l'État, ce dernier étant une personne morale dont la Cour des comptes ne se distingue pas.

SOUS LA QUÊTE DE LA PERFORMANCE L'ÉVITEMENT DU RISQUE

Chacun des trois instruments de quête de la performance analysés plus haut, soit l'étude d'impact des projets de loi, la loi organique relative à la loi de finances et l'évaluation mise en place par la politique dite de MAP, érige un lieu où cohabitent des éléments de recherche de la performance dont la nature et les limites ont déjà été soulignées dans les chapitres précédents, et des dispositifs relevant du contrôle interne.

La pratique de l'étude d'impact en France accorde une importance majeure à l'insertion dans le droit français et européen de projets de loi sous un angle particulier. En effet elle traduit un souci de contrôle interne destiné à éviter les contradictions entre textes et irrégularités au regard de nos engagements internationaux. De surcroît l'obligation assignée au ministère porteur d'un projet de loi de transmettre l'étude d'impact le concernant au Secrétariat général du gouvernement fonctionne comme un outil de centralisation intra-gouvernementale qui vise à éviter que la différenciation entre des ministères ne nuise à la cohérence de l'action gouvernementale. On trouve le pendant de ce contrôle aux États-Unis où *l'Office of Information and Regulatory Affairs,* partie intégrante de *l'Office of Management and Budget,* bras armé du Président, a la charge d'examiner les projets de réglementation de tous les départements et agences fédérales.

Le texte de la LOLF et les applications qui en ont été faites ont développé d'importants outils de contrôle interne.

Il en est ainsi de la stricte limitation du montant de crédits dits éva-luatifs, qui portent en germe une source de non maîtrise des dépenses budgétaires. Cette suppression du caractère évaluatif dont disposaient jusqu'à la ratification de la LOLF de nombreuses lignes budgétaires, a suscité quelques échos dans le débat public lorsque les juridictions se sont trouvées à court de crédit pour commander des expertises judi-ciaires, ou bien que les préfets ont dû se montrer plus rigoureux dans les expulsions locatives parce qu'ils ne disposaient plus d'une enveloppe ouverte suffisante pour dédommager d'un refus d'expulsion les proprié-taires bénéficiant pourtant d'un arrêté d'expulsion.

De la même façon, le caractère asymétrique de la fongibilité des crédits – les crédits de personnel ne pouvant pas être abondés par des crédits d'une autre nature à l'intérieur des programmes, l'inverse n'étant pas vrai – est un élément de contrôle interne, alors que la fongibilité avait été présentée comme un élément de facilité gestionnaire pour les managers publics. Exposés à cette contrainte les opérateurs la conçoivent ou l'interprètent *nolens volens* comme un élément de limitation de la masse salariale. C'est ainsi que dans un cas comme celui des univer-sités, la mesure décidée par Paris se traduit par des gels de postes qui pourtant étaient disponibles, ce afin d'éviter des problèmes de paiement du personnel en place en fin d'exercice !

Dans les évaluations MAP, un contrôle interne innommé a été organisé par la conjonction des lettres de mission et des cahiers de charges, par les délais très brefs donnés aux évaluateurs et par les choix qui ont été faits de ces derniers. Lettres de mission et cahiers des charges ont parfois limité de façon draconienne les champs et l'étendue des investigations que pouvaient mener les évaluateurs.

L'évaluation de la gestion de l'aide juridictionnelle donne un bon exemple de cette pratique. Non seulement le cahier des charges énumère de façon très précise les principales questions à traiter dans l'évaluation – ce qui est le propre de tout protocole d'évaluation – mais il indique également les grandes recommandations à laquelle l'évaluateur doit aboutir. Ainsi, pour assurer « l'efficience budgétaire du dispositif », l'évaluateur doit travailler à une diversification du financement de l'aide juridictionnelle, ce par « optimisation de subsidiarité », par « simplification du mécanisme de recouvrement des sommes avancées par l'État » et en instaurant « une ressource substitutive à la CPAJ » (contribution pour l'aide juridique, alors supprimée). Comme on le voit l'évaluateur est ainsi transformé en développeur d'une politique dont les grands traits ont déjà été décidés avant l'évaluation de la situation existante !

L'opération d'évaluation de type MAP fixe des délais très brefs aux opérateurs pour rendre leur travail, qui sont d'ailleurs globalement assez bien respectés. Les motifs affichés pour justifier cet empressement invoquent l'utilité souhaitée des évaluations ainsi que la volonté d'assurer une forte intégration des évaluations dans l'agenda décisionnel gouvernemental. De fait ces délais courts excluent toute investigation d'envergure, favorisent les modes traditionnels de travail des corps de contrôle – qui sont largement sollicités comme évaluateurs – en particulier le recours à des entretiens avec les metteurs en œuvre des politiques évaluées. La conjonction des délais courts et des routines des évaluateurs a souvent abouti à ce que le discours de l'évaluateur procède de celui des personnes interrogées. Le risque que les études portent à découvrir des effets qui ne relèvent pas de l'évidence communément partagée en est d'autant limité, comme le sont les solutions réellement novatrices.

Enfin les évaluations sont confiées pour l'essentiel à des corps de contrôle. Ceux-ci sont prompts à mettre en avant leur indépendance par rapport aux services ministériels, manifestée par leur rattachement direct à un ministre et à son cabinet. Cette relative autonomie ne saurait occulter le fait que ces corps de contrôle, de par leur recrutement dominant, partagent assez largement la culture dominante de leur propre ministère. Quelquefois même, comme cela a été le cas pour l'aide juridictionnelle déjà évoqué ci-dessus, l'évaluation est confiée à la hiérarchie par ailleurs en charge du problème. Là encore les conclusions gênantes et l'hétérodoxie sont limitées par avance. Or ce n'est guère le cas si le travail est confié à des évaluateurs externes, comme c'est le choix habituellement fait dans d'autres pays en quête résolue de modernisation tels que les États-Unis et la Grande-Bretagne, pour n'en citer que deux.

L'EMPRISE DU CONTRÔLE
BUDGÉTAIRE ET COMPTABLE

Comme les exemples présentés ci-dessus le suggèrent, il n'est pas besoin qu'un dispositif soit formellement classé sous l'ombrelle du contrôle interne pour qu'il contribue de fait à ce dernier. En effet le système global du contrôle interne dépasse de loin la somme des règles déjà existantes qui sont présentées et considérées dans le secteur des administrations publiques comme relevant du contrôle interne. Au passage il faut noter que la différence entre les éléments non labellisés du contrôle et le contrôle formalisé et reconnu comme tel, existe de la même manière pour ce qui concerne le contrôle de gestion.

La séparation des ordonnateurs et des comptables, disposition déjà ancienne décrétée par l'État, est l'exemple type d'un dispositif de contrôle interne instauré avant même que le paradigme de celui-ci ne soit développé. Cependant la période plus récente voit le développement du contrôle interne dans l'administration de l'État par des textes spécifiques[1].

En 2009 déjà, un rapport de l'Inspection générale des finances avait effectué un état des lieux de la pratique du contrôle et de l'audit interne dans les administrations françaises (rapport n° 2009-M-043-01 relatif à la structuration de la politique de contrôle et d'audit internes de l'État). Les auteurs soulignaient que par le ciblage « des activités de contrôle sur les opérations présentant les risques les plus élevés, l'internalisation du contrôle permet de le rendre plus efficace et de sensibiliser les responsables

---

1   En premier lieu par un décret n° 2012-1246 daté du 7 novembre 2012 et relatif à la gestion budgétaire et comptable publique.

des opérations concernées à ses enjeux » (*op. cit.*). Ils se situaient ainsi dans la *doxa* véhiculée en particulier par l'Institut français de contrôle interne (IFACI). À la lire, « le contrôle interne est un système de management qui implique de façon très intégrée tous les acteurs d'une organisation à commencer par les instances dirigeantes » (*op. cit.*). Les Inspecteurs des finances auteurs du rapport observent par ailleurs que si les fonctions comptable et budgétaire faisaient « l'objet d'une démarche de développement du contrôle interne à l'échelle interministérielle » (*op. cit.*), en revanche seule la fonction comptable faisait jusque-là l'objet d'un dispositif qui couvrait l'ensemble du secteur administratif de l'État. En revanche et à leur avis, ce n'était pas le cas pour la fonction budgétaire. Cependant cette dernière serait susceptible à l'égal de la fonction comptable de couvrir la totalité de la sphère étatique dans un avenir proche, par exemple comme un prolongement de la mise en œuvre de la LOLF.

Le rapport regrettait par ailleurs que, si les secrétaires généraux des ministères qui assument la responsabilité des fonctions supports de leur institution s'étaient « emparés du contrôle interne comme méthodologie de maîtrise des risques auxquels ils sont directement exposés dans l'exercice de leurs fonctions », le périmètre de ce contrôle interne était restreint à leurs attributions et ne s'étendait pas aux différents métiers de leurs ministères (*op. cit.*). Les rapporteurs émettaient également une série de propositions ayant trait au futur système de contrôle interne et d'audit interne de l'État. Celles-ci mettaient l'accent sur la nécessité de la professionnalisation des personnes les plus impliquées dans ce système.

Un an après que la décision en ait été prise par le Conseil de modernisation des politiques publiques en juin 2010, un décret[2] pose l'obligation pour chaque ministère de se doter d'un dispositif de contrôle et d'audit internes, dispositif « adapté aux missions et à la structure des services et visant à assurer la maîtrise des risques liés à la gestion des politiques publiques dont ces services ont la charge » (*op. cit.*). Ce décret définit le contrôle interne comme étant « l'ensemble des dispositifs formalisés et permanents décidés par chaque ministre, mis en œuvre par les responsables de tous les niveaux, sous la coordination du secrétaire général du département ministériel, qui visent à maîtriser les risques liés à la réalisation des objectifs de chaque ministère » (*ibid.*). Est par ailleurs

2 Décret n° 2011-775 du 28 juin 2011 relatif à l'audit interne dans l'administration.

créé au niveau interministériel un nouveau comité qui aura la responsabilité d'harmoniser l'audit de manière transversale. Il est placé sous la présidence du ministre en charge de la réforme de l'État. Sa mission sera d'élaborer le cadre de référence de l'audit interne dans l'administration de l'État et de s'assurer de son application.

Un autre décret est pris un peu plus d'un an plus tard. Il est relatif à la gestion budgétaire et comptable publique ou GBCP[3]. Il consacre explicitement dans son quatrième chapitre intitulé « Le contrôle interne et l'audit interne » quatre articles et quatre seulement en tout et pour tout au sujet des administrations de l'État. C'est par un arrêté du 31 décembre 2013 pris en application de ce décret que sera développé ce que le jargon modernisateur de l'époque nomme un « cadre interministériel de référence du contrôle interne comptable ». Deux ans plus tard, celui-ci est transformé à son tour par un arrêté du 17 décembre 2015 et intitulé « cadre de référence des contrôles internes budgétaire et comptable ». Cet arrêté met bien l'accent sur la formalisation et la pérennité des systèmes lorsqu'il différencie soigneusement contrôle comptable et contrôle budgétaire. « Le contrôle interne budgétaire est l'ensemble des dispositifs formalisés et permanents ayant pour objet de maîtriser les risques afférents à la poursuite des objectifs de qualité de la comptabilité budgétaire et de soutenabilité de la programmation et de son exécution ». « Le contrôle interne comptable est l'ensemble des dispositifs formalisés et permanents ayant pour objet de maîtriser les risques afférents à la poursuite des objectifs de qualité des comptes, depuis le fait générateur d'une opération jusqu'à son dénouement comptable » (*op. cit.*).

Ainsi que le suggère cet enchaînement chronologique, le développement d'un système de contrôle interne dans l'administration de l'État, formalisé et labellisé comme tel, s'est opéré de façon réductrice au regard de la conception du contrôle affichée en 2010-2011. Il s'agit là d'une mutation qui est loin d'être secondaire. En effet l'État passe progressivement mais somme toute assez rapidement, d'une conception qui se centre sur l'évitement de risques de toute nature qui sont liés à la gestion des politiques publiques et à la réalisation des objectifs de chaque ministère donc à la performance, à une approche du contrôle interne de conformité procédurale, fondamentalement et restrictivement comptable et budgétaire, cette dernière étant subordonnée aux exigences

---

3   Décret n° 2012-1246 du 7 novembre 2012.

de qualité de la comptabilité publique et à l'obligation de certification des comptes de l'État.

Ce déport du contrôle des risques est en partie lié à une politique transversale de modernisation de l'État menée en 2001 et qui s'était traduite par l'adoption de la LOLF. Elle avait fait obligation à l'État de tenir une comptabilité générale de ses activités couvrant tant ses produits que ses charges. Ce type de comptabilité venait doubler la traditionnelle comptabilité budgétaire que l'État tenait et tient encore en termes de recettes et de dépenses, soit une comptabilité de caisse.

Le regret émis par le rapport de l'IGF selon lequel « le contrôle interne est globalement peu développé dans les périmètres opérationnels correspondant aux métiers de l'administration » risque de perdurer dès lors que le contrôle interne apparait comme une affaire de comptables et de budgétaires – qui minimisent sinon marginalisent l'approche des risques au service de la performance. À moins une nouvelle fois que l'on fasse soigneusement la différence entre les procédures labellisées comme étant du contrôle interne et l'ensemble des comportements, procédures ou instruments qui sans être labellisés comme contrôle interne correspondent bien à la finalité de celui-ci et que l'on aboutisse ainsi à un constat plus optimiste en la matière.

QUAND L'EUROPE SERT AU CONTRÔLE DES COLLECTIVITÉS TERRITORIALES

Le fait qu'entre contraintes et ressources la distinction est souvent difficile à effectuer, ou qu'une norme qui est *a priori* une contrainte pour un acteur peut être récupérée par celui-ci comme un levier pour à son tour imposer une contrainte à ses partenaires, est souligné dans le cas du contrôle interne par une directive européenne de 2011 sur les exigences applicables aux cadres budgétaires des États membres[4].

Cette directive s'inscrit dans le cadre de la lutte contre ce que les autorités de la Commission de Bruxelles définissent comme étant les

---

4   Directive 2011/85/UE du Conseil du 8 novembre 2011 sur les exigences applicables aux cadres budgétaires des États membres.

déficits excessifs des finances publiques, ce plus précisément dans leur dispositif de surveillance budgétaire de l'Union. La directive rappelle à cet effet que le Pacte de stabilité et de croissance (PSC) concerne l'ensemble des administrations publiques, qu'elles relèvent de l'État central, des états fédérés, des collectivités territoriales ou de la sécurité sociale. Elle souligne le fait que, suite à des opérations de décentralisation, les administrations subnationales jouent désormais un rôle beaucoup plus important dans le respect du PSC. Son article 12 charge en conséquence les États membres de l'Union de veiller à la « cohérence des règles et procédures comptables et l'intégrité des systèmes sous-jacents de collecte et de traitement des données » (*op. cit.*). Ainsi formulé, le problème à résoudre est de nature plutôt technique : il s'agit de la comparabilité et de la fiabilité des données comptables. Or Bruxelles demande aussi aux États membres de mettre en place « des mécanismes appropriés de coordination entre les sous-secteurs des administrations publiques, afin d'assurer l'intégration complète et cohérente de tous ces sous-secteurs des administrations publiques dans la programmation budgétaire, dans l'élaboration de règles budgétaires chiffrées spécifiques au pays, ainsi que dans l'établissement des prévisions budgétaires et dans la mise en place de la programmation pluriannuelle, comme prévu notamment dans le cadre budgétaire pluriannuel » (*ibid.*). Cette deuxième demande soulève pour sa part un problème qui est potentiellement davantage générateur de conflits de pouvoir.

La cohérence des normes n'est pas du tout un problème négligeable.

Il est par exemple curieux de constater qu'au niveau de ses comptes consolidés, tous niveaux d'administration confondus, l'État français s'appauvrit chaque fois qu'une route nationale est transférée à un ou plusieurs départements pour devenir route départementale. Les routes nationales font en effet partie du patrimoine de l'État et sont valorisées au coût de remplacement. En revanche les routes départementales sont, pour leur part, valorisées au coût historique. Comme très généralement le premier coût est supérieur au second, une opération de transfert au profit d'un département est en la matière appauvrissante, ce qui n'a aucun sens économiquement parlant. Cependant, comme peu de gens, y compris parmi les gouvernants politiques de l'État, s'intéressent aux bilans des collectivités publiques, l'affaire est beaucoup plus piquante que conflictuelle.

En revanche l'intégration des collectivités territoriales dans la programmation budgétaire soulève le problème de la nature et des limites de l'autonomie des collectivités territoriales.

Une traduction récente en a été la promulgation de la loi n° 2018-32 du 22 janvier 2018 qui programme les finances publiques pour les années 2018 à 2022. Son article 29 dispose que des contrats triennaux seront conclus entre l'État et les grandes collectivités telles que les régions, départements, collectivités d'outre-mer, communes ou Établissements publics de coopération intercommunale à fiscalité propre (EPCI) dont les dépenses de fonctionnement sont supérieures en 2016 à soixante millions d'euros, ainsi qu'avec les autres collectivités volontaires. Ces contrats détermineront chacun un objectif d'évolution des dépenses réelles de fonctionnement et définiront également ce que la loi qualifie comme un objectif d'amélioration du besoin de financement, les collectivités trop endettées étant par ailleurs conduites à tracer une trajectoire d'amélioration de leur capacité de désendettement. Sur la base d'un taux national fixé par l'article 13 de la loi, le contrat fixe le niveau maximal annuel des dépenses réelles de fonctionnement auquel s'engage la collectivité territoriale ou l'EPCI. Ce taux est fixé unilatéralement par le représentant local de l'État, soit le préfet dans le cas de non conclusion d'un contrat. Pour chaque collectivité ou EPCI le niveau est modulé à la hausse ou à la baisse en fonction de trois critères : l'évolution de sa population, le niveau moyen de revenu par habitant, l'évolution récente de ses dépenses de fonctionnement. À l'issue d'un exercice budgétaire, un excédent des dépenses réelles sur les dépenses maximales figurant au contrat entraîne des pénalités financières qui, dans le cas présent, sont baptisées comme étant des reprises !

La loi avait été déférée au Conseil constitutionnel avant promulgation par soixante députés et soixante sénateurs, en particulier pour l'atteinte qu'elle leur paraissait porter au principe constitutionnel de libre administration des collectivités territoriales. Or elle fut déclarée par cette instance comme étant conforme à la constitution. Sans nier une atteinte à la libre administration, les membres du Conseil ont considéré qu'elle n'était pas excessive au regard du but poursuivi par le législateur, au motif que ce dernier entendait mettre en œuvre l'objectif d'équilibre des comptes des administrations publiques qui figure à l'avant-dernier alinéa de l'article 34 de la constitution française. Or un article intégré dans cette dernière en 2008 dispose que « les orientations pluriannuelles des finances publiques sont définies par des lois de programmation. Elles s'inscrivent dans l'objectif d'équilibre des comptes des administrations publiques[5] ». Cette validation de la loi par le Conseil constitutionnel n'a néanmoins pas arrêté les vifs débats autour de cet article. Nombre de responsables de collectivités territoriales jugent qu'elle promeut une politique de recentralisation du pouvoir et de mise sous tutelle des collectivités, selon une formulation empruntée par Caroline Delga, présidente de la région Occitanie, devant son conseil régional et que relate le journal La Dépêche du 3 novembre 2017.

Il existe une autre façon d'interpréter la réalité. La pression européenne plus ou moins positivement vécue par les gouvernements successifs rappelle qu'en matière internationale, ce quel que soit le mode de dévolution des compétences en vigueur dans chaque État, la responsabilité est l'une de ces façons. Par conséquent les États membres doivent s'assurer par un contrôle interne effectif du respect des engagements pris. Le contrôle assurément vécu comme externe par les dirigeants d'une collectivité territoriale est en même temps un contrôle interne vu depuis Bruxelles.

Une telle vision est importante sinon essentielle s'agissant de la gouvernance et du management du système politico-administratif français. Elle légitime la tutelle de l'État sur les collectivités territoriales ou subnationales. On ne peut cependant exclure que le ruissellement de la contrainte européenne ne s'accompagne de la transposition au niveau de certaines collectivités territoriales d'un jeu pratiqué de longue date par des gouvernants au niveau national. Une politique à laquelle on adhère mais que l'on sait impopulaire est opportunément présentée comme une contrainte venue de l'Europe dans le cas de l'État ou de l'État dans le cas des collectivités territoriales.

---

5   Article n° 2008-724 de la loi constitutionnelle du 23 juillet 2008.

QUATRIÈME PARTIE

COMMENT L'ADMINISTRATION
S'APPROPRIE LA MODERNISATION
INSTRUMENTALE

Les grandes opérations transversales affichées par les gouvernants depuis la fin des années 1960 et occupant la scène politique et médiatique, comme les réformes plus discrètes et moins commentées sinon des initiés, souvent plus techniques également, constituent les unes comme les autres des modalités de la modernisation de l'État en France.

Les réformes du deuxième type sont le fruit de facteurs très divers, qui vont de la volonté affichée à un moment donné par les dirigeants ou hauts fonctionnaires d'un ministère jusqu'à des retombées procédurales de réformes plus interministérielles. Certaines de ces initiatives sont rapidement abandonnées. D'autres s'enlisent sans lendemain à l'épreuve des faits, quelques-unes enfin sont plus durables tout en se transformant par une suite d'ajustements et de retouches.

Toutes ces réformes ont recours à des instruments de gestion ou d'action publique apparemment plus ou moins différents de ceux qui les précèdent.

On examinera ici plus attentivement trois familles de ces instruments de gestion ou d'action publique, qui ont déjà été évoquées sous d'autres angles et pour certaines de leurs utilisations au fil des parties précédentes : l'analyse de coûts, la contractualisation des rapports dans la sphère publique et l'évaluation *ex post* des politiques publiques. Elles ont été choisies pour trois types de raisons.

Ce sont d'abord de vieilles familles. Certains de leurs membres ont disparu, d'autres sont apparus récemment, mais leur origine remonte à plusieurs décennies, ce qui permet de suivre comment elles ont été appropriées au cours du temps.

En deuxième lieu, si depuis des décennies des modernisateurs, patentés ou non, soulignent l'utilité de ces outils pour la gestion des affaires publiques, voire en font même d'ardentes obligations, ils sont aussi sujets à débat. Ils peuvent susciter de fortes déceptions chez leurs utilisateurs ainsi que des critiques assez souvent virulentes de la part des cercles fermés de la haute fonction publique et d'observateurs des mondes médiatiques et universitaires.

Enfin, et à des titres divers, leur histoire révèle les modes d'appropriation dominants des instruments de modernisation par l'administration française, à savoir : la sédimentation des modes de pensée, soit un nouveau mode ne mettant pas fin à l'existence de modes qui le précédaient, la centration qui confine un instrument aux potentialités très larges à une utilisation très focalisée et la normalisation qui domestique et « assagit » des instruments perturbateurs de la routine du système administratif.

La présente partie esquisse un bilan des heurs et malheurs de chacune de ces trois familles d'instruments dans l'histoire de la modernisation de l'État. Elle montre que l'on ne saurait rigoureusement conclure ni à des bégaiements de cette histoire ni à une répétition comme farce d'une tragédie – pour paraphraser Karl Marx – ni même à la seule association des réformes à des idées quasi totémiques.

L'ANALYSE DES COÛTS
OU LA SÉDIMENTATION
DES PARADIGMES

Au départ la notion de coût est intimement associée à la comptabilité analytique jadis qualifiée de comptabilité analytique d'exploitation. Son développement est souhaité dès 1968 en tant que méthode moderne de gestion dans le secteur public, catégorie dans laquelle l'instrument est rangé dans l'opération de Rationalisation des choix budgétaires (RCB). L'analyse des coûts, finalement peu pratiquée dans ses domaines traditionnels, se développe ensuite dans des directions peu conventionnelles où elle rencontre des difficultés supplémentaires.

Ce chapitre, pour partie technique, aborde les thèmes suivants.

Les limites traditionnelles de la comptabilité analytique dans la sphère du public ont pour partie disparu. Cette amélioration ne saurait cacher le trop long retard mis à passer du coût d'un produit au coût d'une décision, alors même que l'analyse de coûts déborde de son périmètre habituel et construit des objets peu communs, qu'elle est mise au service de la démocratie et qu'elle intègre pour ce faire le concept fondamental de coût d'opportunité. La recherche de l'amélioration de l'efficience entendue comme une diminution des coûts de la gestion et des politiques publiques ne parvient cependant pas à supplanter la plus traditionnelle recherche d'économie, qui est à la recherche de l'efficience ce que le *fast food* est à la gastronomie.

LES LIMITES TRADITIONNELLES
DE LA COMPTABILITÉ ANALYTIQUE
DANS LA SPHÈRE DU PUBLIC

La mise en place d'une comptabilité analytique est depuis plusieurs décennies inscrite à l'agenda des réformes. Ainsi la création d'un comité s'occupant du coût et du rendement des services publics avait été promue entre les deux guerres mondiales par Gabriel Ardant, brillant économiste financier né en 1906 et devenu Inspecteur des finances en 1929. Ce comité exercera son activité dès les débuts de la 4ᵉ République. Puis il sera absorbé par la Cour des comptes dont il avait longtemps été un organisme satellite.

Dès 1962 la comptabilité analytique voit sa place reconnue par un décret qui porte règlement général sur la comptabilité publique[1]. L'article 53 de ce décret pose que la comptabilité analytique a pour objet de faire apparaître les éléments nécessaires au calcul du coût des services rendus ou du prix de revient des biens et produits fabriqués. Il permet ce faisant ce qu'il nomme comme étant le contrôle du rendement des services. Il prévoit aussi que la nature des objectifs ainsi que les modalités d'organisation de cette comptabilité sont fixées conjointement par le Ministre des finances et le ministre concerné.

De fait, et dès les années 1970, on notait l'existence de comptabilités analytiques ici ou là dans la sphère administrative française, par exemple au Secrétariat général à l'aviation civile – devenu entretemps la Direction générale de l'aviation civile – dans le secteur de la poste et dans les services s'occupant des télécommunications – à l'époque deux directions générales regroupées au sein du Ministère des postes et télécommunications – dans des directions départementales du Ministère de l'équipement labellisées comme pilotes où une comptabilité analytique au spectre plus large venait doubler la vieille comptabilité des travaux et même dans les hôpitaux publics relevant du Ministère de la santé. Dans la plupart de ces cas la comptabilité analytique servait à justifier des prix ou des tarifs : celui des produits postaux au premier rang desquels figurait le

---

1   Décret n°62-1587 du 29 décembre 1962 portant règlement général sur la comptabilité publique.

produit alors vedette qu'était la lettre de moins de 20 grammes, celui des taxes de survol du territoire national par des aéronefs, celui du prix de journée dans les grands services hospitaliers ou encore des travaux effectués par les services déconcentrés de l'État pour le compte des collectivités territoriales en matière d'ingénierie publique.

Clairement la comptabilité analytique était vouée à un usage externe ou plus précisément relationnel. Cela peut surprendre. En effet, elle est habituellement considérée comme un instrument de gestion interne. La comptabilité de gestion (nommée *managerial accounting* en Grande-Bretagne et aux États-Unis), par opposition à une comptabilité dite générale (ou *financial accounting*) est d'abord utile aux actionnaires, aux marchés financiers, aux banques et au fisc par les informations standardisées qu'elle produit, qui présentent aux personnes qui n'y appartiennent pas l'image la plus accessible, sinon la plus pertinente d'une organisation.

L'utilisation externe de la comptabilité analytique dans l'administration française s'est longtemps expliquée par la combinaison d'une vision positiviste du coût et de principes de tarification inspirés de l'idée du juste prix : vision positiviste du coût dans la mesure où prévaut implicitement l'idée selon laquelle il existerait un coût dit ou supposé vrai, le travail de l'analyste étant seulement de le reconnaître ; concept de juste prix dans la mesure où celui-ci est en milieu public celui qui permet de récupérer le prix de revient, ancienne dénomination du coût de revient. Dans une logique où le profit n'a pas de place légitime, la tarification vise à compenser les coûts, dont il faut donc se donner une représentation acceptable qu'on pense alors pouvoir construire par la méthode dite des sections homogènes, qui permet de répartir les coûts indirects. Cette approche française était différente de la méthode américaine en vigueur à l'époque, méthode beaucoup moins raffinée dite de *burden rate*.

Cependant dès la fin des années 1960, ce raffinement français n'empêchait pas les spécialistes en calcul des coûts d'éprouver des doutes profonds sur la signification des chiffres produits tant était peu assuré le respect du parallélisme, nécessaire dans l'idéal, entre la façon dont les différentes charges avaient été engendrées par les produits ou services considérés et la façon dont elles étaient ventilées entre les sections et les produits.

L'augmentation des prix de revient affichés d'une année à l'autre ne faisait guère l'objet de remarques, ce d'autant plus que l'évolution médiocre voire négative de la productivité des services publics était en partie occultée par une inflation à deux chiffres. S'il est toujours ennuyeux pour un gouvernement d'augmenter les tarifs publics des produits auxquels est sensible le grand public, la question n'était pas celle de l'opportunité d'une augmentation mais seulement celle de son niveau. Entre l'irritation provoquée par des hausses de tarifs et la nécessité de tenir l'équilibre budgétaire, par exemple du budget annexe des Postes et télécommunications, de celui de l'Aviation civile, ou de chaque hôpital public, le choix était assez rapidement fait.

Par ailleurs et dès le milieu des années 1980, la comptabilité analytique a une mauvaise presse dans le milieu des dirigeants administratifs des collectivités territoriales. Elle y est assez rapidement qualifiée d'usine à gaz, pour signifier la disproportion existant entre le travail à effectuer pour collecter les informations nécessaires à la production des résultats et l'usage limité voire négligeable que l'on pouvait tirer des résultats en question. Il est probable que le travail en question était surestimé, alors même que celui qu'exigent d'autres instruments de contrôle de gestion comme le recours à un tableau de bord de gestion un peu sérieux demeurait largement sous-estimé (Gibert, 2009). Il est également probable qu'un manque de réflexion préalable sur les attentes que l'on pouvait raisonnablement entretenir à l'égard d'une comptabilité analytique ainsi que sur la pertinence de telle ou telle de ses méthodes – coûts complets ou coûts partiels – constitue une explication des échecs de la mise en œuvre comme des abandons rapides des systèmes mis en place. Il n'en reste pas moins que l'image de la comptabilité analytique était devenue et reste fort médiocre au sein des collectivités territoriales.

Cette situation contraste fortement avec les conclusions que les Chambres régionales des comptes tiraient et continuent encore volontiers de tirer de leurs analyses critiques qu'elles font de la situation des collectivités territoriales, en particulier mais pas seulement d'un point de vue financier. Ces juridictions financières soulignent la nécessité pour les régions, départements et communes de mettre en place des comptabilités analytiques pour améliorer leur gestion. Il convient donc de rechercher où est l'erreur.

Car s'agissant de sa propre gestion, l'État semble faire des petits pas avec une prudente lenteur. C'est seulement en 2012 que le décret sur la comptabilité publique datant de 1962 est modifié par le décret sur la gestion budgétaire et comptable publique, plus connu sous son acronyme de GBCP[2]. Il régularise des pratiques qui, pour beaucoup, étaient des mesures d'application de la LOLF sans bases juridiques solides. En matière de comptabilité analytique il dispose que selon les besoins propres à chaque catégorie de personnes morales publiques il est également tenu une comptabilité analytique. Il est précisé à l'article 59 que celle-ci « a pour objet, […] de mesurer les coûts d'une structure, d'une fonction, d'un projet, d'un bien produit ou d'une prestation réalisée et, le cas échéant, des produits afférents en vue d'éclairer les décisions d'organisation et de gestion ». L'article 166 ajoute que pour les services de l'État « les principes régissant la comptabilité analytique sont fixés par l'article 59 et précisés par arrêté du Ministre chargé du budget à Bercy. Cette comptabilité est tenue par les ordonnateurs. Le ministre chargé à Bercy du budget de l'État et le ministre intéressé arrêtent conjointement la liste des services de l'État ou des opérations soumis à la tenue d'une comptabilité analytique ».

Après un demi-siècle, la volonté de se raccorder à un Plan comptable général (PCG) dans lequel la conception même de la comptabilité analytique a évolué pendant cette période, a fait disparaître l'oxymore du prix de revient – appeler prix un coût apparaît aujourd'hui comme une aberration – et lui a substitué la finalité plus large d'éclairer la décision et la gestion. Quant au rendement, il a disparu corps et biens, ce qui peut paraître étonnant précisément à un moment où l'on n'a jamais autant parlé d'efficience, concept qui lui est en principe proche et tire en bonne partie son succès de l'euphémisation des termes de productivité et de rendement, termes longtemps considérés comme des chiffons rouges par les organisations syndicales de la fonction publique d'État. Pour sa part, l'idée que la comptabilité analytique est une affaire trop sérieuse pour être laissée à la discrétion des ministères dépensiers a résisté au temps alors que des comptabilités analytiques ont été développées dans des services dépensiers sans que le ministère en charge du budget en soit avisé. Avec pour conséquence que les résultats de ces comptabilités analytiques pirates ne sont pas opposables à Bercy.

Les problèmes de fond de la comptabilité analytique restent de deux natures.

---

2   Décret nº 2012-1246 du 7 novembre 2012 relatif à la gestion budgétaire et comptable publique.

Le premier souci a trait à la comptabilité de caisse traditionnelle de l'État : il est en principe désormais résolu. Le second, qui demeure, est partagé avec tous les autres types d'organisations : il a trait aux limites vites atteintes d'un suivi rétrospectif des consommations de ressources au regard d'autres instruments tournés vers la gestion des coûts futurs.

Il est une évidence : la comptabilité budgétaire en termes de dépenses et de recettes est un médiocre point de départ du calcul de coût. Les coûts sont des sommations de charges c'est-à-dire de consommation de ressources, consommation devant être comprise dans son sens étymologique de destruction. La comptabilité budgétaire n'enregistre que des dépenses, c'est-à-dire des sorties de liquidité. La nécessité de suivre les stocks et les encours de production, de cerner les charges à payer, de prendre en compte des dotations aux amortissements, donc de tenir une comptabilité patrimoniale réaliste des actifs, de leur usure et de leur obsolescence, s'impose pour pouvoir cerner correctement des coûts, sans se restreindre à une simple agrégation des dépenses consacrées à tel ou tel service ou produit. Dans des organisations publiques non soumises à l'obligation de tenir une véritable comptabilité générale, l'absence en comptabilité budgétaire de compte tiers retraçant les créances, les dettes et les éléments patrimoniaux aura longtemps constitué une barrière à l'entrée de la comptabilité analytique. Cet obstacle a été levé depuis le décret GBCP de 2012, qui impose à l'État la tenue d'une comptabilité générale en charges et produits. Une grosse partie de la prétendue usine à gaz provenait du travail à effectuer pour intégrer des charges enregistrées normalement dans une comptabilité générale dans le calcul de coût, mais qui devenaient supplétives dans l'articulation avec la comptabilité de caisse qu'est la comptabilité budgétaire. Le problème n'a cependant pas totalement disparu avec la promulgation de ce décret. Il est devenu et reste une question d'alimentation correcte de la comptabilité générale de l'État.

Le second problème de fond des comptabilités analytiques en milieu public dérive du fait qu'elles apportent très généralement peu de munitions pour la résolution des problèmes de gestion.

C'est ainsi que la ville de A se dote d'une comptabilité analytique pour faire face à des difficultés budgétaires constatées par ses dirigeants politiques et administratifs. Ceux-ci ne veulent cependant pas affecter les services rendus à la population. Pour ce faire, la ville confie une mission à un cabinet extérieur qui ne trouve aucune aide dans les informations fournies par le système de comptabilité analytique de la commune, car elles sont trop abstraites, trop centrées sur les coûts de prestation et muettes sur les consommations engendrées par les *process* d'activités. Dans la ville de B, le directeur général des services souhaite mettre en place une comptabilité analytique. Cependant le premier adjoint au maire chargé des finances s'y oppose frontalement. Ce qui l'intéresse, dit-t-il, ce sont les économies importantes à réaliser et non les petites économies. Or à ses yeux les économies importantes comme les coûts futurs résultent de choix portant par exemple sur la création d'un nouvel équipement communal, ou du choix de mettre la gestion des services publics en régie ou en délégation. On ne peut qu'être globalement d'accord avec lui, car ce qui compte en définitive est de gérer les coûts futurs, non de les constater quand il est trop tard pour pouvoir les réduire de façon significative sans déclencher des effets pervers.

LE TROP LONG RETARD
POUR PASSER DU COÛT D'UN PRODUIT
AU COÛT D'UNE DÉCISION

S'agissant de l'aide à la gestion, point opportunément mis en avant et valorisé par le décret de 2012, le propos tenu par l'édile local souligne implicitement l'opposition entre deux logiques différentes que l'on résume habituellement par l'opposition entre coût d'un produit et coût d'une décision. Le coût d'un produit est établi par la somme de toutes les charges censées avoir été engendrées par sa fabrication et éventuellement sa commercialisation, qu'il s'agisse d'un bien matériel ou d'un service. Dans la version dite en coûts complets, ces charges, toujours de toute nature, peuvent avoir été dédiées aux produits et s'intègrent alors dans des coûts directs ou avoir été consommées concurremment par d'autres produits et constituent alors des charges indirectes, ce qui nécessite un critère de répartition – baptisé, suivant les méthodes, unité d'œuvre ou inducteur de coût – pour attribuer sa part à chaque produit. Dans le meilleur des cas, son montant serait parfaitement représentatif de la consommation qui a engendré la charge, idéal inatteignable, car si le critère de répartition était parfait, on aurait affaire à un coût direct ! La faiblesse intrinsèque d'un calcul de coût d'un produit réside donc dans le fait que celui-ci repose sur deux séries de ventilation entachées nécessairement de conventions : une ventilation dans le temps matérialisée principalement par la dotation aux amortissements et aux provisions, et une ventilation dans l'espace en termes de répartition de charges communes entre les produits.

La morale de ce constat attristant serait de conclure que la modernisation par la voie comptable devrait conduire à renoncer à une vision positiviste des coûts, à des références réitérées à un insaisissable coût supposé être le « coût vrai ». Elle incite par voie de conséquence à adopter une vision plus modeste, dans laquelle le coût est un construit reposant sur des conventions qu'il est souhaitable de choisir parmi les moins mauvaises possibles. Cette conception plus modeste suffit à légitimer les coûts utilisés comme base de tarification lorsqu'il est décidé que celle-ci doit couvrir les coûts. En revanche elle n'érige pas nécessairement les coûts d'un produit en outil significatif de gestion, notamment en matière de gestion publique.

Le coût d'une décision résulte de la comparaison entre les effets engendrés par la solution que l'on retient lors d'un choix et ceux de la poursuite de l'existant. L'externalisation d'une activité, l'arrêt éventuel de la fabrication d'un produit, le changement possible d'une technologie et bien d'autres cas de figures entrent dans cette problématique. Le coût d'une décision est par essence contingent. Contrairement à ce que voudrait la conception positiviste du coût d'un produit évoquée ci-dessus, on ne saurait espérer en cerner un montant vrai puisque, à l'inverse des méthodes les plus pratiquées de coûts des produits, il résulte d'un calcul prévisionnel, qui se fonde le plus souvent sur des hypothèses par nature susceptibles de se révéler erronées et qui ne sont valables qu'à un moment donné. Ce sont là ses principales faiblesses. D'un autre côté, l'évaluation du coût d'une décision est par nature un outil de gestion puisqu'il oblige le décideur à préciser et à organiser la vision que lui et ses collaborateurs peuvent avoir des effets des alternatives possibles, et à réduire les incohérences logiques que peuvent engendrer des visions sommaires. En tant que tel il fait donc fonction de réducteur d'incertitude.

Les comptabilités analytiques en coûts complets sont inopérantes pour la prise de décision. L'exemple est bien connu d'un maire qui se voit proposer par un fournisseur des repas à 6 euros pour sa restauration scolaire. Comparant ce chiffre avec le coût de revient actuel de 9 euros de la restauration scolaire assurée en régie dans sa commune, il considère que la décision d'externaliser s'impose d'elle-même. Ce qu'il oublie, ou fait semblant d'oublier, c'est que les 9 euros sont un agrégat de charges variables réversibles comme les denrées et de charges qui ne seront réversibles que sur le moyen ou long terme telles que l'amortissement du matériel utilisé par la cuisine municipale, le coût du personnel non repris par l'éventuel délégataire ou encore le coût des locaux. Sauf dans des cas très simples et très particuliers, les effets d'une décision ne peuvent être chiffrés qu'en tenant compte de la dynamique du changement engendrée par la décision, soit du calendrier d'apparition des dépenses nouvelles et de disparition des dépenses supportées jusque-là. La mise en forme de cette dynamique est le propre des méthodes de choix d'investissement, en particulier celle de la valeur actuelle nette sur laquelle tous les financiers s'accordent. Ces méthodes, notons le, font appel à un raisonnement non en termes de coûts (et de produits) au sens strict du terme déjà évoqué, mais en termes de sorties (et de rentrées) de liquidité, c'est-à-dire à une logique très proche de celle de la comptabilité de caisse.

On voit donc que le souci d'une économicité de la chose publique, c'est-à-dire de la prise en compte de la rareté des ressources, et non pas d'un raisonnement comptable, pauvre slogan trop souvent mis en avant par les tenants d'une ambiguïté qu'ils croient leur être profitable, requiert un changement de paradigme. Ce changement fait passer au premier plan une logique d'anticipation la plus rigoureuse possible des coûts futurs, en lieu et place des constats d'une comptabilité analytique rétrospective dont le potentiel comme aide à la gestion a été et demeure beaucoup trop surestimé dans certains milieux administratifs. Ce changement de paradigme ne résoudrait certes pas tous les problèmes posés par la recherche d'une meilleure efficience, compte tenu des aléas qui s'attachent aux prévisions des charges futures, mais, outre le fait de rompre avec un positivisme illusoire en matière de chiffrage, il aurait le mérite de démythifier, banaliser et répandre l'usage d'une méthode – réservée en général dans le secteur public aux grandes infrastructures – qui oblige à s'interroger sur l'ensemble des conséquences possibles d'une décision, en d'autres termes à préciser la théorie d'action au concret de cette décision.

L'ANALYSE DE COÛTS SANS FRONTIÈRES

Le questionnement sur la valeur ajoutée possible d'une analyse de coûts étant ainsi rappelé, et s'agissant de la France, tout s'est passé depuis un demi-siècle comme si les sphères dirigeantes de l'État avaient pris conscience relativement vite des limites que pouvaient présenter de véritables comptabilités analytiques fondées sur des objets de coûts traditionnels tels que les produits et les éléments de sa structure organisationnelle, et s'étaient engagées dans une fuite en avant en s'orientant plutôt vers des analyses de coûts, par ailleurs pas toujours comptables, qui était de nature à entraîner de façon quasi mécanique la difficulté voire l'impossibilité d'une mise en œuvre efficace.

On peut illustrer cette fuite en avant par le cas des analyses coûts-avantages là où elles ont perduré après la disparition de la RCB, dans la comptabilité analytique hospitalière associée à la tarification à l'activité, dans la comptabilité d'analyse des coûts de la LOLF et le suivi des dépenses fiscales qu'a organisé sa mise en œuvre, et finalement dans la comptabilité de campagne imposée aux candidats aux élections présidentielles ou législatives.

Certains secteurs comme celui des infrastructures de transports sont toujours soumis à des méthodes d'évaluation *ex ante*. Dans ces situations, les analyses de type coûts-avantages valorisent la partie couvrant les coûts proprement dits, c'est-à-dire les effets négatifs, aussi bien que les effets positifs (gain de temps, diminution des accidents, etc.). Les coûts à prendre en considération dépassent le plus souvent et de loin les consommations de ressources que l'investissement projeté demande à l'investisseur pour englober l'ensemble des conséquences négatives qu'entraînerait l'action projetée pour toutes les parties qu'elle affecterait directement ou indirectement. Par exemple, pour la faune et la flore touchées par la construction d'une autoroute, ou pour les habitants vivant au voisinage de nouvelles pistes d'aéroport. Le point de vue sociétal se substitue alors au point de vue traditionnel de l'organisation qui s'engagera éventuellement dans une telle action. Or c'est le point de vue des effets de l'investissement pour l'organisation, ou pour tel ou tel département administratif ou service technique qui l'envisage, qu'on retient de façon systématique dans les méthodes usuelles de choix d'investissement, et non celui qui dépasse les frontières de l'organisation. L'analyse coûts-avantages élargit à l'infini, du moins en théorie, la recherche des conséquences. S'en suit pour l'organisation publique une réelle difficulté à chiffrer les coûts (tout comme pour les avantages) et la multiplication des biais qui peuvent s'attacher à leur estimation.

En matière hospitalière, la comptabilité par Groupes homogènes de malades (GHM), qui s'inspire fortement des *diagnosis related groups* (DRG) en usage aux États-Unis, a été conçue en France au début des années 1980, soit dès la mise en place du budget global des hôpitaux, comme une approche remplaçant le système de prix de journée. Elle ne sera généralisée que beaucoup plus tard, par le Plan hospitalier 2007, lors de la mise sur pied du financement hospitalier par la tarification à l'activité. Cette mesure induit une réforme majeure du mode de financement des hôpitaux. Dans la tarification à l'activité c'est l'identité des objets de la comptabilité analytique qui pose problème. En effet l'appartenance d'un malade à un GHM requiert un enregistrement rigoureux des données qui le concernent. Le financement de l'hôpital dépend du nombre de malades traités pondéré par les types de GHM dans lequel chaque patient a été classé. Le bon fonctionnement du système repose donc d'une part sur la bonne qualité du groupeur, soit de l'application informatique qui classe les malades, et d'autre part sur la capacité à dissuader les opérateurs de succomber à la triche et à la fraude, par exemple en classant indument les malades dans des catégories reconnues nationalement comme plus coûteuses donc plus payantes en terme de budget de l'établissement. Un tel dysfonctionnement fausse le *case mix*, c'est-à-dire le poids relatif des différents GHM dans l'activité totale d'un hôpital donné. Cette dissuasion ne peut s'appuyer sur la seule crainte de voir ternie la réputation de l'établissement par un *case mix* peu flatteur, qui donne un poids excessif par exemple aux appendicectomies avec complication par rapport aux appendicectomies simples. Elle nécessite également un système d'audit performant. En d'autres termes, la complexité du système provient de la conjonction entre d'une part les défauts traditionnels d'une facturation faite sur la base des coûts et d'autre part l'accumulation des coûts non sur un objet classique mais sur un objet défini par les ressources qui lui sont normalement consacrées, donc par un financement fondé sur des coûts normatifs.

LA COMPTABILITÉ D'ANALYSE
DE COÛTS DE LA CAC
Un apport à la démocratie
beaucoup plus qu'à la gestion

Promulguée le 1er août 2001, la LOLF a donné naissance à une comptabilité d'analyse des coûts dite CAC. Aux termes de l'article 27 de la LOLF, l'État tient une comptabilité des recettes et des dépenses budgétaires et une comptabilité générale de l'ensemble de ses opérations. En outre, il met en œuvre une comptabilité destinée à analyser les coûts des différentes actions engagées dans le cadre des programmes. L'article 51 de cette loi organique dispose que les projets annuels de performance incluent la présentation des actions et des coûts associés. Ceux-ci doivent également être présentés dans les RAP. La LOLF porte sur les objets budgétaires que sont les programmes et actions. Dans le décret promulguant la GBCP, cette CAC est soigneusement distinguée de la comptabilité analytique.

Voilà pour le droit positif. Pourtant, sur le plan conceptuel, la CAC est bien une comptabilité analytique, dans la mesure où elle vise à répertorier les charges et aussi les dépenses globales attribuables à un programme ou à une action, que ces charges soient directes ou non par rapport à l'objet considéré. En fait le parlementaire scrupuleux peut trouver dans les annexes budgétaires pas moins de six réponses différentes à une question aussi simple que de savoir combien coûtera ou combien a coûté pendant un exercice budgétaire telle ou telle action. Une illustration parmi des centaines est fournie par le tableau 5 à propos des actions intitulées « sécurité et sûreté maritimes du programme 205 ; sécurité et affaires maritimes, pêche et aquaculture », lesquelles relèvent de la mission de l'État couvrant l'écologie, le développement et la mobilité durables.

	Loi de finances initiale (en crédits de paiement)		
Approche en termes de dépenses	Crédits directs	Après ventilation interne	Après ventilation externe
	29 050	32 151	153 141
	Réalisé		
Approche en termes de dépenses	Crédits directs	Après ventilation interne	Après ventilation externe
	26 397	30 362	161 708

TABLEAU 4 – Combien cela va-t-il coûter ou combien cela coûte-t-il
pour l'action 205-01 portant sur la sécurité
et la sûreté maritime (en milliers d'euros).
Sources : les PAP et RAP pour 2016 (les ventilations internes
sont celles opérées entre actions d'un même programme,
les ventilations externes sont opérées entre programmes différents).

De surcroît ce parlementaire trouvera, mais seulement au niveau du programme et du RAP, une indication des charges directes consommées par le programme, c'est-à-dire de son coût direct établi selon l'orthodoxie comptable : ainsi pour l'ensemble du programme 205, 157 millions d'euros contre 158 millions pour les dépenses directes. Cet écart s'explique par les dépenses d'investissement de classe 2 (6 milliards d'euros) qui figurent dans les dépenses directes mais pas dans les charges directes. Inversement, les charges comptables comprennent des charges sans effet sur la consommation des crédits : dotations aux amortissements à hauteur de 4 milliards et 1 milliard de provisions pour litiges. On notera au passage que l'information publiée dans les annexes budgétaires est doublement en retrait par rapport à ce qu'elle était il y a quelques années quand des coûts complets, charges directes et indirectes réunies, étaient donnés pour chaque action.

Malgré sa technicité, la comptabilité d'analyse des coûts ne devrait pas être considérée comme un sujet intéressant les seuls initiés. Son importance paraît sur le moment considérable pour le débat démocratique et politique. En effet elle touche à la réalité de l'équilibre des pouvoirs entre le pouvoir exécutif et le pouvoir législatif au sommet de l'État, et de plus en matière budgétaire. Elle enrichit l'information dont dispose le Parlement sur la destination des crédits demandés pour la loi de finance primitive, comme sur la destination réelle des ressources consommées par le gouvernement pour la loi de règlement.

Les crédits affectés à un programme par le projet de loi de finances renseignent en réalité peu ou pas du tout sur l'importance des ressources dont disposera le responsable du programme si le Parlement suit le gouvernement dans son projet. Le fait que les crédits de personnel sont par exemple souvent concentrés dans un programme de soutien au motif que les agents peuvent travailler pour plusieurs programmes mais qu'ils ne peuvent être divisés entre plusieurs actions ou programmes dans le budget, a pour conséquence que les crédits affectés à un programme peuvent ne constituer qu'une faible portion – jusqu'à moitié moins – des ressources mises à sa disposition. La chose est encore plus vraie des actions de décomposition de premier niveau des programmes pour lesquelles le total des ressources – après imputation des ressources indirectes – qui peuvent représenter trente fois le seul montant des crédits affectés (Gibert, 2012). La réponse à la question « où passe l'argent public ? » à laquelle la LOLF était censée apporter une contribution majeure serait donc impossible ou faussée si l'on n'avait trouvé un palliatif à cet état de fait. La CAC est ce palliatif.

Parmi les motifs invoqués à l'appui de leur recours en annulation du premier budget voté en mode LOLF, les parlementaires avaient intégré le caractère trompeur des dépenses affectées à certaines des politiques. C'était le cas en particulier pour la mission du gouvernement couvrant l'écologie et le développement durable. Dans son mémoire en défense, le pouvoir exécutif soulignait que la ventilation d'une politique sur une autre, figurant grâce à la CAC dans les projets annuels de performance, permettait de pallier les inévitables biais pouvant survenir dans la prise en compte des seules dépenses directes. Le Conseil constitutionnel ne s'est pas réellement aventuré sur ce terrain. Il a choisi d'exercer un contrôle minimal en le faisant entrer dans la sanction éventuelle d'une erreur manifeste d'appréciation. Par la suite il semble qu'aucun recours des parlementaires n'ait plus invoqué ce type de motif.

Un juge qui se montre peu exigeant dans son interprétation de la loi organique à l'égard de l'exécutif, et des parlementaires d'opposition qui invoquent des motifs d'annulation en s'appuyant sur la discipline demandée au gouvernement comme ils essaieraient n'importe quel autre type de motifs : on retrouve là des traits déjà notés à propos des politiques transversales du gouvernement. Tout prouve le faible effet des disciplines managériales institutionnalisées. Changer les règles de droit et les procédures formelles en espérant modifier les pratiques des acteurs reste un espoir souvent vain.

LES DÉPENSES FISCALES OU LE CONSTRUCTIVISME
POLITICO-ADMINISTRATIF EN ACTION

Les documents annexés au projet de loi de finances comme à la loi de règlement appliquent également la logique d'analyse des coûts à ce qu'il est convenu d'appeler les dépenses fiscales.

Datant des années 1970 ce terme de dépense fiscale est attribué à Stanley S. Surrey alors Secrétaire adjoint du Trésor américain. Il est utilisé pour désigner des dépenses cachées, en ce sens que l'État se prive de recettes pour remplir des missions qui, poursuivies par le moyen de crédits, auraient un impact sur les dépenses budgétaires. L'OCDE pour sa part nomme provisions du droit fiscal ces dépenses fiscales, réglementations ou pratiques réduisant ou reportant l'impôt dû pour une petite partie des contribuables par rapport au système fiscal de référence. Les dépenses fiscales sont selon les cas appelées allégements fiscaux, subventions fiscales ou encore aides fiscales (Schick, 2007) ainsi que, pour certaines d'entre elles et de façon polémique dans le débat public en France, niches fiscales.

Un fondement traditionnel de l'explicitation du volume des dépenses fiscales est la recherche de la transparence budgétaire et le désir de ne pas traiter de façon trop asymétrique deux modes alternatifs d'action publique : la dépense proprement dite et l'incitation fiscale. Une dépense proprement dite doit être financée par un crédit, en général limitatif, inscrit au budget, qui est détaillé programme par programme. À l'inverse, en agissant par la voie de l'incitation fiscale, le législateur vote une disposition particulière, sur la base sans doute d'un coût estimé. En fait il ouvre une ligne de crédit déplafonnée. Dans les annexes aux lois de finances, les dépenses fiscales font l'objet aussi bien d'une estimation d'un montant prévisionnel s'agissant des PAP que d'une indication des montants réels s'agissant des RAP.

Un exemple parmi d'autres est fourni par le programme intitulé « patrimoine » qui désigne la mission de l'État en faveur de la culture. Ce programme avait vu ses crédits consommés en 2016 s'élever à 859 millions d'euros alors que ses dépenses complètes furent de 1 287 millions d'euros. Or il s'était vu affecter pour la même année un montant de dépenses fiscales de 257 millions d'euros, quatorze dépenses fiscales l'étant à titre principal telle que l'imputation sur le revenu global sans limitation de montant des déficits fonciers qui étaient supportés par les propriétaires de monuments historiques classés, inscrits ou assimilés, pour les immeubles bâtis, et dont le montant était estimé à 43 millions.

De manière plus générale, le montant des dépenses fiscales telles qu'elles sont estimées par l'État recèle un enjeu considérable. Leur montant global était estimé à 99,8 milliards en 2018, engendrés par 457 mesures.

La prise en compte des dépenses fiscales imputées à un programme peut complétement modifier la vision donnée de son coût. Ainsi, dans le programme 123 qui couvre les « conditions de vie outre-mer » du projet de budget pour 2018, la demande de crédits de paiement pour l'année s'élevait à 787,7 millions d'euros de dépenses directes, alors que l'estimation des dépenses fiscales concernant ce programme inscrites au PAP s'élevait pour sa part à 3,96 milliards, soit cinq fois plus.

Les dépenses fiscales traduisent des renoncements de la part de la puissance publique. Elles constituent en fait des coûts d'opportunité. Compte tenu de l'unité budgétaire de l'État, ce type de coût entraîne l'une ou plusieurs des quatre conséquences suivantes : des baisses de dotations par l'État, des augmentations de bases ou de taux d'imposition fiscale, l'accroissement du déficit budgétaire, ou encore, mais le cas reste théorique et très exceptionnel en ce qui concerne la France, une diminution de l'excédent budgétaire. Le mix entre ces diverses modalités d'ajustement au renoncement à certains montants de recettes s'opère au final au niveau de l'ensemble du budget de l'État. Traduite en langage comptable, une dépense fiscale peut donc être assimilée à un crédit provisionnel affecté à un programme. Cette ressource présente au moins deux particularités par rapport aux crédits traditionnels.

D'une part, ce crédit est de nature provisionnelle et non limitative. Sauf revue systématique annuelle de la fiscalité, il n'est pas au premier euro comme est censé l'être le budget de l'État. Ce faisant, et même si elle constitue une innovation instrumentale, la procédure de la dépense fiscale reste en la matière et pour l'essentiel dans une sorte de maintien de ce qu'étaient les services votés dans le régime de l'ordonnance organique de 1959[3]. En effet les services dits votés constituaient une procédure budgétaire qui était devenue une routine au fil du temps et à laquelle la LOLF avait mis fin en 2001 en ce qui concerne les crédits budgétaires à proprement parler. Les services votés représentaient environ 90 % des crédits du budget de l'État. L'espace de discussion qui était dévolue au Parlement se trouvait par conséquent très fortement réduit.

D'autre part, sur un plan managérial, la ressource qui est ainsi constituée est très peu maîtrisable par le responsable en charge du programme concerné par une dépense fiscale. Le seul levier d'influence qui lui est vraiment disponible paraît être celui que fournit la façon dont il gère sa politique de communication externe. Soit son enjeu est d'assurer la notoriété de la mesure dans le cas où il convient de promouvoir l'incitation créée par la dépense, soit à l'inverse son parti pris est d'assurer la plus grande discrétion possible lorsque le désir de maîtrise relative du déficit budgétaire l'emporte sur l'objectif supposé de la mesure en cause.

Au total et malgré tout, l'initiative d'inscrire des dépenses fiscales dans les annexes budgétaires reste un intéressant vecteur de progrès. Cependant, dans les faits, elle se heurte à plusieurs limites qui nuisent sérieusement à la crédibilité des chiffres avancés et à l'opportunité réelle de la mesure. Ces limites sont de trois types. Elles méritent une attention précise. La première renvoie au périmètre des dépenses fiscales qui est retenu, la deuxième a trait à la fiabilité de l'imputation à un programme d'un type de dépenses fiscales, la troisième concerne l'évaluation des montants en cause.

Le périmètre des dépenses fiscales contribue à limiter l'innovation instrumentale.

Pourtant et à première vue, tel ne paraît pas être le cas. Une annexe au budget dédiée à ce sujet précise que les dépenses fiscales s'analysent comme des dispositions législatives ou réglementaires dont la mise en œuvre entraîne pour l'État une perte de recettes et donc, pour les contribuables, un allégement de leur charge fiscale par rapport à ce qui

---

3   Ordonnance n° 59-2 du 2 janvier 1959 portant loi organique relative aux lois de finances.

serait résulté de l'application de la norme, c'est-à-dire des principes généraux du droit fiscal français[4]. Certes elle souligne que le fait de qualifier une mesure de dépense fiscale suppose de se référer à une législation de base à laquelle elle dérogerait. Il n'y a coût d'opportunité que si l'on se fonde sur une référence claire, ce qui est le cas. De même signifier que la norme n'est pas définie de façon intangible, qu'elle est susceptible d'évoluer en fonction de la législation nationale ou communautaire ne prête pas à discussion, ce dans la mesure où le coût du renoncement en règle générale change chaque fois que les possibilités alternatives d'un choix se modifient, apparaissent ou disparaissent. Cependant le bât blesse quand il est indiqué que la qualification de dépense fiscale résulte d'une observation des faits et d'une interprétation *a posteriori* des intentions du législateur.

Le cas est flagrant en matière de taxe à la valeur ajoutée. L'annexe de 2018 indique que dès lors que l'application de taux réduit de TVA ne résulte pas d'une obligation communautaire, c'est le caractère incitatif de l'application du taux réduit qui déterminera si la mesure est classée ou non en dépense fiscale. En principe sont traitées comme des règles générales, c'est-à-dire exclues des dépenses fiscales, les dispositions qui, pour l'ensemble des contribuables visés, contribuent à rendre supportable cet impôt sur la consommation ou qui ont pour effet de préserver l'accès de tous à certains produits ou services. C'est le cas des taux réduits de TVA destinés non pas à stimuler un secteur ou un comportement, mais visant la consommation de certains produits de base. Il s'agit en particulier de l'alimentation ou des médicaments pour lesquels l'application d'un taux réduit relève d'une logique générale et redistributive.

Considérer de tels taux réduits comme des dépenses fiscales serait par conséquent une mesure purement artificielle et antinomique au regard des critères qu'en 2003 le Conseil des impôts avait définis. En d'autres termes les réfactions de TVA à des fins sociales sont exclues du périmètre des dépenses fiscales. Jusque-là l'argument est encore clair, même si l'on pourrait rétorquer que la fiscalité redistributive est une forme alternative à d'autres formes de redistribution engendrant des dépenses budgétisées. En revanche l'indication suivante de ce même Conseil des impôts selon laquelle par extension plusieurs taux de TVA

---

4   Annexe au projet de loi de finances pour 2018. 2017. *Évaluation des voies et moyens. Tome II : dépenses fiscales.*

réduits procèdent de cette logique et ne sont pas considérés comme des dépenses fiscales, notamment celui sur les livres ou encore sur les services de transport public, laisse l'observateur averti particulièrement perplexe. D'autant plus que cette « extension » concerne aussi le taux réduit qui s'applique aux œuvres d'art, aux objets de collection et aux antiquités, tous types de biens qui, plus encore que les livres, ne présentent que des rapports lointains avec les produits de base tels l'alimentation et les médicaments. On peut également noter que de nombreux produits de loisirs plus ou moins culturels qui bénéficient de taux réduits de TVA tels que théâtre, cirque, spectacle de variétés, cinéma et parc à décors animés, sont exclus des dépenses fiscales. Ce qui a pour conséquence de faire grandement sous-estimer l'effort fait par le pays et le coût réel qui en résulte pour les programmes qui entrent dans le cadre de la mission culturelle de l'État. S'il est normal que, comme le rappelle l'annexe de 2018, toute mesure impliquant une perte de recettes pour le budget de l'État ne soit pas une dépense fiscale, le périmètre des dépenses fiscales semble malgré tout entaché de considérations opportunistes qui ont peu à voir avec l'effort de cerner véritablement le coût d'opportunité des choix fiscaux.

Une deuxième limite significative à la modernisation par l'imputation de dépenses fiscales à un programme concerne la fiabilité de cette imputation.

Dès la mise en œuvre de la LOLF, la décision est prise d'imputer une dépense fiscale à un seul programme à titre principal. C'est ce programme qui se voit imputer l'intégralité du montant estimé de la dépense fiscale, d'autres programmes pouvant se voir imputer la dépense fiscale à titre secondaire pour ordre, c'est-à-dire sans qu'aucun montant de la dépense ne leur soit attribué. Or l'attribution d'une dépense à un programme dépend d'une part de la manière dont est identifié l'objectif de la mesure fiscale considérée, ce qui renvoie aux intentions qui en la matière ont animé le législateur, et d'autre part à la façon dont ces intentions se traduisent quant au rattachement de l'enjeu qui est celui du législateur à un programme spécifique.

Cette façon de procéder soulève un double problème. Le premier est celui de l'authenticité de l'objectif réellement poursuivi. En effet l'objectif explicite ou affiché peut occulter des objectifs latents ou implicites beaucoup plus décisifs dans le choix du législateur. Un exemple assez récurrent est celui de la création d'une incitation à consommer qui cacherait en fait un simple soutien aux entreprises d'un secteur donné. Les étiquettes affichées ne sont pas nécessairement des indicateurs fiables de l'enjeu qui est en réalité traité. Le second problème est celui de l'imputation d'un objectif à un programme. Comme rappelé plus haut, le découpage des programmes de la loi de finances a été effectué à partir de considérations de logique organisationnelle bien davantage qu'à partir d'une priorité donnée à la meilleure finalisation possible de l'action publique.

Une troisième limite concerne la façon dont est valorisée la dépense fiscale.

Dans chaque RAP figure en exergue de la présentation des dépenses fiscales un avertissement à la fois honnête et inquiétant quant à la signification des chiffres avancés. Il s'énonce comme suit : « Le niveau de fiabilité des chiffrages de dépenses fiscales dépend de la disponibilité des données nécessaires à la reconstitution de l'impôt qui serait dû en l'absence des dépenses fiscales considérées. Par ailleurs, les chiffrages des dépenses fiscales ne peuvent intégrer ni les modifications des comportements fiscaux des contribuables qu'elles induisent, ni les interactions entre dépenses fiscales ».

Ici encore le traitement de la TVA fournit un exemple aisé à comprendre. Ainsi, si un taux réduit de TVA à 5,5 % s'applique à un volume d'achat hors taxes réalisés de 100 millions d'euros, la dépense fiscale est estimée par la différence entre le taux normal de 20 % et le taux réduit de 5,5 % multipliée par le volume d'achat hors taxes. Elle se montera donc à 14,5 millions. L'ennui ou la complexité est que de nombreuses réductions de taux sont censées être incitatives. Elles visent à faire adopter par les consommateurs des comportements différents de ceux qu'ils auraient eus avec un taux normal. Or et de façon plus générale, la limite de fond renvoie au fait que tout se passe comme s'il existait une contradiction logique fondamentale entre des dégrèvements fiscaux à objectifs incitatifs et la façon dont le coût d'opportunité pour les finances publiques est calculé. Si l'on préfère, l'hypothèse implicite derrière le calcul est celle d'un impact nul de l'incitation ! Certes il convient de reconnaître que l'évaluation de cet impact pour chacune des dépenses fiscales concernées serait un travail considérable. Il n'en reste pas moins que ce fait, si on le rapproche du caractère insatisfaisant de nombreux indicateurs rendant prétendument compte de la performance, confirme que les annexes budgétaires dites de performance publique sont très loin de cerner et de mesurer cette performance publique.

Cette dernière limite de la modernisation par le recours à de nouveaux instruments tels que la comptabilité analytique ou ceux proches de sa logique est regrettable en soi. En même temps elle laisse *a priori* toute son utilité à un autre instrument, l'évaluation *a posteriori* de politiques proprement dites, sujet abordé plus en détail dans la même partie.

LES COMPTES DE CAMPAGNE
Contrôle et analyse de coûts sont-ils compatibles ?

La question des comptes des campagnes électorales et de leur contrôle peut être rapprochée des développements de l'analyse de coûts publics hors des champs traditionnels. C'est là un sujet qui a été fortement médiatisé à l'occasion des élections présidentielles, même s'il en déborde pour s'appliquer *mutatis mutandis* aux élections législatives.

Suite aux élections présidentielles de 2012 un candidat, Nicolas Sarkozy, s'est vu rejeter son compte de campagne par l'autorité compétente, la Commission nationale des comptes de campagne et des financements politiques, agence indépendante aux termes de la loi qui l'a instituée. Cette décision était motivée par le constat qu'un dépassement significatif du plafond de dépense autorisé par la loi avait été constaté après examen des documents financiers (Commission nationale des comptes de campagne et des financements politiques, 2016). Elle a privé le candidat du remboursement de frais par l'État auquel il aurait sinon pu prétendre. Cette décision ainsi que la révélation ultérieure de dépenses supplémentaires non incorporées dans le compte de campagne et prises en charge par le parti qui avait soutenu la campagne électorale de Nicolas Sarkozy ont fait converger des critiques sur cette commission indépendante.

Dans la foulée des élections présidentielles de 2017, mais cette fois-ci après que la Commission nationale des comptes de campagne et des financements politiques avait approuvé les comptes de campagne finançant un autre candidat, Emmanuel Macron, une autre salve de critiques a été adressée à l'encontre de la décision prise par cette agence indépendante (Commission nationale des comptes de campagne et des financements politiques, 2018). Elle est nourrie par la révélation médiatique que le candidat nouvellement élu aurait bénéficié de prix d'amis pour certaines prestations, qui pourraient être assimilés à des avantages à incorporer dans le compte ainsi qu'à des financements non déclarés et/ou illégaux de la part de personnes morales.

De premier abord le problème relève plutôt de la théorie et des pratiques de comptabilité générale, ce bien plus qu'il ne renvoie à une question de comptabilité analytique. En fait il est dans les deux cas d'une tout autre nature. Au départ et à la base se situent des objectifs ou enjeux d'ordre démocratique ou même idéologique. Si la loi limite le plafond des dépenses autorisées par les candidats à l'élection présidentielle et si un remboursement par l'État d'une partie importante de ces dépenses est instauré, il s'agit d'éviter une course à l'argent dans ce processus électoral, donc de faire en sorte que les candidats les plus aptes à collecter des fonds très importants ne bénéficient pas d'un avantage concurrentiel décisif et ne deviennent redevables aux puissances d'argent (Commission nationale des comptes de campagne et des financements politiques, 2016). C'est pour cela qu'il est interdit aux personnes morales – à l'exception des seuls partis politiques – telles que les entreprises et leurs groupements professionnels de faire des dons en espèce ou en nature, et que les dons des personnes privées sont limités à un montant relativement faible de quelques milliers d'euros. Car il est attendu que le financement public instauré fera l'affaire.

La mise en œuvre de ce dispositif institutionnel et financier se révèle en fait des plus délicates. Ici encore la délimitation du périmètre que couvre l'objet apparaît difficile. La loi a certes réglé arbitrairement la limite de temps puisque les dépenses sont à prendre en compte à compter d'un an avant l'élection et jusqu'à la veille du dernier tour de scrutin auquel le candidat est présent. Pourtant demeure la question des types de dépenses rattachables à la campagne par rapport à celles qui doivent en être exclues. La normativité apparaît puisque toutes les charges ne peuvent être incorporées dans le compte de campagne. Les frais d'expertise comptable liés au compte sont incorporables. Par contre les frais engagés à l'occasion de contentieux liés à la campagne ne le sont pas, car ils sont considérés comme relevant d'une catégorie spécifique de la nomenclature, les dépenses indirectes ou collatérales, qui est pour sa part exclue. Les frais financiers pour leur part sont intégrés, mais pas ceux facturés par les partis politiques qui soutiennent le candidat et lui ont prêté de l'argent, à moins que ces partis ne fassent que transférer des frais financiers qu'ils ont dû payer. La notion de coût d'opportunité des fonds pour les partis est complètement ignorée dans un tel cas de figure. Les dépenses engagées par le candidat pour sa participation à une primaire ne doivent pas être comptabilisées s'il s'agit d'une primaire fermée, mais doivent l'être s'il s'agit d'une primaire ouverte, l'idée étant selon le Conseil d'État que les dépenses du candidat relatives à ces dernières « doivent être regardées comme engagées en vue de l'élection » (Commission nationale des comptes de campagne et des financements politiques, 2016). Les charges « relevant du fonctionnement habituel du parti et qu'il aurait dû régler s'il n'y avait pas eu d'élection ne pourront faire l'objet de remboursement et seront considérées comme des concours en nature ou des apports du parti (cas des dépenses de locaux, d'usage d'équipements et de personnel permanent) » (Commission nationale des comptes de campagne et des financements politiques, 2016). On constate ici la dichotomie qui existe entre un raisonnement en coût complet s'agissant des dépenses à inscrire dans le compte et un raisonnement en termes de coût marginal pour les dépenses remboursables par l'État.

Il apparaît donc une double normativité liée à la double finalité du système qui vise à assurer une certaine égalité des candidats, soit une considération idéologique, et à prévoir des remboursements de l'État fondés sur des coûts comparables sinon des coûts vrais. Le paradoxe du contrôle en la matière est qu'habituellement les contrôleurs doivent dépister des coûts exagérés ou indus lorsqu'ils examinent des comptes destinés à justifier une facturation au coût de revient, ce qui est un cas classique des acheteurs publics face à un fournisseur monopolistique, ou des coûts sous-estimés tels que ceux liés à des finalités de lutte contre le dumping ou les ventes à perte. En revanche ils n'ont pas à s'intéresser simultanément à ces deux travers à la fois. Or la Commission nationale des comptes de campagne et des financements politiques pour sa part se voit assignée cette double tâche. Une sous-facturation ou une facturation oubliée est à combattre. Car elle peut se traduire par le caractère purement formel du respect de plafond de dépenses autorisé, soit 16,851 millions d'euros pour les candidats présents au premier tour et 22,509 millions d'euros pour les deux candidats présents au second tour. Il en va de même de l'interdiction faite aux personnes morales de financer un candidat. Une surfacturation est à combattre car elle peut engendrer des remboursements indus de la part de l'État.

Bref la Commission nationale des comptes de campagne et des financements politiques œuvre dans un contexte qui est celui d'un *double bind* ou d'une double contrainte. Pour qu'il n'y ait pas de sous-facturation, il convient que les prix du marché soient respectés. Or existe-t-il vraiment des prix du marché, par exemple pour des locations de salle, alors que règne partout ou presque, notamment pour les transports collectifs et pour l'hospitalisation, le principe de *yield management* ou gestion des capacités. Celle-ci vise précisément à faire disparaître le prix du marché et toute référence que l'on pourrait y faire quand l'existence de capacités engendrant d'importants coûts fixes permet de différencier le prix selon l'acheteur, ce dès l'instant où le coût marginal de ce qui est offert, souvent faible, est couvert.

LA PRIMAUTÉ DE LA MAÎTRISE
À COURT TERME DES DÉPENSES

Au final, dans quelles conditions la comptabilité analytique est-elle donc à son aise ?

La pratique publique montre sans ambiguïté qu'elle l'est quand son travail est d'imputer des charges grâce à des critères de répartition sur des objets aux frontières claires, sur des objets ou des éléments de la structure organisationnelle de l'État. La structure organisationnelle à laquelle elle s'applique doit être bien circonscrite en termes d'objets et les éléments qui sont concernés doivent impérativement être nettement définis. Dit autrement, un produit A n'est pas confondu avec un produit B. Le département C se distingue du département D ou du département E : il n'existe pas de recoupement entre eux.

De ce point de vue, la comptabilité d'analyse des coûts ou CAC cumule les handicaps et les difficultés.

Elle fait le choix un peu anachronique de ventiler des dépenses indirectes que justifierait la recherche d'une simplicité dont la nécessité n'existe plus depuis longtemps en raison des calculs informatisés servant aux ventilations (Gibert et de Lavergne, 1978). Elle souffre de chiffrer des programmes aux statuts ambigus, plus marqués par les considérations organisationnelles que par la structuration des objectifs. L'affectation des dépenses fiscales quant à elle reste fortement dépendante de la reconnaissance d'une intention déclarée. La comptabilité des campagnes électorales préconise des règles très normatives de séparation entre ce qui est électoral et ce qui ne l'est pas, en particulier pour le Président de la république sortant lorsqu'il est candidat.

Plus que les limites évidentes à l'ensemble de ces analyses de coût d'un nouveau genre, c'est le pourquoi de leur apparition qui est significatif.

Les trois cas de figure que sont le CAC, l'affectation des dépenses fiscales et les dépenses électorales visent à chiffrer la consommation de ressources entraînée par la mise en œuvre d'une intention, par la poursuite d'un but. Cette posture n'a de sens que si la liaison entre les moyens consommés et les intentions auxquelles la consommation des moyens peut être effectuée sans entraîner trop de jugements arbitraires, ce qui est loin d'être le cas notamment pour ce qui concerne les dépenses fiscales ou les dépenses électorales. Pour ce qui concerne les dépenses fiscales les allègements peuvent avoir été accordés pour des motifs non reconnus, les objectifs latents à satisfaire étant différents des objectifs explicites affichés ou bien avoir été promulgués pour satisfaire plusieurs buts à la fois. Et pourtant ils font systématiquement l'objet d'un rattachement principal et chiffré à un seul programme, le cas échéant de rattachements secondaires mais non chiffrés à un ou plusieurs autres programmes.

L'attitude de l'État à l'égard des coûts apparaît doublement paradoxale.

En premier lieu il reconnaît le concept de coût d'opportunité dans des franges de son système de suivi de la performance tout en en faisant abstraction dans nombre de mesures qu'il adopte. De façon plus générale tout se passe comme si la volonté de contenir ou de réduire les dépenses l'emportait, et de loin, sur celle de gérer les coûts. En d'autres termes les préoccupations budgétaires l'emportent nettement sur les préoccupations de gestion.

En matière de recours à la comptabilité analytique, une remarque importante concerne la posture qu'adopte l'appareil politico-administratif de l'État à l'égard du coût d'opportunité. En effet elle apparaît pour le moins ambiguë.

D'un côté, au niveau le plus élevé, cette instrumentation semble être prise en compte. Il arrive même qu'elle reçoive le soutien affiché sinon convaincu des gouvernants, du gouvernement comme des parlementaires. C'est ainsi qu'une annexe au projet de loi de finance présente chaque année l'ensemble des dépenses fiscales, lesquelles de surcroît apparaissent également dans chacun des programmes auxquelles elles sont rattachées. Cependant, notamment lorsqu'une loi ou une réglementation nouvelle impose du travail supplémentaire à une ou plusieurs administrations de l'État, elle ne s'accompagne pas toujours, loin de là, du fait de donner à celles-ci les moyens, en particulier humains, adaptés pour y faire face. Or, sauf à supposer que le travail puisse être absorbé par une mobilisation de personnels jusque-là sous-utilisées ou que ce personnel acceptera une surcharge par rapport à la situation de départ, de tels cas étant volontiers mis en avant par les syndicats, un coût d'opportunité serait à prévoir et à prendre sérieusement en compte. Ce coût peut prendre la forme d'un travail de moindre qualité sur certaines des activités existantes ou une diminution de certaines d'entre elles.

Certes, du moins d'un point de vue théorique, le système budgétaire résultant de la mise en œuvre de la LOLF incite à tenir compte des nouvelles activités engendrées par des textes nouveaux aussi bien dans la loi de finance initiale pour la justification des crédits dont le vote est demandé au Parlement que dans la loi de règlement pour la justification des écarts constatés entre dépenses effectives et crédits votés au budget initial. C'est même là une conséquence directe du principe de la justification au premier euro. Néanmoins tout dépend des négociations budgétaires pour le budget primitif comme des budgets supplémentaires intervenant en cours d'année. D'autre part, tout ceci intervient après la décision.

Ce genre de coût d'opportunité devrait être identifié dans les études d'impact des projets de lois et de réglementations. La loi organique de 2009[5] réclame précisément que soit identifiée l'évaluation des conséquences tant économiques et financières que sociales et environnementales, ainsi que celle des coûts et bénéfices financiers attendus des dispositions envisagées pour chaque catégorie d'administrations publiques et de personnes physiques et morales intéressées, en indiquant la méthode

---

5   Loi organique n° 2009-403 du 15 avril 2009 relative à l'application des articles 34-1, 39 et 44 de la Constitution.

de calcul retenue. Or l'examen des études d'impact réalisées paraît en la matière le plus souvent d'une légèreté aussi grande que regrettable.

On ne peut à ce stade s'abstenir de faire un rapprochement avec les carences habituelles de l'État en matière stratégique.

Si on extrait le concept de stratégie du contexte concurrentiel dans lequel il constitue le choix de la façon de tenter de dominer la concurrence (Porter, 1985), la capacité stratégique n'est plus que la liste des priorités que des organisations s'assignent à moyen terme. Mais c'est déjà beaucoup. Le problème pour une institution publique ne réside pas dans la nature et le choix de ses priorités, mais dans leur corollaire obligatoire que sont les renoncements relatifs ou absolus auxquels une véritable priorisation contraint tel ministère ou tel service d'une organisation publique. Si l'État peut énoncer des priorités, il est très difficile à ceux et à celles qui l'incarnent d'assumer des renoncements. Ce travers récurrent se manifeste aussi bien dans les grandes déclarations stratégiques que dans les anticipations plus ou moins bien faites de décisions plus ponctuelles.

Contenir la dépense n'a rien à voir avec gérer les coûts. Les mesures de restrictions budgétaires n'ont pas grand-chose à voir avec la gestion de coûts. Seule cette dernière relève d'un raisonnement en termes d'efficience, les mesures de restrictions fiscales relevant du raisonnement par masses. L'efficience et les coûts qui en sont une des illustrations les plus ambitieuses rapportent des volumes d'outputs à des consommations de moyens, ou font l'inverse pour ce qui concerne les coûts à proprement parler.

Les charges supportées par l'État sont fonction de neuf grands inducteurs (CRE, 2017) :

— ses champs d'intervention,
— les modes d'action publique,
— le degré d'intégration verticale des activités publiques,
— l'intensité capitalistique et l'utilisation de la technologie,
— les choix de qualité et de contrôle,
— l'organisation et le management de l'action publique,
— le régime de travail des agents publics et notamment le temps de travail,
— la qualification et l'expertise du personnel,
— la quantité d'output à fournir.

Si l'on raisonne dans un champ approximable, par exemple à un programme de la structure budgétaire, le premier des inducteurs disparaît. Restent les huit autres. La restriction budgétaire – le *retrenchment* des anglo-saxons – consiste la plupart du temps à demander à un responsable de faire la même chose avec moins de ressources. L'idée qu'il y arrivera sans effet pervers repose sur une hypothèse des plus optimistes. En effet la diminution des ressources va se traduire par des ajustements, qui peuvent être opérés aussi bien au niveau national qu'au niveau des services déconcentrés, dont on ne sait pas sur lequel de ces inducteurs ils vont agir.

Si l'ajustement se fait par une réorganisation ou par la mise sur pied de *process* plus efficients sans que soient touchés les autres inducteurs, ou si un nouveau mode d'action plus économique pour l'État et tout aussi efficace que celui utilisé jusque-là est mis sur pied, tout est bien. Mais il s'agit là de cas relativement peu probables, en tout cas dans le court terme. D'autres conséquences du *retrenchment* sont possibles : par exemple une mise sous tension plus grande du personnel, c'est-à-dire un travail plus intense, chose dont les syndicats se plaignent souvent sans apporter toujours des éléments de preuve de sa réalité, mais qui au-delà d'un certain seuil pose des problèmes d'admissibilité. Il peut également se produire une diminution de la qualité des prestations fournies, admissible si l'on fournissait jusque là une sur-qualité, critiquable dans le cas inverse. Peut aussi intervenir une externalisation du travail à faire sur les usagers, qu'ils admettent plus ou moins bien. Enfin peut se produire une diminution du volume des réalisations ou activités dans le domaine touché par la restriction budgétaire : moins de contrôles routiers, moins de patrouilles de police, un accueil plus sommaire du public, etc.

En aucun cas la seule restriction des dépenses n'est un gage d'amélioration de l'efficience. Car les ajustements les plus probables à telle restriction mettront en cause les outputs des programmes concernés, qui plus est de façon non maîtrisée si la restriction instituée laisse la responsabilité des ajustements à opérer aux services territoriaux. La politique de limitation de la dépense a ainsi des coûts cachés qui interdisent qu'on l'assimile à une recherche d'efficience. Ces coûts cachés constituent des coûts d'opportunité de la restriction budgétaire.

LA CONTRACTUALISATION
OU LA CENTRATION
D'UN INSTRUMENT

L'État est lié par un réseau extrêmement dense de contrats avec de multiples parties prenantes. On peut en distinguer trois types.

Le premier fait référence aux contrats que sous le nom de marchés publics l'État passe avec ses fournisseurs, dans des conditions souvent très formelles pour ne pas encourir de reproche de favoritisme ou de non-respect de la concurrence.

Le deuxième concerne les innombrables traités ou accords passés avec d'autres États de la planète.

Le troisième, qui constitue le sujet du présent chapitre, couvre la contractualisation des rapports que l'État entretient avec d'autres personnes publiques ou même avec certaines des entités qui le composent.

Cette floraison contractuelle semble paradoxale, car elle paraît s'opposer à la vision traditionnelle d'une puissance publique agissant de façon unilatérale, maniant l'injonction, ordonnant, se servant de façon préférentielle de son pouvoir hiérarchique ou de la tutelle qu'il impose aux autres composantes du système public. Cette contradiction apparente a fait conclure certains auteurs (Halpern, Lascoumes et Le Galés, 2014) à l'existence d'une catégorie dite « État contractuel » parmi les modes de gouvernance publique. Le recours à la contractualisation date d'un demi-siècle. Les modalités de sa pratique comme les attentes des différentes parties prenantes à son égard ont pu évoluer sur la longue période.

De fait la contractualisation apparaît comme une vieille lune, la doctrine étatique ayant hésité à trancher entre une ambition managériale et une préoccupation de maîtrise budgétaire avant que celle-ci ne triomphe. Aujourd'hui, si la finalité de la contractualisation pour l'État est claire, on ne peut déchiffrer sa portée réelle qu'en partant de la réalité des contrats pour en déduire, moyennant l'hypothèse de rationalité de leurs auteurs et une acception de la contingence, leurs rôles latents pour les entités contractant avec l'État.

UNE VIEILLE LUNE

L'usage par l'État de la contractualisation dans ses rapports avec d'autres personnes morales ou à l'intérieur même de son périmètre d'action ne date pas d'hier. Dans les années 1970 il concernait d'abord les entreprises publiques. Des contrats de programmes ont été passés entre 1969 et 1974, suivis de contrats dits d'entreprise entre 1978 et 1981, et prolongés par des programmes dits de plan à partir de 1982.

Une des fortes attentes des entreprises publiques était non pas de voir supprimée la tutelle de l'État, actionnaire souvent unique durant ces années, mais de pouvoir bénéficier d'une tutelle plus concentrée, c'est-à-dire d'un ensemble de consignes émanant de l'État et s'imposant à la direction générale de chacune d'entre elles, à charge pour elles de la répercuter dans l'ensemble de leur organisation. Cela en vue de remplacer une tutelle morcelée à l'extrême et intervenant de façon quasi quotidienne sur des problèmes ponctuels auprès de nombreux services des entreprises publiques. En d'autres termes ces dernières caressaient l'espoir que soit mis fin à des interventions multiples voire désordonnées de chefs de bureaux d'administration centrale qui faisaient pression sur tel ou tel service dans le règlement de problèmes qui n'avaient dans l'ensemble rien de stratégique.

L'attente, qui fut d'ailleurs partiellement satisfaite, était de substituer une relation globale entre l'État et l'entreprise à des relations de fait entre des services spécialisés de nombreux ministères et des services divers des entreprises publiques, autrement dit de substituer une véritable tutelle à une ingérence permanente d'acteurs multiples (Anastassopoulos, 1980).

Dès les années 1970 l'expérience du recours aux contrats était déjà menée au Ministère de l'équipement pour structurer les rapports entre son administration centrale et ses directions départementales pilotes, c'est-à-dire au sein même de la personne morale appelée État. Il est d'ailleurs piquant de noter qu'à la fin des années 1980 une nouvelle expérience de contractualisation entre l'administration centrale de l'équipement et ses directeurs départementaux fut menée par sa direction du personnel. Curieusement elle le fut dans l'ignorance des mesures prises en 1970 : les organisations d'État font parfois preuve d'une déroutante propension à l'amnésie !

Par la suite la contractualisation s'est étendue aux collectivités territoriales sous la forme en particulier de contrats de plan. Dans cette configuration elle s'effectue à nouveau entre personnes morales différentes et, suite à la politique de décentralisation lancée dès la mi-1981, entre des personnes morales égales en ce sens que l'une, l'État, n'exerce plus de tutelle sur l'autre, la collectivité territoriale.

Mutatis mutandis, et quelques années plus tard, le développement de la contractualisation entre l'État et les universités, qui prône l'autonomie de ces établissements publics, aurait pu ou dû s'appuyer sur la même logique. Le principe de la contractualisation a été repris par la loi n° 2007-1199 du 10 août 2007 relative aux libertés et responsabilités des universités, des contrats ayant déjà été passés avec elles dans les années précédentes. Or cela n'a été que médiocrement le cas. Les principales raisons de ce demi-échec tiennent autant à la dilution du pouvoir dans les universités qu'au dualisme marqué qui règne en leur sein entre la gouvernance des élus et l'administration, cette dernière étant traditionnellement très attachée aux liens directs avec les bureaux du ministère, voire confondant sans déplaisir tutelle et hiérarchie.

UN RÉTRÉCISSEMENT DE L'AMBITION DANS LA DOCTRINE ÉTATIQUE

En 2001 la Délégation interministérielle à la réforme de l'État (DIRE) prend une initiative nouvelle. Cette délégation assumait à l'époque la charge de la modernisation non financière de l'État, alors qu'une direction considérée dès le départ comme temporaire, la Direction de la réforme budgétaire (ou DRB), exerçait sa juridiction sur la mise en œuvre de la LOLF, donc sur la modernisation financière du même État.

La DIRE publie un guide de la contractualisation (Direction inter-ministérielle à la réforme de l'État, 2001) qui assigne à celle-ci quatre types de finalités :

- garantir une meilleure visibilité de l'action publique,
- privilégier une logique de résultats plutôt qu'une logique de moyens,
- responsabiliser les acteurs,
- utiliser le management participatif associant le niveau d'exécution aux décisions.

Ce guide s'inscrit, au moment de sa rédaction, dans la droite ligne de la logique mise en avant à l'occasion du vote de la LOLF par le Parlement français. Il met l'accent, pour les différents niveaux de responsabilité de l'État, sur le passage d'une logique de moyens à une logique de résultats. Il intègre manifestement l'idée héritée d'une approche qui avait connu son heure de gloire quelques années auparavant et qui portait le nom de Direction participative par les objectifs (DPPO), approche qui était elle-même une version française du management par objectif (*management by objectives* ou MBO). La DPPO avait notamment été affichée par la Direction des transports terrestres du ministère chargé des transports à l'époque de la RCB à la fin des années 1960. Le MBO postulait qu'il n'y a pas de gestion par objectif possible sans une association sérieuse des différents niveaux hiérarchiques à la fixation des types et des niveaux d'objectifs qui les concernent. L'accent est donc clairement managérial en ce sens qu'est soulignée l'extrême proximité de la contractualisation avec le mode de gestion interne des entités co-contractantes de l'État plutôt que la seule reconnaissance d'un degré d'autonomie à l'entité, c'est-à-dire à sa seule direction générale. En d'autres termes, s'agissant de la contractualisation, celle-ci n'est pas réduite à un document censé lier l'État et un de ses partenaires. Elle est conçue comme un vecteur de réforme du management des co-contractants impliqués.

Succédant au guide rédigé par la DIRE, la Direction du budget du Ministère des finances publie quant à elle un guide des Contrats d'objectifs et de performance (COP) qui dans sa version disponible se montre nettement plus concis et plus centré sur son objectif prioritaire (Direction du budget, 2016).

Ce guide de Bercy définit la contractualisation comme un mode efficace de pilotage d'une politique publique dans le cadre de l'exercice de la tutelle de l'État sur les organismes publics. Son objet est de formaliser les relations entre deux entités, soit en l'espèce l'État et l'organisme public. En fait il est centré sur le problème des opérateurs de l'État, concept nouvellement apparu et qui se trouve en concurrence avec les qualificatifs juridiques traditionnels employés jusque-là tels que ceux d'établissements publics administratifs, d'établissements publics industriels et commerciaux ou encore d'établissements à caractère scientifique professionnel et culturel lesquels englobent notamment toutes les universités et associations, voire avec le concept d'agence qui pour sa part a été mis en avant par le Conseil d'État dans une perspective de différenciation organique caractérisée à la fois par l'autonomie des agences et la nécessité d'intégrer les politiques publiques.

Chose essentielle, ce contrat avec les opérateurs prescrit par Bercy fait transparaître la prédominance de l'optique budgétaire sur toute autre logique. Avec un paradoxe apparent de prime abord : il n'y est qu'exceptionnellement question des moyens, comme si l'État vu depuis les bureaux de Bercy ne semblait pas, au motif de l'annualité budgétaire, désireux de s'engager sur les ressources qu'il fournira sur le moyen terme à ses co-contractants, mais bien davantage soucieux de limiter les risques de dérives financières des opérateurs, de faire remonter des informations susceptibles d'assurer une tutelle plus réelle, et d'alimenter les documents de performance du budget de l'État. En diffusant les contraintes de la LOLF au-delà de la seule personne morale qu'est l'État, on pourrait presque conclure que la contractualisation vise à assurer un remembrement de l'État là où le Conseil d'État pour sa part refuse de considérer que les agences en sont des démembrements.

La sphère publique française regorge désormais de contrats. C'est ainsi que les Agences régionales de santé passent des contrats avec les hôpitaux de leur région, que le Ministère chargé de l'enseignement supérieur signe des contrats avec les universités et maintenant avec les communautés d'universités, ou encore que le Ministère de la culture utilise l'instrument de la contractualisation avec les grands établissements qui dépendent de lui.

La contractualisation s'est généralisée ces dernières années. Au regard de sa montée en puissance, la variété de ses appellations est secondaire.

Elle traduit davantage une sédimentation des procédures que des différences profondes, même si des nuances notables existent entre les divers
types de montage tels que les contrats d'objectifs et de performance, les
contrats d'objectifs et de moyens, les contrats pluriannuels d'objectifs
et de moyens, les contrats d'objectifs, les contrats de performance ou
encore les conventions d'objectifs et de gestion.

Le terme de contrat doit être ici compris comme étant une procédure
d'un type particulier dans les liens qu'elle établit entre les parties prenantes. Ainsi que le rappellent avec insistance les juristes, les contrats en
question ne le sont pas vraiment d'un point de vue strictement juridique.
Ainsi leur inexécution n'est pas susceptible de recours. Qui plus est,
une partie non négligeable d'entre eux est passée entre une personne
morale et elle-même : c'est ainsi le cas mentionné plus haut entre une
administration centrale et un service déconcentré de l'État, ou le cas des
contrats entre la direction et les services à l'intérieur d'un hôpital public.

Le concept de contrat est utilisé dans l'administration française
s'inspire en réalité de la déjà ancienne DPPO, avatar elle-même du
management by objective, qui est née dans le secteur privé, contexte économique où les objectifs de rentabilité, de profit, de ventes et de production
étaient très généralement plus faciles à énoncer et à faire approprier par
les acteurs que ne le sont les objectifs très hétérogènes du secteur public.
Par la suite la DPPO fut modernisée dans le secteur privé par le développement d'une méthode dite des *balanced scorecards* traduite en langue
française par les termes de tableau de bord prospectif ou stratégique
(Kaplan et Norton, 1997). Cette méthode fut aussi adoptée dans les
dernières décennies par nombre d'États sous des noms divers : gestion
de la performance, culture ou gestion des résultats, etc.

La très grande majorité des grandes entreprises font de la DPPO sans
en utiliser le terme et sans formaliser les résultats de la discussion sur
les objectifs à atteindre par le biais de contrats signés entre les parties
prenantes. Si des accords ou des désaccords sont enregistrés par ces parties,
l'expression de contrat moral peut rendre compte de leur engagement
réciproque, mais de signature point. Dans un tel contexte le système de
gestion n'emprunte pas de forme juridique. Dans de très nombreuses
entreprises pratiquant une forme ou une autre de management par
objectifs ou de DPPO, ces signatures ne sont généralement pas requises,
le terme de contrat n'étant utilisé que sous une forme métaphorique.

Or, dérive bureaucratique aidant, il n'en va pas de même pour ce qui concerne son usage par l'administration française. Ici la contractualisation pousse plus loin les principes d'explicitation et de formalisation en faisant s'engager les parties prenantes par des signatures en bonne et due forme. Peut-être faut-il y voir un désir des instigateurs de la contractualisation publique de marquer l'innovation que représente la contractualisation par rapport au fonctionnement traditionnel des administrations dans lequel les relations hiérarchiques ou de tutelle sont très fortes et la dissymétrie des rôles affirmée. Elle exprimerait ainsi tout à la fois une forme de modernité, un renoncement au mythe de l'État tout puissant et la recherche de la publicité d'un consensus entre l'État et la partie de lui-même avec lequel il contracte.

La contractualisation peut également reposer sur le postulat selon lequel l'exécution d'un contrat auquel on a souscrit motive davantage que la simple exécution d'un ordre ou d'une directive auquel on se soumet, fut-ce de bon gré, idée déjà présente dans le management par objectif, mais aussi sur la croyance selon laquelle la signature d'un document est la manifestation la plus achevée d'un accord sur son contenu.

Par son caractère formel la contractualisation exprime la recherche de sécurisation des deux parties en présence. L'État espère bénéficier d'une meilleure assurance que ses attentes sont bien comprises et ne seront pas déçues. Il signifie aussi sa volonté de se doter d'un moyen de lutte contre l'asymétrie d'information dont souffre traditionnellement le sommet d'une organisation par rapport à ses organes opérationnels. Le co-contractant pour sa part peut à la fois rechercher l'assurance de recevoir pendant la durée du contrat les moyens qui lui sont nécessaires, et espérer que les attentes de l'État étant explicitées au contrat, les interventions fréquentes et souvent ponctuelles de la hiérarchie ou de la tutelle, qu'il s'agisse de consignes, de demandes d'information ou autres, diminueront fortement.

Pourtant la lecture des contrats rendus publics laisse l'observateur attentif quelque peu perplexe quant à l'utilité que peut présenter l'exercice de la contractualisation en tant que méthode contribuant à la modernisation de la gestion publique en France.

Dans un rapport thématique consacré au sujet, la Cour des comptes se montre sceptique sinon franchement sévère (Cour des comptes, 2011). À première vue elle se déclare favorable au principe selon lequel le développement des contrats d'objectifs entre l'État et ses opérateurs et des lettres de missions à leurs dirigeants constitue une modalité de pilotage stratégique conforme aux principes de la LOLF. Mais le constat de ce que sont les pratiques la conduit à souligner les limites de ces contrats. Elle note par exemple que le contrat de performance entre l'État et le musée d'Orsay à Paris s'apparente « plus à un plan stratégique cautionné par l'État qu'à la philosophie d'un contrat d'objectifs et de moyens dans lequel il y a une relation directe entre les objectifs et les moyens mis en œuvre ». Elle remarque que le gouvernement promeut des contrats d'objectifs et de performance qui excluent tout volet en termes de moyens. Le cadrage financier n'est pas intégré dans la définition des objectifs et dans la mise en œuvre des politiques publiques évoquées par les contrats de performance et d'objectifs. Plus généralement le rapport de la Cour des comptes souligne que la mise en œuvre de la LOLF n'a pas rééquilibré la relation entre la tutelle et les opérateurs.

CONTINGENCE ATTENDUE
ET CONTINGENCE LATENTE DES CONTRATS

Les magistrats de la rue Cambon se situent dans une optique qui voit avant tout dans le contrat un moyen de contrôle. Or, si cette posture se révèle peut-être efficace quand il s'agit d'éviter des dérives budgétaires, elle l'est très nettement moins quand il s'agit de mettre les différents cosignataires au service des politiques publiques plutôt que de les laisser poursuivre leurs propres stratégies.

Si la contractualisation se voit dotée de la fonction essentielle de substituer une véritable relation quasi-contractuelle entre la volonté de l'État et son partenaire à une relation hiérarchique ou de tutelle traditionnelle, il est souhaitable que deux conditions essentielles soient respectées. D'une part l'élaboration du contrat doit être interactive plutôt que de rester essentiellement du ressort de l'un des co-contractants. D'autre part un véritable dialogue de gestion doit être instauré qui ne se limite pas à l'envoi par l'établissement à l'État de résultats accompagnés de commentaires superficiels et redondants avec les chiffres.

Dans le cas, très différent, où la contractualisation est conçue d'abord comme un moyen de renouvellement de la tutelle, en particulier pour lutter contre l'asymétrie d'information dont souffre l'État par rapport aux metteurs en œuvre de sa politique – qui sont souvent ses propres opérateurs – l'interactivité est moins nécessaire, en particulier quand il s'agit d'organiser la remontée d'informations que l'État a demandé dans le cadre du contrat. On est plutôt dans une logique de figures imposées à laquelle doit se soumettre le co-contractant. Ce dernier avance des propositions raisonnables et qui en même temps demeurent souvent vagues. L'État les accepte le plus souvent comme témoignage de l'autonomie qu'il reconnaît à son co-contractant ou qui est affirmée par les textes.

D'une manière générale, si l'on fait l'hypothèse que les co-contractants font preuve d'un minimum de rationalité et que par ailleurs aucune des deux parties ne souffre en son sein d'une absence de gros problèmes d'expertise en ce qui concerne le contrôle de gestion, la confection des objectifs et le passage de ceux-ci aux indicateurs, les caractéristiques concrètes du contrat sont de nature à renseigner sur sa ou ses finalités réelles tant les qualités normales d'un contrat sont contingentes à la finalité qu'on lui assigne.

Lorsque le contrat est signé entre un établissement et plusieurs de ses tutelles, il n'est pas rare, bien au contraire, que celles-ci portent des visions et émettent des attentes sinon contradictoires du moins différentes envers lui. Un exemple bien connu des initiés est celui concernant l'Agence de l'environnement et de la maîtrise de l'énergie. Il est alors compréhensible que le contrat fasse œuvre de codification, c'est-à-dire de rassemblement au sein d'un même document de normes, d'attentes et de principes qui sont pourtant déjà énumérés par ailleurs par des lois, décrets circulaires instructions et autres documents divers, quitte à devoir opérer des ajustements entre eux quand ce rassemblement fait apparaître des contradictions. La contractualisation apporte dans de tels cas une valeur ajoutée, ceci même si le contrat ne précise pas nettement et par le détail quelles vont être les orientations de l'établissement, ses priorités et ses ambitions exactes.

En revanche dans un contrat conclu entre une seule tutelle et un établissement, la redondance entre les développements du contrat et des textes divers qui lui préexistent peut contribuer à le dévaloriser en le faisant apparaître comme le flacon nouveau d'un vieux contenu.

Lorsque la contractualisation vise pour l'essentiel à instaurer une délégation renforcée au profit d'un établissement, il apparaît normal que la performance attendue de l'établissement soit mise sous contrôle par un petit nombre d'indicateurs se situant plutôt vers l'impact dans la chaîne de production publique. Il s'agit en effet alors de passer d'une logique de moyens ou plutôt de comportement à une logique de résultats, alors que le contrôle très pointilleux et détaillé opéré par ailleurs par l'État se révèle en contradiction avec celle-ci. En revanche lorsque la contractualisation est conçue d'abord et avant tout comme un moyen de renouvellement de la tutelle et comme un outil destiné à faire diminuer l'asymétrie d'information, il faut s'attendre à une mise sous contrôle par un plus grand nombre d'indicateurs se situant bien davantage en amont, soit au niveau des seuls moyens ou activités dans la chaîne de production publique, et non pas au niveau des résultats ou de la valeur engendrée par ces activités au regard de la finalité que les politiques publiques assignent à cet établissement.

Par ailleurs quand la mise sur pied d'un contrat obéit à une volonté de contribuer formellement à la modernisation de la gestion publique, l'observation des pratiques montre que l'on doit s'attendre à ce que le contrat inclue des indicateurs qui reposent principalement sur les informations déjà contenues dans les systèmes d'information existants. Or la recherche d'une novation réelle dans le pilotage de l'établissement nécessite au contraire et sauf hasard exceptionnel que le contrat se dote d'indicateurs reposant sur des capteurs nouveaux.

Arrêtons-nous un instant sur un exemple, celui du COP qui a lié l'Agence nationale d'amélioration des conditions de travail (ANACT) et l'État de 2014 à 2017. Il met en évidence un type d'appropriation de la contractualisation, tenant compte des environnements dans lesquels se situe le co-contractant mais aussi des limites à l'efficacité de ce genre d'exercice.

L'ANACT est un établissement public placé sous la tutelle du Ministère en charge du travail. Elle est dotée d'un conseil d'administration tripartite composé de représentants des organisations d'employeurs, des syndicats de salariés et de l'État. Elle voit son action démultipliée par vingt-six associations régionales, les ARACT qui sont des organismes de statut de droit privé. Ces ARACT sont financées conjointement par l'État – plus précisément par deux guichets différents, l'ANACT et les Directions régionales des entreprises, de la concurrence, de la consommation, du travail et de l'emploi – et par les budgets des conseils régionaux. Elles sont gouvernées par des conseils d'administration paritaires qui réunissent des représentants d'organisations d'employeurs et de salariés. L'ensemble du système présente donc un double type de partenariat, entre l'État et organisations professionnelles, et entre l'État et les collectivités territoriales, en l'occurrence les régions. C'est dire la sensibilité politique d'un tel montage.

L'ANACT a fait l'objet d'un sévère référé émis le 31 août 2011 par la Cour des comptes. Celle-ci soulignait la tendance de cette agence à « l'élargissement de ses sujets d'intervention, une approche généraliste des sujets ainsi que les difficultés à formaliser les acquis et à les diffuser auprès des cibles principales que sont les petites entreprises du secteur marchand ». La Cour regrettait que l'agence s'occupe de tous les domaines touchant à la vie des entreprises et au-delà. Elle notait comme conséquence un niveau d'expertise tout relatif en particulier dans le domaine de l'ergonomie, alors que les recrutements étaient majoritairement composés de spécialistes de sciences sociales. Le référé rejoignait des conclusions qui avaient été formulées par le Ministère du travail et par un rapport de son Inspection générale des affaires sociales (IGAS). Il insistait sur la nécessité qu'il y avait pour l'agence de se recentrer sur son cœur de métier et de formaliser ses acquis ainsi que de les diffuser auprès de son public prioritaire. Il regrettait que, dans son contrat de progrès en cours avec l'État, elle ait certes tenu compte des demandes de ce dernier rapport, mais avec au moins partiellement la conséquence de neutraliser des priorités avancées à la suite d'une très intense concertation préalable. L'explication avancée par la Cour à cette décentration des missions endossées par l'ANACT tenait au poids du réseau national des agences régionales que leurs financements régionaux orientaient plutôt vers les politiques d'emploi que vers l'amélioration des conditions de travail.

Face à ces critiques réitérées, le nouveau contrat conclu pour la période 2014-2017 fait figure de cas d'école. La finalisation de l'action de l'ANACT s'opère à trois niveaux. Ses orientations stratégiques fixées sont au nombre de deux. À l'intérieur de chacune de ces deux orientations, les priorités formulées sont au nombre de six. À l'intérieur de ces priorités, le nombre d'objectifs opérationnels s'élève à seize. Quant aux indicateurs de performance associés à ces priorités, il s'élève au total à treize. Comprendra qui voudra !

Le diagnostic inclus dans le nouveau contrat révèle que les critiques de l'État central sont bien enregistrées. Ainsi est-il indiqué que « les champs d'intervention du réseau et le ciblage de la nature des actions et des publics restent encore trop imprécis en raison notamment de la grande variété des projets construits » et il est mentionné que l'on note « dans certains cas un éloignement progressif du marché du travail ».

Néanmoins, si les priorités des pouvoirs publics sont bien rappelées dans le contrat, elles apparaissent quelque peu affadies par la vision large de l'activité affichée dès le départ. « Il s'agit, quel que soit le sujet travaillé, d'intégrer les questions des conditions de travail dans une approche large et ouverte qui invite à réexaminer les organisations du travail et à conduire des actions en étroite interface avec les politiques de l'emploi ». Quant aux grands mots d'ordre tels qu'efficacité, efficience, synergie et cohérence, qui sont censés être les priorités du moment de l'action publique étatique, ils sont évoqués mais sans précision particulière comme s'il s'agissait d'y adhérer symboliquement.

La lecture du contrat révèle qu'il y est payé un tribut assez important aux demandes de l'État au niveau de l'affichage des objectifs stratégiques, un peu moins au niveau des objectifs opérationnels censés les décliner et beaucoup moins au niveau des indicateurs dits de performance. Le tableau ci-dessous est évocateur à cet égard.

Orientations startégiques	Hisser les conditions de travail au rang des facteurs de performance et de compétitivité des entreprises		
Priorités startégiques	Concentrer les activités de l'Anact sur l'amélioration des conditions de travail	Faire monter les acteurs de l'entreprise en compétence sur les questions de management du travail	Orienter le processus de production des méthodes et des outils pour répondre aux attentes des cibles

Objectifs opérationnels	Favoriser et accompagner les expérimentations en matière de qualité de vie au travail. Renforcer encore la prévention des risques profession-nels et encourager les politiques de promotion de la santé au travail. Prévenir la pénibi-lité pour favoriser un maintien durable en emploi.	Enrichir la forma-tion initiale d'un volet « conditions de travail ». Mobiliser la formation continue.	Mieux prendre en compte les attentes des TPE-PME. Développer des actions en direc-tion des branches et de certains secteurs d'activité. Développer des actions au niveau des territoires. Assurer une mission de veille et d'étude sur les enjeux des condi-tions de travail.
Indicateurs	Part du temps opérationnel consacré aux trois théma-tiques prioritaires. Mise à disposi-tion de kits pour chacune des trois thématiques prio-ritaires sur anact.fr. Nombre de dia-gnostics relatifs à la pénibilité réalisés au sein du réseau. Nombre de chan-tiers relatifs à la qualité de vie au travail accom-pagnés au sein du réseau.	Formation ini-tiale : nombre de réfé-rentiels modifiés ou labellisés. Formation conti-nue : nombre d'expé-rimentations (dans le champ du management) conduites avec des entreprises ou en partenariat avec des acteurs relais.	Pourcentage d'actions longues conduites ayant donné lieu à une évaluation de son impact six mois après sa clôture. Production bien-nale d'un docu-ment multimédia de référence sur les initiatives TPE-PME en matière d'amélioration des conditions de tra-vail et des CVT. Production d'un « lu pour vous » sur les recherches et tra-vaux d'études sur des sujets émer-gents en matière d'amélioration de CT et de CVT.

Orientations startégiques	Accompagner le réseau dans son repositionnement		
Priorités startégiques	Renforcer le positionnement stratégique de l'Anact par des partenariats cohérents	Mieux faire réseau pour gagner en visibilité, en lisibilité et en efficacité	Réussir l'évolution de l'Anact
Objectifs opérationnels	Créer un cadre national favorable aux partenariats, y compris pour les partenariats régionaux. Développer des partenariats cohérents aux niveaux national et territorial.	Améliorer le processus de programmation dans une double logique ascendante et descendante. Mieux piloter et animer le réseau. Adapter le système d'information pour faciliter les échanges d'informations et de bonnes pratiques.	Enrichir la politique de ressources humaines Renforcer le pilotage financier de l'Anact
Indicateurs	Part des chantiers du réseau s'inscrivant dans un partenariat national ayant donné lieu à une convention	Part des ressources (financières et temps-homme converties financièrement) consacrées à l'activité en réseau	Pourcentage de la masse salariale consacrée à la formation. Part des ressources dans le budget de l'Anact provenant des partenariats nationaux.

TABLEAU 5 – Présentation cartographique des orientations, objectifs et indicateurs du contrat de progrès de l'Agence nationale de l'amélioration des conditions du travail pour la période entre 2014 et 2017.

On peut constater que l'établissement rend compte de l'exécution du contrat surtout au moyen d'indicateurs d'activités, dont un certain nombre sont de type déclaratif et difficilement contrôlables par la tutelle. Ils sont en outre situés au mieux en amont des objectifs opérationnels, présentent des problèmes sérieux de mesure et cernent des activités bien davantage que des réalisations ou des effets ou des impacts de l'action de l'ANACT. Le reporting à la tutelle est donc largement décalé par rapport aux objectifs affichés (Benzerafa et Gibert, 2016). La référence à la performance n'a plus guère de signification.

L'explication d'un tel état de fait apparaît clairement dans ce cas de figure. Il s'agit de renforcer la légitimité d'un organisme, l'ANACT, qui est par ailleurs difficile à mettre en cause en raison des particularités de sa gouvernance tripartite au niveau national et ancrée dans un réseau de collaboration entre État et régions. Le contrat est donc assez largement un exercice rhétorique visant à donner à l'ensemble des parties prenantes une image acceptable de l'orientation de l'organisme, et d'afficher une rationalité procédurale à la mode plutôt qu'une orientation stratégique ferme. Le tout se fait d'ailleurs sans que l'État et les services ministériels prennent un engagement financier à terme à l'égard de leur co-contractant.

L'ÉVALUATION DE POLITIQUES
OU LA NORMALISATION
D'UN INSTRUMENT

L'évaluation est un instrument de pensée et d'action en matière de pilotage de l'action publique qui s'est principalement construit et développé aux États-Unis entre les années 1920 et 1970. Elle y est conçue comme un jugement porté sur la responsabilité des autorités politiques et administratives, jugement qui s'appuie sur l'identification et l'explication rigoureuses des impacts et des effets de leurs politiques.

Deux points sont essentiels à la pratique de l'évaluation. Les politiques évaluées concernent des domaines précis et des problèmes sociaux bien définis, par ailleurs les évaluateurs travaillent en toute indépendance.

Une nouvelle façon de penser l'action publique par un écosystème de la connaissance se nourrit d'approches dites de *public policy*. Plus spécifiquement leur apport à l'évaluation comme instrument appliqué à la conduite de l'action publique relève de deux registres différents et étroitement liés.

L'un est de fond. Pour évaluer une politique dans tel domaine, par exemple la démocratisation de l'accès à l'enseignement supérieur par le recours à des bourses publiques, il est indispensable de mobiliser les apports des recherches qui ont pu être ou sont menées par les sciences sociales dans le domaine de l'éducation. Elles permettent de mieux baliser l'évaluation à mener.

L'autre est de méthode. Les disciplines académiques fournissent un éventail très large d'approches applicables à l'évaluation telles que l'enquête d'opinion, l'expérimentation en vraie grandeur, l'interview en profondeur ou encore l'analyse statistique. Un large appel est fait au savoir et au savoir faire de disciplines relevant notamment mais pas exclusivement des sciences sociales telles que la sociologie, la science politique et l'économie.

Des apports majeurs sur ces deux registres sont notamment faits par de grandes figures universitaires américaines (Spenlehauer, 2016). À leurs yeux l'évaluation comme instrument visant à susciter une amélioration de l'action publique exige des connaissances et des approches spécifiques tenant à la nature proprement publique des organisations et des politiques.

Le champ d'opportunité de l'évaluation est d'autant plus vaste qu'elle recouvre une multitude de variétés de types d'études. On peut ainsi en distinguer quatre principales (Stufflebeam, 2001). Les pseudo-évaluations se définissent par défaut, puisqu'elles privent d'une façon ou d'une autre les publics de l'appréciation objective des effets et des valeurs d'une politique concernée à laquelle ils ont droit. Les quasi-évaluations, qui, orientées par des questions de méthodes, ont tendance à rétrécir le champ de l'évaluation. Les approches évaluatives positivistes orientées vers l'amélioration des situations et la redevabilité cherchent à évaluer pleinement le mérite et la valeur d'un programme, en faisant l'hypothèse qu'elles traitent d'une réalité sous-jacente. Enfin les approches de type agenda social et plaidoyer traitent de catégories sociales défavorisées auxquelles elles souhaitent donner plus de pouvoir. Elles favorisent l'approche constructiviste et utilisent essentiellement des méthodes qualitatives.

L'évaluation des politiques se diffuse rapidement dès les années 1960 aux États-Unis tant au niveau fédéral qu'à celui des états fédérés. Elle forme ses spécialistes dans des filières de haut niveau créées au sein des meilleures universités du pays. Ainsi la fondation Ford finance la mise en place de six *graduate schools* de *public management* ou de *policy analysis*, lesquelles offrent un *curriculum* totalement original (Thoenig, 1976). Des institutions indépendantes de réflexion civique et de défense de causes publiques recourent également à des analystes spécialisés en évaluation pour appuyer leurs jugements et argumenter leurs propositions sur une base empirique solide. Même des associations proches du patronat comme l'*American Enterprise Institute* et de partis comme le Parti démocrate – le fameux *think tank* appelé *Brookings Institute* – ont recours à ce nouvel instrument. Les résultats de leurs travaux s'inscrivent au cœur de débats publics sur des sujets les plus divers, allant de la protection d'espèces rares de chouettes à l'instauration d'un impôt négatif pour les ménages.

Par ailleurs plusieurs pays européens eux aussi commencent à s'équiper de nouvelles capacités en matière d'évaluation (Thoenig, 2001). C'est également le cas d'institutions internationales telles que la Banque mondiale, l'Organisation mondiale de la santé, ou encore l'Organisation des nations unies pour l'alimentation et l'agriculture.

En un demi-siècle l'évaluation traverse des âges différents sur la scène internationale des évaluateurs. Dans les années 1960 elle est portée par une vague scientifique sinon scientiste triomphante. Lui succède une vague participative, puis une vague néo-libérale qui déferle avec force durant les années 1980 et suivantes, et une vague plus récente qui fonde l'évaluation sur les faits (*evidence based*) et qui marque avec des variantes un retour à l'évaluation scientifique (Vedung, 2010). S'agissant plus spécifiquement du cas de la France, indice d'une immaturité de la pratique évaluative ou de forte résistance aux modes internationales, cette chronologie rend difficilement compte de la pratique du dernier demi-siècle, surtout pour les deux dernières vagues.

DU BRICOLAGE À L'INSTITUTIONNALISATION

En France, le démarrage est un peu plus lent. Mais surtout il entre dans un cycle de vie particulier. Après des débuts timides, l'évaluation connaît un cheminement qui est pour l'essentiel assumé par l'État.

Si elle devient une référence majeure des politiques transversales de modernisation, elle est tenue en main par des fonctionnaires de l'État lesquels n'ont pas reçu une formation approfondie d'analyste, et elle se développe sans liens continus et serrés avec les milieux de la recherche scientifique les plus compétents. De ce fait elle ne respecte pas un des deux principes de base qui doivent régir l'évaluation *ex post* comme instrument de modernisation, de ne pas être appropriée par la sphère dirigeante de l'État et son administration publique, mais être confiée à des professionnels autonomes.

Un retour sur les débuts de l'évaluation de politiques publiques en France aidera le lecteur à comprendre comment ce recours s'est progressivement transformé. L'évaluation de politique comme instrument de

pilotage de l'action de l'État ne reçoit pas de reconnaissance institutionnelle au niveau gouvernemental par le biais d'une politique transversale
avant 1990. Elle a néanmoins commencé à se développer en France sous
sa variante *ex post* dès la fin des années 1960.

Une première étape naît dans la foulée de la RCB au tournant des
années 1970. L'évaluation est alors considérée comme un outil accessoire
(Spenlehauer, 1995). Elle sert, notamment dans les services d'État en
charge de compétences financières et économiques interministérielles, à
rappeler que la planification ne doit plus se contenter d'ignorer les problèmes sociaux qui peuvent entraver la croissance et qu'il faut les prendre
en charge dans le même cadre global de l'action administrative. Il faudra
néanmoins attendre les derniers jours de la RCB pour voir l'évaluation
monter en puissance, et cela d'une manière très particulière. On impose
alors à toutes les propositions de projet faites par toutes les administrations en vue de résoudre des problèmes socio-économiques, de remonter
au centre, c'est-à-dire aux services du budget du Ministère des finances,
sous forme d'une analyse dite des coûts-avantages sociaux. Trois données
chiffrées constituent le cœur de cette exigence : le budget nécessaire, sa
durée, son taux de rentabilité économique. En fait cette approche sera
assez rapidement abandonnée car son caractère technocratique suscite
des débats, ainsi que la prime donnée aux seules variables quantifiables
d'ordre économique. On la soupçonne en outre de manipulation dans
l'usage de l'analyse *ex ante* par les ministères dépensiers quémandeurs.

C'est la référence à l'analyse *ex post* des effets et des impacts d'une
politique qui en France alimente un vrai début d'attention, notamment
au service des études du Commissariat général au plan. Des premiers
travaux pratiques mobilisant cet instrument s'y implantent petit à petit.
Ils résultent d'initiatives non médiatisées, indépendantes les unes des
autres, traitant de dossiers peu sensibles politiquement, et portées par des
praticiens n'appartenant pas nécessairement à l'élite de l'élite administrative (Deleau, 1986). Ils sont conduits dans le cadre et sur l'initiative
de telle ou telle administration d'État, avec l'aide de quelques chercheurs
(Nioche et Poinsard, 1984). En revanche les entreprises politiques et les
lobbies ignorent largement l'évaluation comme levier d'argumentation
et de débat sur des causes spécifiques ou des intérêts ciblés. Il n'existe en
France ni véritables *think tanks* sur le modèle de la *Brookings* ni groupes
de pression pour promouvoir une cause spécifique. Plus généralement,

notamment dans la sphère politique et gouvernementale, la pratique de la contradiction publique fondée sur des informations raisonnées n'est pas un savoir-faire établi, pire, elle est perçue comme une mauvaise manière.

De 1971 à 1978, trente six évaluations plus ou moins dignes de ce label sont menées. Les domaines couverts sont les politiques nationales, notamment agricoles, environnementales, de santé publique, d'emploi ou encore d'aide à l'innovation. Par exemple l'évaluation menée sur le premier Pacte national pour l'emploi des jeunes en 1977 fait aujourd'hui figure de première parmi les politiques dites de traitement social du chômage.

Un bilan établi en 1983 identifie près de trois cent études déjà disponibles. Il note que ce sont des évaluations de qualité très diverse, en particulier au niveau méthodologique (Nioche et Poinsard, 1984). Quelques colloques aidant, avec la revue *Politiques et management public* créée en 1984 et animée par des universitaires et quelques hauts fonctionnaires jouant un rôle de promoteur, il devient de bon ton de faire référence à l'évaluation. Des corps d'inspection générale, d'abord indifférents, commencent à souhaiter ajouter à leur fonction de contrôle de conformité procédurale une compétence d'évaluation des politiques. Un club de réflexion proche de la Cour des comptes tente même de définir une doctrine et un savoir-faire (*Club Cambon*, 1988). De l'évaluation, on attend tout ou n'importe quoi, la clé de la réforme administrative ou encore de remettre sous contrôle des ministères parisiens les services extérieurs et organismes déconcentrés trop tentés par l'autonomie et par l'opacité. Chacun se sent une vocation d'évaluateur, même s'il ne possède qu'un rudimentaire bagage méthodologique.

Une deuxième étape en revanche marque, au moins facialement, la reconnaissance officielle de l'évaluation comme une instrument capital de la construction des choix et de la conduite des politiques publiques de modernisation. Le 22 janvier 1990, elle sort de la pénombre avec le décret que publie le Journal officiel dans la foulée du programme transversal dit de Renouveau du service public (RSP). Elle est institutionnalisée au plus haut niveau du pouvoir exécutif. Le gouvernement de Michel Rocard fonde *ex nihilo* une machinerie dédiée à la seule évaluation des politiques et dont l'hôtel Matignon est l'épicentre. Elle comporte un organe de pilotage politique, le Comité interministériel de l'évaluation (CIME), un fonds national pour financer les projets, un Conseil scientifique pour garantir la qualité et l'indépendance de l'évaluation (CSE). En termes d'approche l'évaluation *ex post* des impacts réels d'une action publique donnée privilégiée par le RSP se substitue à l'approche *ex ante* édictée des effets attendus par la RCB.

Cette innovation fait sensation par la solennité de l'annonce que donne le Premier ministre du dispositif comme des objectifs assignés. Pour certains zélotes, son héroïque audace marque la victoire de l'évaluation et crée le socle de la modernisation de l'État en France. On place alors un espoir considérable dans cet instrument : « l'évaluation de l'action publique participe d'une meilleure efficacité de l'État, non dans une logique "managériale" et restrictive, mais parce qu'elle constitue l'un des outils privilégiés de l'intelligence politique d'une nation. » (Viveret, 1989).

Dans les faits l'activité d'évaluation est soutenue pendant ses toutes premières années. Une vingtaine de saisines d'évaluations sont prises en charge. Elles évaluent des politiques de l'État qui couvrent un spectre large d'enjeux allant du Revenu minimum d'insertion et de la protection des zones humides à la sécurité routière et à l'insertion des adolescents en difficulté. Le travail d'évaluation est conduit par des cabinets d'étude et des équipes universitaires pluridisciplinaires qualifiées soigneusement choisis par le CSE. Un retour d'évaluation est assuré vers les administrations impliquées dans telle ou telle politique évaluée. Ces dernières portent fréquemment un intérêt certain aux conclusions ressortant de l'évaluation. Une fonction d'animation et d'encouragement est mise en place afin d'inciter les collectivités territoriales à se lancer à leur tour dans le bain de l'évaluation (Conseil scientifique de l'évaluation, 1996). Bref tout cela compose un premier bilan prometteur.

UN DÉCLIN DE FAIT QUE CACHENT DES AFFICHAGES RÉPÉTÉS

Or l'évaluation érigée sur le Capitole du gouvernement s'avèrera assez rapidement fragile. La roche tarpéienne est proche. Le dispositif institué par le programme Renouveau du service public possède des propriétés qui vont faciliter et nourrir sa destruction. Deux d'entre elles, qu'évoque dans la partie 2 la section consacrée à ce programme, méritent d'être rappelées : le poids de la rationalité politique d'une part, les jeux de pouvoir liés à l'appropriation de l'évaluation comme compétence par des corps de hauts fonctionnaires et leurs institutions d'appartenance d'autre part.

Le dispositif hyper centralisateur de l'évaluation à la française s'effondre dès lors que le pouvoir exécutif ne lui passe plus commandes. Il est mis en sommeil par le successeur de Michel Rocard. Les nouveaux dirigeants prétendent être au moins aussi rationnels et conscients des impacts des choix de politiques publiques que les praticiens de l'évaluation. En clair, l'autonomie de l'évaluation institutionnalisée fait problème. Il va falloir attendre 1998 pour qu'elle soit relancée par Lionel Jospin par le truchement d'un nouveau dispositif. Mais ce dernier subit assez rapidement, à la fin de la cohabitation entre le Président de la république Jacques Chirac et le Premier ministre Lionel Jospin en 2002, le même sort que le dispositif Rocard. L'évaluation institutionnalisée, encastrée dans la sphère exécutive de l'État, disparaît purement et simplement de l'agenda.

Par ailleurs le dispositif de RSP accélère la prise de conscience de l'enjeu que représente l'évaluation pour des corps et institutions déjà établies au sommet de l'appareil d'État tels que les corps d'inspection, le Ministère des finances ou les institutions-corps que sont la Cour des comptes, le Conseil d'État ou l'Inspection générale des finances (Perret, 2008). L'évaluation devient une chose trop sérieuse pour la laisser durablement dans les seules mains d'un organe comme le CSE, sa présidence et ses membres universitaires. Sont-ils vraiment légitimes et aptes à s'occuper d'affaires traitant de choses aussi sérieuses que les politiques publiques ? Faut-il que cette compétence nouvelle échappe aux attributions de ces milieux de la haute administration ?

Les réponses varient. Elles vont de tentatives d'entrisme dans le CSE et de scepticisme prudemment exprimé, jusqu'à la tentative de faire de l'évaluation une attribution supplémentaire de tel ou tel corps ou institution d'appartenance. On ne rencontre en tous cas guère de soutien actif à l'évaluation institutionnalisée par le RSP dans ses formes d'origine. La révision ou même la disparition du dispositif pourrait même fournir une opportunité pour récupérer la compétence sans fâcher le politique, bien au contraire.

Au niveau du pouvoir législatif, après l'expérience peu concluante de la création d'un Office parlementaire commun au Sénat et à l'Assemblée nationale consacré à l'évaluation des politiques publiques, sont mis sur pied une Mission d'évaluation et de contrôle (MEC) à l'Assemblée nationale et un Comité d'évaluation des politiques publiques au Sénat, sans compter des organes d'évaluation à compétence spécialisée comme pour l'Assemblée nationale la Mission d'évaluation et de contrôle de la sécurité sociale (MECSS) et l'Office parlementaire d'évaluation des politiques de santé (OPECS). Force est de constater que leur activité restera elle aussi limitée si l'on se réfère aux canons communément admis en matière d'évaluation dans nombre d'autres pays. En attendant, les parlementaires peuvent eux aussi afficher une compétence d'évaluation et affirmer que l'exécutif ne peut impunément jouir d'un monopole de l'action publique.

En 2008 le gouvernement nomme un secrétaire d'État auprès du Premier ministre chargé de la prospective, de l'évaluation des politiques publiques et du développement de l'économie numérique[1]. Le décret de création est tout sauf anodin. Il lui attribue le soin de proposer un processus d'évaluation préalable de l'impact des projets de loi, comprenant le diagnostic des difficultés à résoudre, l'énoncé précis des objectifs poursuivis et l'examen de différentes options et de leurs incidences respectives. Il est associé à la mise en œuvre de ce processus. Il suit et promeut les travaux d'évaluation destinés à apprécier l'efficacité des politiques publiques en comparant leurs résultats aux objectifs poursuivis et aux moyens mis en œuvre. Il contribue à l'élaboration des méthodes et veille au développement des pratiques d'évaluation. Il est associé à la Révision générale de la politique publique mise en œuvre par le Ministre du budget, des comptes publics et de la fonction publique.

Observée avec recul, cette initiative fait écho aux temps du Conseil scientifique de l'évaluation et du Conseil interministériel de l'évaluation. C'est ainsi que l'évaluation se voit quasiment rattachée à un ministère, situation qu'elle n'avait jamais connue du temps de ces conseils, lorsqu'elle était le modeste appendice d'un Commissariat général au plan déjà en fin de vie. Pourtant le dispositif de gouvernance de l'évaluation, et en

---

1   Décret n° 2008-313 du 4 avril 2008 relatif aux attributions déléguées au Secrétaire d'État auprès du Premier ministre chargé de la prospective, de l'évaluation des politiques publiques et du développement de l'économie numérique.

particulier la façon dont sera assurée l'indépendance de ses travaux, n'est aucunement précisée par le décret d'avril 2008. La montagne va accoucher d'une souris. Moins de deux ans plus tard, le secrétariat d'État disparaît, son titulaire nommé entretemps Ministre de l'immigration, de l'intégration et du développement solidaire en janvier 2009 n'est pas remplacé, en tout cas dans ses attributions concernant l'évaluation.

Cependant durant la même année 2008 intervient une révision constitutionnelle qui paraît faire monter en gamme juridique l'évaluation de politique comme instrument pour l'action publique. L'article 24 de la Constitution dispose désormais que « le Parlement vote la loi. Il contrôle l'action du gouvernement. Il évalue les politiques publiques ». L'article 47-2 précise le rôle de la Cour des comptes dans l'assistance au Parlement pour l'exercice de ces missions. « La Cour des comptes assiste le Parlement dans le contrôle de l'action du gouvernement. Elle assiste le Parlement et le gouvernement dans le contrôle de l'exécution des lois de finances et de l'application des lois de financement de la sécurité sociale ainsi que dans l'évaluation des politiques publiques. Par ses rapports publics, elle contribue à l'information des citoyens ».

Ainsi la Cour effectue des évaluations à la demande de la mission d'évaluation et de contrôle de l'Assemblée nationale. Par exemple elle traite en 2012 des politiques de lutte contre le tabagisme. En 2014 elle couvre le développement des services à la personne et de maintien à domicile des personnes âgées en perte d'autonomie. En 2016 elle s'attaque au chantier de la régulation des jeux d'argent et de hasard. Cette activité reste cependant modeste puisque quantitativement limitée à deux ou trois rapports par an. Cependant pour certaines évaluations la MECSS s'organise sans solliciter l'aide de la Cour des comptes. Ce sera par exemple le cas pour l'évaluation des politiques publiques en faveur de l'accès aux droits sociaux.

Dans ce qui est devenu l'article 37-1 de la Constitution, cette révision de 2008 consacre aussi au plus haut niveau juridique la compagne fidèle de l'évaluation, à savoir l'expérimentation en matière de politiques publiques : « la loi et le règlement peuvent comporter, pour un objet et une durée limités, des dispositions à caractère expérimental ». Ce n'est pourtant qu'en 2012 que l'institutionnalisation de l'évaluation au sein du pouvoir exécutif bénéficie à nouveau d'une certaine envergure, lorsque la politique de la MAP la mobilise comme instrument de la modernisation pendant le quinquennat 2012-2017, et ce pour l'ensemble des politiques publiques.

L'aura de l'évaluation ne semble pas faiblir. Ainsi dans l'exorde d'un rapport parlementaire de mars 2018, qui comprend entre autres une esquisse d'agence parlementaire de l'évaluation : « mieux évaluer pour agir : manifeste pour une évaluation des politiques publiques au service de la transformation de l'action publique ». Ainsi dans ses accents quasi révolutionnaires : « Le 15 mars 2018, nous initions ainsi un mouvement en faveur d'une nouvelle ère en matière d'évaluation des politiques publiques et invitons les citoyens, les parlementaires, les agents publics et les médias à rejoindre celui-ci. Ceci n'est pas un rapport, c'est un manifeste... Son objectif est de mobiliser, d'inviter à l'action et de sensibiliser à l'importance et à l'urgence de mieux évaluer nos politiques publiques. C'est une question de responsabilité politique : nous devons aux citoyens les meilleures lois et politiques publiques possibles et une meilleure évaluation est un chemin pour y parvenir. »

Reste à voir ce qu'engendrent en pratique ces affichages.

À FORCE DE BRASSER LARGE,
LE CONCEPT S'EFFILOCHE

Le terme d'évaluation est un mot clé des nouvelles instrumentations. Son grand succès étend de plus en plus son champ d'application. Pourtant, derrière ce terme, les usages et des innovations sont très modestes.

C'est ainsi que dans le domaine des organisations les rapports d'évaluation remplacent assez largement les diagnostics sur le fonctionnement et la situation d'organismes publics ou les rapports qui répondent à des demandes d'audit opérationnel ou général.

Sur un autre registre, celui de la politique du personnel et la gestion des ressources humaines, on adopte l'évaluation comme une procédure régissant la fonction publique, sans que pour autant celle-ci n'apporte véritablement le supplément d'analyse qui faisait défaut au seul système de notation.

Sur un troisième registre qui est celui des politiques publiques, le terme « évaluation », s'il a connu un succès inattendu dans son usage, est utilisé par certains corps de contrôle tels que notamment l'Inspection générale des affaires sociales, pour désigner des travaux couverts jusque-là par les termes plus gris de « rapport » ou de « bilan ». L'étiquette se modernise mais le contenu du flacon ne change pas.

Les sciences sociales appliquées à la gestion s'accordent pour essayer de définir clairement l'évaluation et le contrôle, deux instruments que beaucoup d'éléments distinguent, mais qui sont aussi des cousins éloignés (Gibert, 2003). Cette parenté se signale, par exemple, dans les difficultés majeures auxquelles sont confrontées les deux approches. Celles-ci ont trait aux problèmes d'imputabilité des résultats à une politique, dans le cas de l'évaluation de politique, ou à un service et une période, dans le cas du contrôle de gestion. Elles ont trait également au problème du caractère plus ou moins réducteur ou biaisé des indicateurs non financiers utilisés au regard des objectifs évalués ou mis sous contrôle. Elles proviennent enfin de la difficulté à identifier et à reconnaître les effets non recherchés que suscite l'action publique (Mc David and Hawthorn, 2005).

Certes l'évaluation continue à bénéficier pour partie de la défaveur du terme de contrôle dans un monde administratif marqué par la vieille lourdeur des contrôles *a priori* et l'image bureaucratique qui y est associée. À telle enseigne que le contrôle de gestion a dû être plus ou moins travesti pour se développer sans susciter trop d'hostilité. Tous les moyens ont été et restent utilisés pour ce faire, depuis l'assertion selon laquelle le terme de contrôle de gestion est le fruit d'une mauvaise traduction du terme de *management control* – celui-ci n'étant pas l'équivalent du mot « vérification » en français – jusqu'à son occultation par des expressions comme le dialogue de gestion ou le suivi de la performance, en passant par le fait de baptiser les contrôleurs de gestion du nom de conseillers ou d'analystes de gestion.

Dans un système formel de contrôle de gestion, le contrôle période après période porte essentiellement sur ce que le contrôleur a décidé de mettre sous contrôle. L'évaluation de politique publique porte sur la théorie de l'action ou la théorie du changement social qui sous-tend cette politique, le but étant de la valider ou de l'invalider par une analyse rigoureuse de la réalité. Or l'objet de l'évaluation *ex post* n'est pas toujours une politique répondant aux canons d'un programme ou d'un dispositif identifiable par des objectifs clairs, par une théorie d'action bien explicitée, par des moyens dédiés et par des contours bien cernables. En d'autres termes c'est souvent l'évaluation qui crée l'objectif évalué. Par ailleurs, si le contrôle de gestion considère tout écart entre un coût constaté et un coût standard comme une anomalie, l'évaluation pour sa part identifie les liens qui existent entre des réalisations produites par une politique et les impacts ou effets recherchés aussi bien que non recherchés et contre-intuitifs ou liés à d'autres politiques impactant néanmoins le domaine de la politique évaluée. Le tableau suivant distingue clairement les deux approches.

	Contrôle de gestion	Évaluation de politique
Objets d'études	Moyens, activités, réalisations. Résultats.	*Idem* mais aussi impacts. Résultats mais aussi processus.
Rationalité sous-jacente	Spécifiée et identifiée *a priori*. Conception mécaniste et de réalité. Prédominance d'une approche technico-économique.	Déterminée pour partie chemin faisant, identifiée pour partie *a posteriori* : conception interactionniste. Approche sciences sociales forte
Formats de l'approche	Investigation doublement systématique.	Investigation doublement ponctuelle
Informations	Essentiellement internes, labellisées.	Externes, diverses, hétérogènes
Intérêt de l'analyse	Rétroaction (effet à court terme) et apprentissage en simple boucle	Approche en simple et double boucle (effet à long terme)
Analyste (contrôleur de gestion ou auditeur)	Interne	Indépendant

Tableau 6 – Les caractéristiques respectives des approches
par le contrôle de gestion et l'évaluation de politique.
Source : Gibert (2010).

Au passage il est piquant de constater que si évaluer sonne plus moderne que contrôler aux oreilles des corps de contrôle à l'œuvre dans le secteur public, la modernité apparaît sous deux formes complétement différentes pour ne pas dire antagonistes de l'évaluation. D'un côté, elle renvoie aux résultats d'un processus qui mobilise le jugement : évaluer signifie juger. D'un autre côté, elle renvoie à l'audit : la posture de l'audit renvoie d'abord à la prégnance de la rigueur de son *process*.

Un esprit malin pourrait noter que depuis les années 1980 tout se passe au niveau interministériel comme si l'évaluation était politiquement marquée plutôt à gauche, avec les gouvernements Rocard et Jospin puis la présidence Hollande, et que l'audit se situait plutôt à droite, comme ce fut le cas des audits de modernisation dits Copé lancés pendant la présidence de Jacques Chirac et des audits de la Révision générale des politiques publiques promus sous la présidence de Nicolas Sarkozy.

Dès 1989 les débuts de l'institutionnalisation de l'évaluation de politique en France se signalent par un choc frontal entre les pratiques habituelles de travail de la haute administration et la volonté du CSE, organe central du dispositif mis en place par Michel Rocard, d'assumer son rôle d'organe de régulation de la qualité de l'évaluation. Le paroxysme est atteint lors de la publication de son deuxième avis *ex post*, qui porte sur un rapport d'évaluation concernant l'insertion des adolescents en difficulté et met le gouvernement en garde sur certaines des affirmations de ce rapport. Les co-présidents de l'instance en charge de cette évaluation réagissent vivement. En réponse le Conseil et son président rédigent à leur tour un appendice à leur avis précisant que le CSE avait seulement voulu indiquer que les assertions en question ne sont pas démontrées par le rapport et les études sur lesquelles l'instance dédiée l'avait fondé. Le tout est dûment publié avec le rapport d'évaluation, en vertu de la transparence érigée en norme dans le dispositif de l'époque. L'affaire n'aurait qu'un intérêt anecdotique si elle ne révélait un choc de culture dont le souvenir a perduré pendant près de trente années. Car cette polémique met en lumière un problème général. Il concerne les conséquences qui doivent être payées lorsqu'une politique, en l'occurrence celle de l'institutionnalisation de l'évaluation, poursuit des objectifs qui sont pour partie au moins antinomiques comme signalé ci-dessus.

Une explication souvent entendue à l'époque évoquait un malentendu qui aurait été dû au comportement peu diplomatique de responsables d'un organisme nouveau, le CSE, peu au fait du caractère obligatoirement feutré des conflits intra-administratifs. Cette version s'en tient pourtant à l'écume des choses. La méta-évaluation consacrée aux évaluations effectuées bien des années plus tard dans le cadre de la politique transversale menée sous la bannière de la MAP a bien montré, en prenant cette fois-ci de notables précautions diplomatiques, les faiblesses méthodologiques de nombre des évaluations effectuées dans son cadre. Leurs auteurs appartenaient aux mêmes corps administratifs et étaient imprégnés de la même culture administrative que la grande majorité des membres des instances d'évaluation mises en place par le dispositif institutionnel installé par le programme de RSP en 1989. Une des causes des limites des évaluations du tournant des années 1990 tenait au caractère pluraliste de ses instances, aucun partie prenante ne parvenant à faire abstraction de son appartenance à une structure ayant sa stratégie ou des enjeux spécifiques à satisfaire et surtout un territoire propre à défendre, ce en dépit de la doctrine du CSE qui exigeait distanciation et objectivité de la part de ses membres dans leur travail d'évaluateurs.

Or à l'épreuve des faits, pluralisme et objectivité scientifique ou managériale ne vont pas faire bon ménage !

Aussi, parce qu'elle ouvre un champ d'opportunités, l'évaluation fait-elle l'objet de conflits de territoires entre professionnels de diverses obédiences : les académiques, qui peuvent en attendre sinon la réalisation de véritables recherches du moins une source d'études financées contractuellement ; les cabinets de consultants, les plus réactives des parties prenantes, qu'apprécient les commanditaires pressés par exemple par l'urgence d'une décision ; les corps de contrôle internes à l'administration publique, qui considèrent l'évaluation comme un prolongement naturel de leurs activités.

En 2012, au moment même où la MAP visait à évaluer l'ensemble des politiques publiques, des économistes ayant pignon sur rue dans leur discipline prenaient la parole pour dénoncer vigoureusement l'inaptitude de la majorité des cabinets privés pratiquant l'évaluation en France. C'est ainsi qu'interrogée sur le temps nécessaire à une évaluation de politique sérieuse, Agnès Benassy-Quéré, professeure de sciences économiques et alors présidente du Conseil d'analyse économique, affirmait qu'il fallait au moins un an (« […] si on ajoute le temps d'élaboration du protocole, le choix des chercheurs, la récolte des données et la mise en contradiction des résultats. En France, une bonne demi-douzaine d'instituts universitaires paraît capable de mener de telles évaluations et nombre de laboratoires de recherche peuvent y contribuer dans leurs spécialités. En revanche, je ne pense pas que des cabinets privés disposent des équipes suffisantes pour mener ces travaux. L'évaluation des politiques publiques exige des connaissances académiques et des techniques statistiques propres aux universitaires[2] ».

Au-delà de l'aspect corporatiste du propos et de la volonté de se différencier des autres disciplines intéressées à l'évaluation comme la sociologie, la science politique ou encore la gestion, cette position, réaffirmée en particulier devant une commission de l'Assemblée nationale par d'autres économistes, a le mérite de mettre l'accent, implicitement ici, plus explicitement ailleurs, sur le déséquilibre que crée le fait de confier des évaluations à des fonctionnaires praticiens, qu'ils soient en responsabilité ou membres de corps de contrôle. En effet ces fonctionnaires praticiens s'intéressent surtout aux problèmes de mise en œuvre et sont moins regardants s'il s'agit d'évaluer les impacts d'une politique, c'est-à-dire ses résultats au regard de ses objectifs finaux.

Les évaluations concrètes menées en France couvrent une gamme très vaste et diversifiée d'approches.

Ainsi tel directeur d'une Agence régionale de santé, placé devant l'obligation réglementaire de faire procéder à une évaluation de son projet régional de santé, veut d'abord en faire un outil d'amélioration de la relation de son agence avec ses parties prenantes. Sa perspective situe sa demande dans la catégorie des études à inspiration de relations publiques. C'est dans cette même catégorie que l'on peut ranger une évaluation comme celle qui fut réalisée en 2009 sur la loi relative au prix unique du livre (Gaymard, 2009). Elle émane d'une commission composée de façon quasi-exclusive de partisans de la loi et conclut à l'efficacité de cette loi puisque tout le monde le dit... Mode de raisonnement dont le caractère scientifique laisse quelque peu à désirer ! Nombre d'évaluations menées dans le cadre de la MAP peuvent pour leur part être classées comme évaluations politiquement contrôlées. Le concept de contrôle politique en la matière peut d'ailleurs être rapproché de l'accent mis sur les frontières stratégiques ou opérationnelles d'une évaluation, concept qui invite à détailler les modalités concrètes de ce contrôle.

Des rapports émanant de corps de contrôle et en particulier des inspections générales font irrésistiblement penser à l'approche du critique ou du connaisseur. C'est d'ailleurs l'abus de ce style d'approche

2   https://www.acteurspublics.com, 21 mars 2013.

par plusieurs instances chargées d'évaluations qui avait engendré les tensions entre le CSE et la haute administration mentionnées plus haut.

S'appuyant sur une longue expérience de l'évaluation, Stufflebeam en arrive même à distinguer pas moins de vingt-deux types élémentaires, sans pour autant caractériser chacun par une des propriétés spécifiques, ce que fait précisément le tableau 7 ci-dessous.

Type	Caractéristiques	Type	Caractéristiques
Études à finalité de relations publiques	Primauté de l'utilisation comme instrument de relations publiques	Études politiquement contrôlées	Recherchent la vérité mais en contrôlant la publication des résultats
Études centrées sur les objectifs	Objectifs opérationnels spécifiés. Rassemblement de matériaux pour déterminer dans quelle mesure ils ont été atteints	Études de redevabilité	Par rapport aux précédentes, mettent l'accent sur l'appréciation externe (en particulier : études de paiement aux résultats)
Programmes de test objectif (de niveau d'élèves)	Fondé sur des questionnaires à choix multiples (QCM)	Évaluation d'impact comme appréciation de la valeur ajoutée	Fondé sur QCM + une analyse hiérarchique des données pour délimiter les effets des composantes du système (éducatif)
Test de performance	Fondé sur aptitudes attendues des élèves	Études expérimentales	Ne peuvent traiter toutes les questions relatives à la valeur d'un programme
Systèmes d'information de gestion	Centré sur informations nécessaires à la conduite et au reporting d'un programme	Analyse avantages-coût	Trois niveaux d'ambition : coûts des intrants du programme, coût efficacité, avantages coûts

Audition (hearing) de clarification	Approche judiciaire (jeu de rôle) de l'évaluation de programme	Évaluation par étude de cas	Fournit aux parties prenantes une étude documentée en profondeur. Nécessite un jeu important de méthodes qualitatives et quantitatives.
Approche du critique et du connaisseur	Genre utilisé en critique d'art et de littérature. Use des sensibilités, expériences passées, visions des critiques et de leur capacité à communiquer. Beaucoup de subjectivité.	Évaluations centrées sur la théorie du programme	La théorie est fort utile à l'observateur. Mais peu de programmes sont portés par des théories bien articulées et testées.
Études à méthodes mixtes	Souci principal : utiliser des méthodes mixtes plutôt que trouver les plus pertinentes pour l'évaluation du programme considéré		
Études orientées vers la décision et la redevabilité	Implique les parties prenantes pour qu'elles valorisent le processus d'évaluation et fassent leurs ces résultats. Souligne que l'évaluation doit être ancrée dans les principes démocratiques d'une société.	Études orientées vers le consommateur	Évaluateur y est un substitut éclairé du consommateur

Approche accré-ditation-certifi-cation	Se fonde sur critères mis sur pied par une autorité accréditrice. Demande un autodiagnos-tic et un travail complémentaire de l'évaluateur.		
Études centrées sur le client de l'évaluation (ou *responsive evaluation*)	Plaide pour une « approche pluraliste, flexible, interactive, holos-tique, subjective, constructiviste et orientée service ».	Évaluation constructiviste	« Les évaluateurs élèvent la prise de conscience des parties pre-nantes de façon à ce qu'ils aient l'énergie, l'infor-mation et l'assistance pour transformer leur monde. »
Évaluation de démocratie délibérative	L'évaluateur entend toutes les parties prenantes mais exprime son désaccord avec certaines d'entre elles pour aboutir à son appréciation	Évaluation centrée sur l'utilisation	Au sein de l'ensemble plus vaste des parties pre-nantes, à obtenir et appliquer les résultats de l'évaluation pour leurs usages désirés.

TABLEAU 7 – Les différents types d'évaluation
(adapté de Stuffelbeam, 2001).

Cette typologie ne saurait être considérée comme absolument rigou-reuse. En effet elle utilise alternativement deux critères différents pour caractériser les quatre grands regroupements d'évaluation qu'elle met en avant : l'intention du commanditaire d'une part, la méthode utilisée d'autre part. Néanmoins elle est utile car elle enrichit celle à laquelle on s'en est longtemps tenu, notamment en France : évaluation managériale, évaluation démocratique, évaluation pluraliste. Elle se signale par le large champ qu'elle recouvre et dont certaines zones peuvent surprendre. Selon Stufflebeam l'évaluation se définit comme une « étude conçue et menée pour aider un certain public à évaluer le mérite et la valeur d'un objet ». En fait cette définition dépasse la notion d'étude pour inclure l'ensemble des instruments qui y concourent. C'est le cas par exemple du type « système d'information de gestion », plus classiquement rangé dans la catégorie générique de contrôle de gestion ou du type « approche accréditation-certification » qu'on associe plus souvent à des démarches qualité qu'à l'évaluation de politique ou de programme. Ces intégrations sont dérangeantes de prime abord. Cependant elles font des rapprochements qui, à l'exemple de la vision large du contrôle (Simons, 1995), invitent paradoxalement à travailler l'intelligence managériale. Cette dernière mobilise une attention vive sur plusieurs dimensions : leur positionnement, leurs traits communs, leurs éléments de différenciation, la complémentarité des différents instruments de gestion les uns par rapport aux autres.

L'intelligence managériale ne contraint pas l'action managériale à ne raisonner que par des oppositions nominalistes, donnant prime à la nouveauté, fût-elle purement sémantique, au prétexte que tout ce qui est nouveau est nécessairement plus beau. Elle se garde d'assimiler la modernisation à un empilement frénétique d'instruments et de fil en aiguille à la faire glisser vers un registre qui est celui de la normalisation, donc à la priver de sa valeur ajoutée potentielle.

À première vue l'histoire du recours à cet instrument de modernisation met pourtant en relief plusieurs traits qui suggèrent une dynamique de succès. Les politiques transversales font référence à et utilisent l'évaluation depuis plus d'un demi-siècle. Elle est reconnue et institutionnalisée de diverses manières comme le suggère la typologie présentée dans le tableau 6 ci-dessus. Elle fait partie du langage politiquement correct des sphères dirigeantes.

Pourtant derrière cette apparence se cache le revers de la médaille : l'évaluation comme instrument a été progressivement normalisée. Il suffit à cet égard de se référer au tableau 5 pour constater que, à l'épreuve de ses usages, l'instrument ne respecte guère les conditions nécessaires pour produire une pleine valeur ajoutée. Le fossé qui existe entre une véritable évaluation de politique et les approches mises en œuvre est évident. L'évaluation est ainsi pratiquée par exemple comme une variante du contrôle et est confiée à des corps d'inspection, devenant ainsi un enjeu de renforcement de leur portefeuille traditionnel. Qui plus est et surtout, elle est confiée à et produite par des professionnels qui ne sont pas extérieurs au milieu administratif ayant la charge des politiques publiques de l'État. Cette condition est pourtant essentielle pour que les évaluateurs prennent de la distance par rapport aux acteurs qui d'une manière directe ou indirecte font partie du système d'action publique, qui partagent les normes culturelles et les bases de savoir-faire dominantes en son sein. En ce sens elle est comme « digérée » par ce système. Elle demeure dans un entre soi qui la prive de ses ressources comme instrument d'analyse et support d'action.

Un esprit chagrin pourrait souligner deux conséquences majeures de cette situation. La première est un manque persistant de professionnalisme et de qualité dans les usages de l'instrument. La seconde est, en France, que l'évaluation, outil visant à éclairer la sphère publique en charge des politiques sur ses choix, en les donnant à voir par des intervenants tiers, est vécue par cette même sphère publique comme une source de menaces, de débats, de critiques possibles. Évaluer oui, mais c'est nous, hauts fonctionnaires et ministres, qui en fixons les modalités. Une prudence excessive dicte les limites à ne pas dépasser.

Bref l'évaluation est un instrument dont le commanditaire normalise l'usage, c'est-à-dire auquel il impose ses propres normes.

CINQUIÈME PARTIE

À LA RECHERCHE D'UN LEVIER MAJEUR
DE LA MODERNISATION

Il est temps de prendre du recul pour mieux comprendre, de la conception à la mise en œuvre des politiques de modernisation de l'État, transversales mais aussi sectorielles, le destin des efforts et initiatives de l'État pour reconfigurer son action à l'aide de nouveaux instruments.

Les parties 2 à 4 ont montré que l'appareil administratif a du mal à utiliser ces instruments et qu'il ne les endosse pas d'une manière propre à en assurer la réussite de la modernisation. Plus exactement il ne parvient pas à se cantonner à une stricte neutralité.

Son empreinte se mesure d'abord au fait qu'il mobilise essentiellement les ressources de savoir faire endogènes de ses fonctionnaires statutaires. L'appel à des compétences professionnelles extérieures est très limité. L'entre soi domine, selon le postulat apparent que les dirigeants en charge sont les mieux placés pour intervenir sur le fond. Cette situation fait contraste avec le comportement d'autres États eux aussi engagés dans des politiques actives de modernisation, qui n'hésitent pas à faire appel et confiance à des compétences extérieures à leur administration, et ne se limitent pas à lancer des appels d'offre de sous-traitance à des cabinets de conseil.

Au sein de l'appareil administratif néanmoins, la coopétition entre institutions et corps de l'État reste forte, ainsi que le montre le chapitre suivant. Elle s'accompagne et se prolonge par un décalage cognitif persistant dans lequel se débattent les dirigeants des administrations, handicap culturel qui est décrit ensuite. Pour surmonter ces obstacles majeurs, un renouveau du management des ressources humaines de la fonction publique paraît difficilement évitable. Pourtant, comme l'évoque le dernier chapitre, le recours à ce levier majeur d'une modernisation réelle de l'État reste encore incertain.

LA MODERNISATION DE L'ÉTAT COMME TERRAIN DE COOPÉTITION

Le repérage des acteurs qui ont œuvré à l'inscription des instruments de modernisation sur l'agenda politique est révélateur. De fait des secteurs importants de l'administration au niveau national ont vu et voient encore dans les outils de modernisation des occasions de conforter ou de rénover leurs attributions, leur statut et leur pouvoir au sein de la sphère de l'État.

Le contrôle des outils de la modernisation crée des enjeux de pouvoir entre acteurs de l'administration, et leurs stratégies d'appropriation expliquent sans aucun doute en partie certains des usages qui en sont faits.

La forte présence de la haute administration dans la mise en œuvre des politiques de modernisation conduit à caractériser la relation entre ses composantes comme une véritable coopétition, qui conduit, du moins jusqu'à présent, à la primauté de la recherche de compétence sur celle de l'expertise.

LA HAUTE ADMINISTRATION, AGENT DOCILE DES POLITIQUES OU ACTEUR STRATÉGIQUE ?

Les trois exemples de l'étude d'impact, de l'évaluation *ex post* dans le cadre de la MAP et de la mise en œuvre de la LOLF montrent les profondes interférences qui existent entre la mise en œuvre de politiques de modernisation et les stratégies des institutions, corps ou entités qui composent la haute administration publique.

S'agissant de l'étude d'impact, le rôle du Conseil d'État aura été et reste fondamental jusqu'à être publiquement revendiqué par les dirigeants de l'institution. Ainsi c'est un groupe de travail présidé par un conseiller d'État qui propose (Mandelkern, 2002) de redonner une chance à l'étude d'impact alors qu'à son avis les résultats des circulaires de 1995 et 1998 ne paraissaient pas probants. En conséquence il suggère des pistes d'amélioration, en préconisant de démarrer ces études dès le début de la confection du projet, et de ne les faire porter que sur des projets substantiels. C'est le même Conseil qui dans une étude de 2006 portant sur la sécurité juridique et la complexité du droit demande l'instauration d'une obligation par le moyen d'une loi organique. Qui plus est, c'est le Secrétariat général du gouvernement, organe très proche culturellement du Conseil d'État et dont les dirigeants sont souvent issus, qui, dans son guide de légistique, précise et actualise la façon dont les études d'impact doivent être menées dans le cadre de la loi de 2009. En 2016 un rapport du Conseil d'État va jusqu'à conseiller d'étendre l'étude d'impact à ce qu'il définit comme étant des amendements substantiels, des propositions de loi et des actes réglementaires qui en sont exclus.

Au fil des années et des initiatives de modernisation, le Conseil d'État aura ainsi su ajouter à ses rôles traditionnels de juge administratif et de conseiller du gouvernement une fonction d'auditeur des études d'impact des projets de loi de nature à conforter sa fonction de conseiller du gouvernement. Par ailleurs, s'il préconise dans le rapport précité de 2016 l'instauration d'une certification des évaluations d'impact donnée par une source indépendante et paraît ainsi accepter de se dessaisir d'une de ses compétences organiques, c'est dans une forme qui a peu de chances de permettre l'entrée en scène d'un organisme concurrent. Cette tâche, en effet, devrait à son avis être exercée non par un organisme nouveau mais par un comité composé, outre son président, des chefs des trois Inspections générales interministérielles, soit l'IGA, l'IGAS et l'IGF, ce qui ne menacerait donc pas les équilibres entre institutions administratives de haut rang. Ce comité serait chargé de vérifier le sérieux, la vraisemblance et la méthodologie des études qu'il choisirait en raison de leur importance. Selon la version du rapport rédigé en 2016, il ne couvrirait que les seules politiques de simplification, et selon un autre rapport de 2015 sur l'action économique des personnes publiques, également les projets à impact économique significatif.

L'évaluation *ex post* dans le cadre de la MAP fait pour sa part apparaître le problème du positionnement stratégique des corps de contrôle que sont les Inspections générales et des Conseils généraux des différents ministères.

Connues du grand public notamment en raison de l'usage qu'en font les pouvoirs publics lors de la survenance d'incidents à forte résonnance médiatique comme des catastrophes naturelles, ces entités consacrent en fait l'essentiel de leur activité à l'application d'un programme annuel de travail avalisé par le cabinet de leur ministre. Elles affichent leur indépendance du fait de leur rattachement direct au ministre, et non pas à l'un des services opérationnels ou fonctionnels composant l'administration. Elles ont aussi des images assez diversifiées. L'IGF se situe au sommet de leur échelle de prestige. D'autres sont parfois considérées comme offrant des postes de complaisance. Elles sont peuplées pour certaines exclusivement et pour d'autres en partie de fonctionnaires ayant exercé des responsabilités importantes en administration centrale ou dans des services déconcentrés de l'État.

Ces corps de contrôle ont pu se sentir déstabilisés par la modernisation, porteuse d'évolutions à tort ou à raison perçues comme potentiellement menaçantes pour leur image ou leur quasi-monopole. Ces évolutions ont été de deux sortes. L'une est la montée en puissance et en gamme de l'audit et de l'évaluation de politique comme modes crédibles d'investigation du fonctionnement des organisations et de l'action publiques. L'autre découle du fait que le recours par l'administration à des cabinets de conseil en stratégie et en management nationaux ou internationaux s'est considérablement développé depuis plus de vingt ans. L'audit, dès lors qu'il sort des limites du strict domaine comptable et financier pour devenir opérationnel ou général, est un facteur de déstabilisation dans la mesure où il prend à revers le type d'investigations habituellement mené par les corps de contrôle.

La différence entre ces deux approches s'est faite sentir surtout au niveau des *process* à utiliser. En effet l'audit repose sur un *process* très strictement formalisé, et par le recours à des méthodes comme les sondages qui sont considérées comme des sources de rigueur et de crédibilité des conclusions. *A contrario*, les investigations des corps de contrôles sont à tort ou à raison perçues comme marquées plus par les opinions forgées par l'expérience de leurs membres que par leurs analyses factuelles sur dossiers. En d'autres termes les méthodes des cabinets d'audit et leur succès mettent en évidence le besoin de professionnalisation des corps de contrôle. Après l'opération des audits Copé, déjà confiés à des équipes mixtes dont les membres étaient issus des corps de contrôle et de cabinets de conseil privés, la RGPP a été vécue comme une attaque en règle. En effet, son chef d'orchestre, la DGME, était elle-même peuplée pour une bonne part d'anciens membres de cabinets de conseil en stratégie ou en management, et son directeur paraissait faire plus confiance aux cabinets supposés porteurs d'une rationalité moderne qu'au savoir-faire des corps de contrôle.

La réaction s'est manifestée par un débat politique et public. C'est ainsi que le programme de réforme de l'État préparé par le Parti socialiste pour les élections présidentielles de 2012 demandait qu'il soit fait davantage appel aux compétences internes à l'administration. De son côté le bilan sur la RGPP qui, après ces élections, avait été commandé aux trois inspections générales interministérielles, l'IGA, l'IGAS et l'IGF, voyait dans le recours massif à des consultants parfois peu au fait des réalités du secteur public un signe de défiance vis-à-vis de l'administration (Battesti, Bondaz, Marigeaud et Destais, 2012). Dès lors il n'est pas étonnant que les évaluations de type MAP dans lesquelles les membres des corps de contrôle jouent un rôle majeur aient été bien vécues par ces corps. Certains d'entre eux, notamment l'IGAS, avaient d'ailleurs dès avant cette opération baptisé nombre de leurs rapports comme étant d'évaluation alors qu'ils en restaient fort éloignés sur le fond et la forme. Rien d'étonnant à cela, puisque leurs travaux restaient encadrés par un guide méthodologique plus concerné par le caractère utilitaire des évaluations que par leur rigueur scientifique et en l'absence d'une formation substantielle à la logique et aux procédures évaluatives.

Le cas de la LOLF pose la question de la résilience de la Direction du budget à Bercy. Dans l'esprit de nombreux observateurs cette loi organique était dirigée contre cette direction du Ministère des finances, réputée exercer un rôle excessif voire illégitime dans la gestion publique au moment des arbitrages budgétaires, critique dont elle s'est d'ailleurs toujours défendue. La LOLF émanait d'une proposition de loi, c'est-à-dire d'une initiative parlementaire, qui plus est d'origine bipartite, et non pas d'un projet du gouvernement, même s'il avait assez rapidement considéré cette initiative d'un bon œil. En tant que telle cette loi ne s'attachait qu'aux relations entre le pouvoir exécutif et le pouvoir législatif en matière financière.

Le travail de mise au point des mesures d'application de la nouvelle loi organique fut confié non pas à la Direction du budget mais à une direction nouvelle et par construction non pérenne, la Direction de la réforme budgétaire. La DRB avait le rôle fondamental de préparer les textes régissant la répartition entre les différents services consommateurs de crédits votés par programmes dans la loi de finance annuelle, et de donner consistance aux documents PAP et RAP. Or la culture de cette direction à la tête de laquelle fut nommé un ancien de la Direction du budget était très proche de cette dernière. Elle donnait priorité à la fonction d'allocation budgétaire sur toutes autres finalités supposées de la loi organique. Or celles-ci, telles qu'on pouvait les comprendre à partir des débats parlementaires qui avaient précédé le vote de la LOLF, visaient rien moins qu'à procéder à une rénovation globale de la gestion publique.

Les règles du jeu budgétaire une fois posées et régularisées dans le décret relatif à la gestion budgétaire et comptable publique de 2012 n'ont pas contredit la lettre de la LOLF. En revanche elles ont fait disparaître les ambiguïtés qu'elle présentait. Elles ont surtout fait disparaître les illusions qu'elles permettaient d'entretenir. La possibilité, par exemple, laissée à l'exécutif de découper les programmes en Budgets opérationnels de programme (BOP) puis en Unités opérationnelles (UO) en opérant des éclatements, aussi bien par niveau – national, interrégional, régional, départemental – que par titre ou nature des dépenses – personnel, fonctionnement, investissement, intervention – et par actions à mener, permet à chaque ministère de fortement spécialiser ses moyens. De ce fait certains principes forts de la loi sont vidés de l'essentiel de leur substance. C'est le cas pour la fongibilité des moyens mise en exergue lors des débats parlementaires autour de la LOLF et pour la responsabilisation des managers locaux. Une nomenclature budgétaire complexe se substitue à une autre nomenclature budgétaire complexe. Les novations réelles entraînées par la loi organique ont porté sur des points auxquels étaient très sensibles les services dits budgétaires tels que la stricte limitation du champ des crédits évaluatifs, la contrainte du respect d'un plafond d'emploi auquel sont soumis les responsables de programmes, et le renforcement du contrôle opéré sur les opérateurs de l'État.

La LOLF et ses textes d'application auront été utilisés avant tout comme des instruments de répartition des crédits entre ministères et comme des vecteurs de limitation du déficit réel de l'État, constatable *ex post* dans la loi de règlement budgétaire. Autrement dit le déficit réel est vu comme en partie imputable à l'action des services, à la différence du déficit prévisionnel qui pour sa part est le fruit essentiellement de choix imputables au pouvoir politique.

LA COOPÉTITION
Gains et pertes pour ses acteurs

Le terme de coopétition a connu un succès croissant durant la dernière décennie. Fusionnant les termes de concurrence et de coopération, il désigne la situation que vivent de nombreuses firmes sur les marchés où elles se trouvent en concurrence souvent sévère avec leurs homologues en même temps qu'elles coopèrent au moins avec certaines d'entre eux pour défendre leur secteur commun, pour fabriquer ensemble des éléments de leur production voire pour passer des accords (généralement occultes en raison du droit de la concurrence), en bref pour limiter de la compétition économique les effets qu'elles considèrent comme trop négatifs pour elles. Une illustration simple en est donnée par les firmes automobiles qui à la fois opèrent sur des marchés concurrentiels et fabriquent des moteurs communs.

Ce terme peut aussi s'appliquer à la sphère de l'administration française puisque l'État au concret est composé d'une pluralité d'organisations ou d'institutions qui n'ont pas seulement comme souci de mettre docilement en œuvre des politiques publiques en poursuivant l'intérêt général, mais qui recherchent également du prestige, des activités intéressantes, du pouvoir ou de l'influence au sein de la sphère publique. Bref elles ont des objectifs propres relativement déconnectés de la finalité externe qui est censée les différencier des organisations privées.

Ces volontés se traduisent chez les plus solidement organisées de ces institutions publiques par des stratégies qui relèvent de la coopétition. D'une part elles coopèrent avec leurs homologues pour mettre en œuvre voire élaborer des politiques publiques orientées vers une finalité externe. D'autre part et en même temps elles se positionnent dans la concurrence avec certaines de leurs partenaires pour la distribution des rôles, des moyens et du capital social et symbolique auquel leurs membres sont sensibles tant collectivement qu'individuellement.

Cependant la valeur communicationnelle des deux pôles de la coopétition n'est absolument pas la même dans la sphère de l'entreprise et dans celle du public.

Pour une entreprise privée le pôle de la concurrence ne pose pas trop de problème d'affichage. C'est cette concurrence qui depuis Adam Smith est censée assurer la congruence entre l'objectif de l'entreprise qui tend à dégager profit et rentabilité et l'intérêt général. C'est elle qui fait que l'entrepreneur le plus égoïste est conduit par la main invisible du marché à participer à la poursuite de l'intérêt général. La concurrence constitue le principe de légitimité de l'entreprise privée.

Dans le secteur public, la concurrence véhicule une valeur négative. Car elle est présumée faire obstacle à la distribution harmonieuse des rôles dans un ensemble étatique qui se veut volontiers à la fois sans omission et sans double emploi. La coopération dispose à l'inverse d'un statut irréprochable dans le secteur public. Elle y fait figure de complément indispensable de la spécialisation des tâches entre les différentes entités qui le composent. Sous le terme de coordination, on l'invoque à chaque fois qu'un problème ou une politique nécessitent l'intervention d'organes multiples. Elle devrait permettre d'éviter les silos qui sont sensés enfermer la rationalité bureaucratique et remédier à toutes les difficultés engendrées par la complexité des structures organisationnelles. En d'autres termes la coopération entre diverses entités, organisations ou institutions publiques devrait jouer en matière de gestion des affaires publiques le rôle dévolu au management interne au sein d'une organisation privée. En revanche la coopération entre organisations privées peut être une source de problème dès lors qu'une autorité de régulation y voit une atteinte à la concurrence ou un abus de position dominante. Seule la coopération purement technique entre elles apparaît incontestable.

	Concurrence	Coopération
Logique de marché	Est un vecteur de légitimité. Provoque la recherche de l'évitement de ses effets négatifs sur le profit et la rentabilité. Engendre des stratégies au moins de concurrence monopolistique.	Présente une utilité à géométrie variable (coopération technique et économies d'échelles). Peut être mise en cause par les autorités de régulation de la concurrence.
Logique publique	Est illégitime dans une logique d'ordre et de jardin à la française. Est camouflée en différenciation plus ou moins artificielle ou utile.	Est érigée en vertu (appels à la coordination) et donc officiellement toujours pratiquée. Souffre en fait souvent des stratégies organisationnelles.

TABLEAU 8 – Les différences de principe entre relations de coopétition dans le secteur privé et dans le secteur public.

En d'autres termes, les pôles de légitimation sont pratiquement inversés. La concurrence dans le public est dévalorisée voir niée. Lorsqu'un organe nouveau est créé, il n'est jamais, aux dires de ses promoteurs, concurrent de ceux qui lui préexistent. C'est ce que suggère avec insistance la pratique de mécano institutionnel au fil des huit politiques de modernisation transversale en France depuis la fin des années 1960. Un organe nouveau est positionné formellement comme complémentaire du reste des institutions existantes. Ses promoteurs cherchent à le différencier par des traits souvent mineurs des organismes antérieurs auxquels il paraît ressembler. C'est avec en tête ces principes de légitimité qu'il faut analyser la façon dont les multiples parties prenantes s'approprient dans l'administration de l'État les innovations réelles ou apparentes des instrumentations de gestion.

La création de structures chargées de la réforme, de la modernisation et/ou de la transformation de l'État remonte en France à celle d'un Commissariat à la réforme de l'État (CRE) en 1995. Auparavant les opérations transversales n'étaient pas portées par des structures dédiées. Il en fut ainsi pour la RCB, à l'exception de la courte période d'existence d'une mission interministérielle. Ce fut aussi la situation de l'opération de Renouveau du service public (RSP), à l'exception de la création d'un conseil scientifique qui, hébergé par le Commissariat général du plan, disposait de moyens propres très limités et n'était compétent que sur le seul des volets de l'évaluation. C'est avec la création du CRE, mais surtout avec celle de la Délégation interministérielle à la réforme de l'État (DIRE) qui lui a succédé que les choses ont commencé à bouger. Ces structures n'ont pas emprunté des compétences à des institutions ou administrations existantes. Elles se sont ajoutées à ces dernières, pour une durée de vie indéterminée *ex ante*, mais qui s'est révélée courte, dans la majorité des cas inférieure à celle d'un mandat présidentiel. Pour reprendre le vocabulaire administratif classique, il s'agissait d'administrations de mission de courte durée et fonctionnant comme des structures de projet.

Ces caractéristiques expliquent une bonne part du jeu qui se déroule depuis longtemps en matière de changement dans l'administration française.

L'organe spécialisé ainsi créé est en général dépourvu de personnel affecté, contrairement à n'importe quelle direction classique d'administration centrale. Il est composé pour une bonne part de fonctionnaires détachés dont l'avenir dépend pour l'essentiel de leur maison d'origine, et de contractuels dont le statut varie selon l'époque. Considérés comme fer de lance par leur hiérarchie quand le vent leur est porteur, notamment lors de la période de la RGPP, ces contractuels sont traités presque comme des anomalies quand le vent tourne, comme ce fut le cas lors de la période couverte par la politique de la MAP. Situation qui ne préjuge pas de la réalité de leurs compétences, mais qui augure d'une marginalité au sein de l'appareil administratif, alors même que le politique soutient la structure qui les héberge comme ce fut le cas pendant la RGPP.

Pendant que ces structures sont censées préparer l'administration de demain, les institutions administratives établies ne restent pas inactives. Elles jouent sur leur prestige, elles mobilisent leurs compétences juridiques ou financières initiales et le réseau de leurs membres comme des ressources stratégiques dans les jeux de pouvoir. En d'autres termes elles se placent avantageusement dans la coopétition publique autour de l'enjeu de la transformation de l'État.

Lors des premières lois de décentralisation promulguées au début des années 1980, le principe de la tutelle de l'État sur les actes des collectivités territoriales disparaît au bénéfice d'un simple contrôle *a posteriori.* Au-delà d'un certain affaiblissement de l'État central au profit des collectivités, de leurs élus et corrélativement de leurs fonctionnaires, cette mesure fait des gagnants et des perdants vite repérables au sein de l'État central.

Sur le plan financier et de la gestion, la suppression de la tutelle préfectorale conduit le législateur à établir un contrôle *a posteriori* avec la création de Chambres régionales des comptes. Celle-ci dote la Cour des comptes d'un réseau de juridictions. Les chambres comme la Cour elle-même montrent un double visage. Au départ, sous le nom d'examen de gestion, elles pratiquent des investigations qui entrent dans le milieu sous le vocable de contrôle de la gestion. Par la suite la Cour va poursuivre une véritable diversification de son activité, en particulier sous la houlette de son Premier président Philippe Séguin. Elle ajoutera à son travail de juridiction et d'examen de gestion deux volets supplémentaires : la certification des comptes de l'État et la fonction d'évaluateur.

Une véritable stratégie d'actualisation et de modernisation de son champ d'action est ainsi mise en œuvre et avalisée par les pouvoirs publics y compris au niveau constitutionnel[1]. Selon l'article 47-2 de la Constitution introduit en 2008 « la Cour des comptes assiste le Parlement dans le contrôle de l'action du gouvernement. Elle assiste le Parlement et le gouvernement dans le contrôle de l'exécution des lois de finances et de l'application des lois de financement de la sécurité sociale ainsi que dans l'évaluation des politiques publiques. » La loi constitutionnelle de 2008 acte également que la Cour est à la disposition du Parlement en même temps que de l'exécutif, statut qui serait de nature à renforcer son indépendance s'il en était encore besoin. Il convient cependant de ne pas oublier que les critiques les plus vives adressées à certains de ses travaux ont pu émaner des parlementaires. Un exemple parmi d'autres a été donné par des membres de la majorité sous la présidence de Nicolas Sarkozy, qui l'ont même qualifiée d'officine de gauche. Cette diversification du champ de compétence de l'institution révèle un talent d'intrapreneuriat évident, car les compétences juridiques nouvellement dévolues à la Cour auraient pu être confiées à d'autres organismes, qu'ils préexistent ou qu'ils soient créés *ex nihilo*. Il ne semble pas que

---

1   Loi constitutionnelle n° 2008-724 du 23 juillet 2008 de modernisation des institutions de la 5ᵉ République.

le problème des expertises nécessitées par l'extension des compétences de la Cour, ni des contradictions éventuelles entre les types d'activités qui lui étaient confiées et son rôle de soutien aux pouvoirs législatif et exécutif, aient fait l'objet d'une attention aussi forte que son désir d'étendre son champ des compétences juridiques.

Le deuxième gagnant de la décentralisation entreprise durant les années 1980 a été l'ensemble des juridictions administratives. Elles trouvent une activité nouvelle grâce au fait que le préfet ne peut désormais plus s'opposer à une décision d'une collectivité et doit donc la déférer devant le tribunal administratif compétent pour obtenir que soit déclarée sa nullité s'il l'a trouvée illégale. Ce surcroît d'activité, ajouté à d'autres, justifie la création d'un nouveau degré de juridiction appelé cour administrative d'appel. Ce qui permettra au Conseil d'État de développer une fonction de cassation des décisions des cours administratives d'appel dans tous les cas où il ne serait pas juge de premier et de dernier ressort, comme par exemple sur les décrets.

Par ailleurs le Conseil d'État œuvre pour une très forte institutionnalisation de l'étude d'impact dont il est auditeur puisque cette étude accompagne les projets de lois sur lesquels il exprime obligatoirement un avis. Il se comporte en la matière comme un auditeur critique et en même temps conscient qu'il ne possède pas toutes les expertises nécessaires pour faire plus que de la légistique formelle. En proposant de créer un comité donnant un avis en amont du sien pour répondre à cette limitation, il montre qu'il n'entend pas se dessaisir du rôle de contrôleur de la qualité des études d'impact.

Les premiers perdants de la réforme de décentralisation ont été les préfets. Une vingtaine d'années plus tard, au début des années 2000, ils se retrouvent en butte à la LOLF, dont ils perçoivent rapidement et désagréablement les effets. La finalisation des crédits qu'elle instaure renforce les silos programmatiques et rend plus difficiles les inflexions programmatiques au niveau local. Sa mécanique situe en effet la contrainte budgétaire au niveau du programme. Au sein d'un programme, la fongibilité des crédits devient la règle aussi bien en termes de destination entre actions qu'en termes de moyens entre titres. Font exception les crédits de personnels : ils peuvent être transférés vers d'autres type de crédits mais ils ne peuvent être abondés par ceux-ci au nom du principe de fongibilité asymétrique. De surcroît la délégation de crédit aux services déconcentrés de l'État et aux ordonnateurs secondaires dont ils dépendent, à savoir les préfets, s'effectue par le biais de budgets dits Budgets opérationnels de programme (BOP) et des Unités opérationnelles (UO) qui peuvent ne recouvrir à l'intérieur d'un programme que certaines catégories de moyens et/ou certaines actions. Qui plus est les crédits de personnels sont souvent, à l'intérieur d'une mission, rassemblés dans un seul programme au motif, plus ou moins valable selon les cas, que les agents ne peuvent être budgétairement découpés. Il résulte de la conjonction de ces dispositions qu'au niveau local l'ordonnateur des crédits se retrouve disposer d'une pluralité de BOP et d'UO dont sont la plupart du temps exclus les crédits de personnel, qui concernent une partie plus ou moins importante, en termes de champ d'action et de moyens, des programmes dont ils sont issus et qui ne sont pas fongibles entre eux lorsqu'ils appartiennent à des programmes différents.

D'aucuns ont pu voir la revanche du corps préfectoral dans la Réforme de l'administration territoriale de l'État (REATE). Dans cet appendice de la RGPP, si important qu'on peut analytiquement le détacher d'elle, la fusion de maints services déconcentrés de l'État en directions départementales interministérielles se veut significative de l'existence d'une administration départementale de l'État. Elle permet de réaffirmer l'autorité du préfet sur la dite administration. Si, en fait simple truisme, le département est présenté comme l'administration de proximité, le renforcement du niveau régional s'opère cependant à son détriment. Reconnue comme le lieu de territorialisation des politiques publiques selon une belle formule sur le plan symbolique, elle est cependant à son tour mise à mal par le système budgétaire largement centralisateur du fait des découpages de BOP opérés par les responsables de programme, par ailleurs et en règle générale directeurs d'administrations centrales. Les réformes ultérieures ne modifieront pas significativement ce déséquilibre entre un système budgétaire et l'affichage d'une territorialisation des politiques publiques, assurément opportune pour contextualiser l'action publique mais fortement entravée par l'organisation budgétaire.

LA PRIMAUTÉ DE LA COMPÉTENCE
SUR L'EXPERTISE

La modernisation de la gestion publique peut être vécue comme une menace par l'ensemble des corps, institutions, entités composant la haute administration de l'État.

L'accent mis sur l'instrumentation de gestion dans le cadre de la modernisation renforce considérablement le besoin d'une technicité solide dans les différents domaines ou fonctions de la gestion : en matière de comptabilités générale ou analytique, de contrôle, de gestion des ressources humaines, de marketing transposé à l'action publique, de conduite du changement organisationnel, etc. Il requiert aussi un large usage des sciences économiques. La prise en charge des fonctions nouvelles peut être faite par des structures nouvelles ou opérée par des structures préexistantes.

Or la coopétition se traduit par un effort commun des grandes institutions publiques pour ne pas se laisser déposséder du rôle majeur qu'elles pourraient jouer dans des innovations potentiellement importantes porteuses de transformation de l'État. L'expérience des instances de régulation en matière d'évaluation de politique est en ce domaine très instructive.

Dans le premier dispositif interministériel, le rôle clé était détenu par le Conseil scientifique de l'évaluation. Selon l'article 10 du décret de 1990, ce dernier était composé de onze membres choisis pour leurs compétences en matière d'évaluation ou dans le domaine des sciences économiques, sociales ou administratives. En d'autres termes l'expertise réelle ou supposée était le seul critère de choix des membres du Conseil, ce qui n'a pas empêché des membres de la Cour des comptes d'y être nommés à titre personnel.

Dans le dispositif retouché par le décret n° 98-1048 du 18 novembre 1998 relatif à l'évaluation des politiques publiques, une instance nouvelle remplace le CSE par le Conseil national de l'évaluation. Celui-ci est dorénavant composé de quatorze membres. Six d'entre eux seront recrutés en tant que personnalités qualifiées choisies en raison de leurs compétences en matière d'évaluation et dans le domaine des sciences économiques, sociales ou administratives. S'ajoutent à eux un membre du Conseil d'État désigné par celui-ci, un membre de la Cour des comptes désigné par celle-ci, trois membres du Conseil économique et social désignés par celui-ci, un maire, un conseiller général et un conseiller régional désignés au vu des propositions faites par une association représentative, respectivement celle des maires, des présidents de conseil général et des présidents de conseil régional. La qualification tient donc pour la majorité des membres à leur représentativité élective ou à leur l'appartenance à des institutions de la République.

Une quinzaine d'années plus tard, lors de l'opération de Modernisation de l'action publique, le guide dit de cadrage méthodologique des évaluations partenariales est confié aux trois Inspections générales interministérielles, soit l'IGF, l'IGA et l'IGAS (Battesti et autres, 2012), lesquelles sous-traitent d'ailleurs une partie du travail à un cabinet de conseil ! Plus de trente ans auparavant, le guide équivalent avait été établi par le CSE lui-même ! Est-ce à dire que le passage de responsabilité d'un organe scientifique à des organes administratifs traduirait l'appropriation des méthodes, de l'esprit de rigueur et de prudence méthodologiques par des institutions importantes de la République ? Si oui, on ne pourrait que s'en réjouir. Si non…

L'intégration de la modernisation ne requiert pas uniquement une prise en charge des nouveautés dans le domaine de compétence des structures existantes, elle requiert un effort significatif d'acquisition ou de renforcement d'expertises techniques ou professionnelles nouvelles permettant de produire des connaissances spécialisées orientées vers l'action. On n'est pas sérieusement évaluateur ou contrôleur d'évaluation *ex ante* comme *ex post* sans une certaine maîtrise des sciences sociales. On n'est pas contrôleur de gestion sans maîtriser les outils de conception et d'exploitation sur lesquels repose un véritable système de contrôle.

Or la haute administration publique française semble largement sous-estimer son besoin d'expertises variées. Elle est beaucoup plus prompte à réclamer une nouvelle attribution de compétences qui serait naturelle par sa proximité avec celles qu'elle exerce déjà qu'à se doter de cette expertise. Les indices de ce comportement ne manquent pas. Elle monte des formations beaucoup trop courtes, qui permettent d'acquérir du vocabulaire beaucoup plus que du savoir-faire. Elle privilégie le recours à du personnel contractuel ou détaché plutôt que la spécialisation effective de certains de ses membres dans les expertises nouvelles. L'innovation est d'abord sémantique. Le mode de pensée politiquement correct qui veut qu'un haut fonctionnaire soit par essence un généraliste à même de traiter n'importe quel type de problème demeure vivace.

LA CAGE DE FER COGNITIVE

On entend souvent que les errements apparents, la modestie des avancées ou le retard pris par la modernisation en France tendraient à la sagesse des pouvoirs publics, qui lanceraient et encourageraient des processus d'apprentissage qui diffuseraient dans la sphère publique par effets de halo, évitant ainsi de provoquer des chocs brutaux et de susciter des résistances durables voire des rébellions du personnel de base et des mobilisations syndicales.

UNE RÉCURRENTE INCAPACITÉ D'APPRENTISSAGE

En fait la façon dont sont appropriés les impératifs de modernisation évoque plutôt l'inaptitude de l'Administration à dégager les leçons de l'expérience, ou, lorsqu'elles sont dégagées, à en tenir compte, donc la faible capacité d'apprentissage des milieux dirigeants. Les exemples ne manquent pas.

L'obligation d'étude d'impact législatif édictée par la loi organique de 2009 avait été précédée d'une obligation à un niveau moindre de la hiérarchie des normes. Pour les projets de lois et de décrets en Conseil d'État, une circulaire signée en 1995[1] de la main d'Alain Juppé, premier ministre à l'époque, prévoyait une phase d'expérimentation de ces études, en prolongement de la circulaire du 26 juillet 1995 relative à la préparation et à la mise en œuvre de la réforme de l'État et des services publics. Cette expérimentation eut effectivement lieu durant l'année

---

1 Circulaire du 21 novembre 1995 relative à l'expérimentation d'une étude d'impact accompagnant les projets de loi et de décret en Conseil d'État NOR : PRMX9501182C J.O n° 279 du 1er décembre 1995, page 17566.

1996. Une circulaire de 1998[2] du Premier ministre Lionel Jospin se référant à deux évaluations faites respectivement par le Conseil d'État et par le comité Coût et rendement des services publics pérennisa pour sa part cette obligation d'étude, non sans préconiser quelques changements de ses modalités.

Deux circulaires de 2003[3], dont l'une signée par délégation par Jean-Marc Sauvé, futur Vice-président du Conseil d'État, qui siégeait alors comme Secrétaire général du gouvernement, Jean-Pierre Raffarin étant Premier ministre, réformaient le système en supprimant le caractère obligatoire de l'étude d'impact pour tous les textes et lui substituait un choix plus restrictif des textes qui seraient soumis à la procédure. Par ailleurs une synthèse des études effectuée par des experts internationaux notait à ce propos le niveau de qualité très variable des études réalisées. Elle soulignait l'insuffisance d'éléments chiffrés, la tendance aux plaidoyers pro domo, le délai trop court de réalisation des études par les services, le manque d'expertise et l'absence de recours à la contre-expertise : bref, dans un langage diplomatique certes, elle donna à la France une mauvaise note (OCDE 2008). On peut constater combien faible est resté l'apprentissage de la qualité au vu de la pratique des études d'impact législatif plus de dix ans après son adoption et la situation décrite par l'OCDE. Difficile d'invoquer le manque de temps et de recul pour prendre conscience de tous les travers possibles dans la mise en œuvre de l'instrument et apprendre des échecs.

Dans le cas des PAP et des RAP, des documents intitulés budgets de programme – ou à l'époque blancs budgétaires – avaient été rendus obligatoires dans les différents ministères en appui du budget présentés dans les années 1970. Leur lecture aurait pu renseigner les instances chargées de superviser la mise en œuvre de la LOLF, tant sur les difficultés à faire expliciter par les administrations des objectifs un peu précis, que sur pour élaborer des indicateurs rendant convenablement compte des ambitions assumées au regard de ces objectifs. Si le terme de performance n'était pas encore utilisé dans les années 1970, telle était bien la logique du budget de programme. Les leçons de l'expérience de

---

2   Circulaire du 26 janvier 1998 relative à l'étude d'impact des projets de loi et de décret en Conseil d'État.

3   Circulaire du 26 août 2003 relative à la maîtrise de l'inflation normative et à l'amélioration de la qualité de la réglementation. Circulaire du 30 septembre 2003 relative à la qualité de la réglementation NOR : PRMX0306876C du gouvernement.

la RCB à la fin des années 1960 auraient pu et dû être mieux utilisées dès 2001 lors de la mise en place de la LOLF. Encore eût-il fallu être désireux de capitaliser ces leçons.

Une expérience est très révélatrice. C'est celle qui compare la qualité respective des premières moutures de budgets de programme élaborées dès les années 1970 par des ministères pionniers, tel celui s'occupant de l'équipement du territoire, et les documents proposés par les ministères qui ne se sont prêtés à l'exercice qu'après que l'obligation leur en a été imposée. Les premiers ministères étaient désireux d'améliorer leur position lors des discussions et des arbitrages budgétaires grâce à une argumentation forte de l'intérêt qu'il y avait à augmenter le volume d'argent public consacré à leurs propres activités. Ils croyaient alors qu'ils pourraient gagner en adoptant une présentation jugée plus ration-nelle de leurs demandes budgétaires. Certes, en tant que prestataires de services ou constructeurs d'infrastructures, les premiers possédaient une compétence en la matière mieux rôdée que les seconds, ministères régaliens comme celui de la Justice. Mais surtout, ces derniers élaboraient leurs budgets de programme à une époque où il était devenu clair que la répartition des dotations entre les grands domaines, qui définissent plus ou moins la structure gouvernementale et la différence de statut entre ministères, était de nature politique. Ils avaient compris que leurs budgets étaient donc peu susceptibles d'être significativement touchés par des démonstrations de type coût – avantage ou par leur traduction en dossier finalisé.

Cet exemple constitue un indice révélateur du fait que la motivation d'un ministère à effectuer un travail de fond pour élaborer un budget de performance présente quelque rapport avec l'espérance qu'il peut avoir d'obtenir un retour budgétaire significatif de ce travail.

La budgétisation au premier euro instaurée par la LOLF en 2001 l'a été par réaction contre la reconduction en bloc des services votés dans la procédure budgétaire instaurée par l'ordonnance de 1959, qui obligeait les responsables de programmes à démontrer le bien fondé de leurs demandes par les activités que les services publics doivent mener à bien, mais nullement en termes de performance. En d'autres termes, à l'ambition extrême et vite abandonnée de la RCB, qui était de justifier les demandes de crédits par l'impact sociétal que pouvait entraîner leur utilisation, s'est substituée une justification par les besoins en matière de fonctionnement interne des services publics. Cependant la LOLF fait preuve, en la matière, de davantage de réalisme que la vision première des budgets de programme : il y a peut-être là un effet d'apprentissage plus convaincant que celui que l'on a pu constater pour les objectifs et les indicateurs.

Dans l'opération d'évaluation menée dès 2011-2012 dans le cadre de la MAP, l'ambition d'évaluer toutes les politiques publiques relevait de la tartarinade. Compte tenu du dispositif instauré, la notion de partenariat s'est apparentée à de la publicité mensongère. Les exigences d'une véritable évaluation, et leurs différences avec les pratiques traditionnelles des corps de contrôle, étaient pourtant connues depuis longtemps, au minimum depuis le dispositif établi par Michel Rocard de 1990 au niveau national et interministériel. Le Conseil scientifique de l'évaluation existant à l'époque les avait consignées dans un petit guide fort remarqué. Il avait émis dans ses avis ex post des remarques et mises en garde en ce sens, qui furent d'ailleurs peu appréciées par les présidents des instances d'évaluation concernées, lesquels étaient souvent des membres de corps de contrôle.

En matière de comptabilité, d'évaluation et d'impact des lois, l'expérience n'incite pas à envisager avec optimisme la réitération d'opérations qui avaient déjà été menées sous des modalités voisines.

Car le poids de l'amnésie ou du moins du manque de capacité d'apprentissage du le système politico-administratif est redoutable (Gibert et Thoenig 1993). Dans deux des trois cas, l'étude d'impact législatif et la LOLF, c'est la montée dans la hiérarchie des normes qui aurait pu faire espérer que les travers précédemment constatés allaient s'estomper sinon disparaître. Cet espoir reposait plus ou moins implicitement sur l'idée que la crainte de la sanction judiciaire était une incitation forte à la bonne utilisation de ces instruments. Or le juge constitutionnel qu'est le Conseil constitutionnel se montrera soucieux, à l'imitation du juge administratif, de ne pas surimposer des contraintes au pouvoir politique. Il lui fallait aussi assurer sa légitimité par la modération dans la censure des lois, surtout quand il s'agit de respecter des procédures et non pas de défendre des libertés publiques. Ce fut une nouvelle occasion pour lui de rappeler, comme il l'avait déjà fait à maintes reprises, qu'il ne disposait pas d'un pouvoir général d'appréciation et de décision identique à celui du Parlement, justifiant ainsi qu'il se montre peu exigeant en la matière.

L'autre effet du passage de règles issues du pouvoir réglementaire à des règles législatives était en principe de leur assurer une pérennité supérieure en accroissant la difficulté du pouvoir exécutif de les modifier.

DES COGNITIONS OU LANGAGES
POUR L'ACTION INADAPTÉS

À l'examen de l'appropriation des instruments et des outils de gestion doit s'ajouter l'analyse des politiques transversales du gouvernement qui, pour sa part, dévoile la partition qu'interprètent successivement les huit politiques de ce type. Celle-ci demeure quasiment identique tout au long de cinq décennies. Plus précisément, quatre traits de ce répertoire d'action importent au plus haut degré :

— la prééminence d'une approche managériale descendante de type *top-down,*
— une élaboration par des cercles exclusifs voire fermés de hauts fonctionnaires,
— une domination quasi obsessionnelle du souci des économies budgétaires plutôt que d'une véritable rationalisation financière,
— des espoirs souvent insensés dans les innovations technologiques comme vecteurs porteurs d'innovation.

De tels traits traduisent l'hégémonie de croyances, de convictions profondes et de références normatives portées par les concepteurs gouvernementaux des politiques, qu'ils soient issus de la gauche ou de la droite politique, mais aussi plus largement des responsables de la mise en œuvre des réformes qui structurent et mettent en musique les actions dites de modernisation. Une sorte de culture de la gouvernance du changement est à l'œuvre, faite de formatages cognitifs ou de langages organisationnels pour l'action (Michaud et Thoenig, 2009).

Un article devenu un classique des sciences sociales appliquées à la gestion a passé en revue les théories de l'organisation qui à la fin des années 1930 avaient acquis un statut de références normatives (Simon,

1946). Elles prétendaient reposer sur des bases rationnelles. L'organisation scientifique du travail en était la plus connue. Le taylorisme avait inspiré une version élaborée par l'ingénieur Henri Fayol appropriée par de nombreuses réformes de l'administration publique menées en France. Cette théorie énonçait quatorze principes, par exemple sur la division du travail comme base de l'efficacité, respect du lien entre l'autorité et la responsabilité, le rôle clé joué par la discipline, l'unité de commandement, le rôle primordial joué par la centralisation et par l'ordre (une place pour chaque homme et un homme à chaque place) (Fayol, 1916). Ainsi la raison d'être du contrôle était de faire respecter les ordres et les règles établis par l'autorité hiérarchique.

Herbert Simon critiquait ces types de doctrines en soulignant qu'elles véhiculaient un fatras de proverbes ou de préconisations ne reposant sur aucun fondement pragmatique ou scientifiquement valables. De plus, à l'épreuve de leur application, nombre de leurs principes se révélaient contradictoires en termes de bonne gestion.

À sa manière les politiques de modernisation menées en France reposent elles aussi sur une série de lieux communs de ce que serait la bonne gestion, et mobilisent des facteurs cognitifs qui font problème voire sont contradictoires. Les objectifs qu'elles sont supposés servir ne sont pas atteints parce que l'interprétation qu'elles donnent de la réalité qu'il s'agit de transformer n'est pas pertinente.

Le contenu de cette doxa importe. Il engendre des conséquences majeures sur la gestion des processus de changement en milieu administratif. Ceux des acteurs dirigeants qui, de façon explicite, ne partagent pas les croyances et les langages dominants pour l'action se placent *ipso facto* en marge du milieu auquel ils appartiennent et dans lequel ils agissent. Ils sont jugés déviants et peu fiables par leurs pairs, pour cause de manque de caractère ou d'expérience. Ils constitueraient des sources de risque majeur si par malheur on leur confiait les manettes d'une opération de modernisation.

Pour échapper à cette cage de fer cognitive, deux solutions semblent possibles. Soit faire appel à des responsables externes au cercle des cadres dirigeants en place, soit imiter des pratiques expérimentées dans des contextes non français, en observant comment font les autres, pourquoi, avec quels résultats et quels effets indésirables. En fait cet appel comme cette quête ont eu lieu, sans grands résultat (Guillaume,

Dureau, Silvent, 2002) et sans grand succès. Car s'agissant de ce qui vient du monde extérieur, l'élite ou technostructure administrative en place a une oreille sélective, n'écoutant guère que ce qui est compatible avec la culture-maison et avec sa façon de faire, quitte à disqualifier l'expérience et les recommandations des « étrangers ».

L'idée de cage de fer renvoie au fait que des dynamiques de dissonance cognitive sont plus largement à l'œuvre dans l'administration française (Festinger 1962). Elles consistent à ignorer de façon répétitive ce qui peut menacer la façon de penser et d'agir commune à la communauté d'appartenance. Elles transparaissent de façon patente dans des situations d'échange d'expérience professionnelle avec des hauts fonctionnaires de pays tiers, qui ont procédé de façon différente de la France, alors que leur exemple aurait permis d'avancer la modernisation et d'améliorer l'efficacité des politiques publiques.

On observe de façon récurrente ce désir d'ignorance dans des instances internationales comme celles patronnées par l'OCDE ou même dans des rencontres bilatérales. Certes les représentants français s'émerveillent de ce qui se passe ailleurs, dans le pays de leurs correspondants étrangers. Ils les entendent mais ne les écoutent pas. Ils se montrent sceptiques sur le fait que cela fasse vraiment sens dans leur propre pays. Il en va de même lorsqu'il s'agit de faire appel à des responsables d'associations, d'entreprises ou à des universitaires. À leurs yeux les chefs d'entreprise vivent dans un autre monde, de nature quasi darwinienne. Quant aux chers professeurs, il est bien connu qu'ils sont enfermés dans leur tour d'ivoire, loin des dures contraintes de la réalité quotidienne.

Le problème est que la dissonance cognitive rend myope et conduit à ne sélectionner que ce qui ne menace pas les croyances et les pratiques de qui les porte. Cette myopie enferme sur les préjugés et ferme la porte à l'apprentissage d'alternatives et à d'autres interprétations du monde. Pire, cette myopie interdit de tirer des leçons à partir des erreurs ou des succès d'une action précédente.

L'ignorance est un construit social, collectif et organisationnel. Elle est durable. Elle s'impose aux individus qui appartiennent à tel collectif, tel corps administratif, telle institution d'État. Ces processus de production d'ignorance sont fondés sur l'illusion durable de posséder le savoir de la modernisation de l'État. Ils empêchent de donner sens et d'adopter les acquis de la connaissance lorsqu'ils contredisent les routines cognitives du collectif, comme le montrent des travaux sur de tous autres sujets, concernant par exemple la gestion des risques sanitaires sur le cas des pesticides (Dedieu, 2018).

Les langages pour l'action qui sous-tendent les réformes françaises dites de modernisation se caractérisent par une théorie du changement qui peut se résumer en un ensemble d'aphorismes, qui trouvent leur source d'inspiration dans le droit public et leur légitimité académique dans une discipline normative appelée science administrative. Ces disciplines sont d'un poids important pour passer avec succès les concours de recrutement de fonctionnaires, et les aphorismes qu'elles suscitent sont intériorisés lors de la formation des futurs cadres dirigeants de la fonction publique à travers matières enseignées par les écoles d'application qui telles l'ENA. Ces références cognitives renvoient à une conception statocentrée de l'intégration sociale, dont le bras armé est la bureaucratie en tant que porteuse de rationalité légale ou procédurale.

LES APHORISMES DE LA CAGE DE FER

Un premier aphorisme postule que toute dynamique de modernisation réussie repose sur un changement préalable des structures formelles et des organigrammes des services.

Cet aphorisme est un fusil à deux coups. D'une part il vise l'organe auquel sera confiée l'élaboration, le suivi et la supervision du processus. Certes la localisation précise de cette structure dédiée au sommet de l'appareil d'État peut varier selon le programme concerné. Elle peut se situer tantôt au ministère des Finances, tantôt à Matignon quand il s'agit d'un programme transversal, ou, quand il s'agit d'une réforme plus instrumentale, dans une mission ou d'un bureau spécialisé reportant tantôt directement au ministre, tantôt à une direction du ministère. Plus généralement des services doivent être constitués qui assument la charge ou la responsabilité de l'innovation. Cette spécialisation se traduit par une filière supplémentaire, à compétence hiérarchique ou fonctionnelle, d'autant plus que les filières préexistantes sont par nature englouées dans leurs routines. Autrement dit, l'intégration autour des objectifs de changement se produit par la coordination qu'une tierce partie opère entre des structures existantes. La succession des programmes transversaux ou interministériels se caractérise ainsi par le fait que, avant de travailler en profondeur sur la promotion des instruments de gestion auprès des parties prenantes, les acteurs de la modernisation de l'État à la française pensent d'abord en termes de jeux de mécano institutionnel au niveau central.

D'autre part cet aphorisme s'applique aux sujets traités par la politique de changement. La politique de RGPP lancée en 2007 en fournit un exemple paroxystique en ce qui concerne le recours à des opérations de fusion entre administrations et services publics, de regroupements de services dits de soutien. Ces langages de l'action n'ont rien à envier à ceux qui, également, voient dans la fusion le prérequis de la performance dans le monde des entreprises.

Un deuxième aphorisme postule qu'un centre et un seul doit agir comme référent ultime en matière de changement. Ce centre doit avoir le monopole du contrôle de l'agenda du processus de changement : il doit définir les objectifs, décliner les modes d'action à suivre, certifier les résultats obtenus. Plus largement son monopole justifie sa légitimité. L'animation du processus de changement et l'intégration des parties concernées sont donc assurées et animées de façon descendante *top down.*

Un troisième aphorisme énonce que la modernisation se diffuse d'autant mieux que le secteur administratif concerné fonctionne comme une machine bien intégrée. Cette posture cognitive implique que les relations de pouvoir entre les divers niveaux hiérarchiques sont par essence asymétriques. Si le niveau A est supérieur hiérarchiquement au niveau B, la fonction de B est déterminée par A. En d'autres termes, pour comprendre ce que fait B, il faut comprendre l'agenda déterminé par A. B est présumé se comporter comme un agent de A. Cette vision implique également une conception transitive des relations entre niveaux hiérarchiques. Si A est le supérieur de B et que B est le supérieur de C, C se comporte comme l'agent de B et donc en définitive comme l'agent de A. La relation entre les niveaux hiérarchiques obéit à un principe de linéarité ininterrompue.

Un quatrième aphorisme pose que la modernisation est d'autant plus facile qu'il existe des frontières claires à tous les niveaux entre la configuration administrative impliquée et le reste du monde. En d'autres termes l'appartenance à une institution donnée fait partager sa logique d'action par tous ses autres membres, qui est différente de celles d'autres institutions formelles, qu'il s'agisse de collectivités locales, d'autres entités publiques ou même des directions ou services rattachés au même ministère que la direction ou le service auquel le membre appartient. La direction du Trésor n'est pas celle des Finances Publiques même si toutes deux appartiennent au même ministère. À chacune sa culture maison, que traduisent ses manières de faire et d'interpréter ce qui construit sa mission. On ne peut pas être en dernier ressort membre de deux institutions ou organisations différentes à la fois.

Un cinquième aphorisme ou principe d'action définit une bonne méthode ou un bon instrument comme étant valable en soi, ici et ailleurs, maintenant et demain, en toutes circonstances. La modernisation ne s'apparente pas à du sur mesure pour des contextes spécifiques. Elle doit dans l'idéal ignorer le contexte intra-administratif aussi bien que le contexte sociétal associés à la diversité des politiques publiques. Une bonne boîte à outils est applicable de façon identique, partout et répétée.

Une sixième croyance ou conviction énonce que le pilotage du changement doit être confié à des généralistes dont la légitimité tient aux savoirs que sous-entend le prestige de leur corps d'appartenance. Aucune compétence particulière n'est requise pour gérer des processus de modernisation, sauf celle démontrée par la réussite au concours de recrutement dans l'administration. Plus le corps auquel est rattaché le fonctionnaire est prestigieux, sélectif, élitiste, plus le fonctionnaire est supposé apte à occuper avec succès un poste de haute responsabilité administrative et à satisfaire les critères de rationalité politique. Par essence le généraliste ainsi profilé, qu'il soit membre de l'inspection générale des Finances, de la Cour des comptes, du Conseil d'État ou du corps des ingénieurs des Mines ou des Ponts et chaussées, maîtrise un savoir-faire non explicite que ne possèdent pas les spécialistes des méthodes et les experts des instruments mobilisés pour la modernisation (Thoenig, 1987).

Les six traits d'une telle configuration cognitive impliquent que la dynamique de changement se diffuse de manière impersonnelle grâce à la formalisation procédurale, la délégation aux niveaux intermédiaires et opérationnels – souvent appelée déconcentration – étant tolérée à condition qu'elle s'inscrive dans le cadre de l'agenda et des priorités stratégiques définis par le centre. Pour l'essentiel la machine fonctionne bien si et quand les niveaux intermédiaires et opérationnels se conforment à l'agenda énoncé par le centre et appliquent ses directives en termes de façons de faire.

Or les conséquences de cette configuration cognitive sont loin d'être anodines. Elles se traduisent par un persistant décalage entre la manière dont fonctionnent réellement les univers que la modernisation veut faire évoluer et les grilles de lecture ou d'interprétation que mobilisent les réformes conçues à ses fins. Plus spécifiquement un véritable déficit cognitif transparaît et son empreinte est persistante. Celui-ci conduit en effet à sélectionner des façons de gérer le changement organisationnel dont la pertinence reste sujette à caution. Tel est le cas s'agissant de la manière dont est traitée la question de l'appropriation par les individus des outils, méthodes et objectifs d'une réforme dite de modernisation.

Ce formatage cognitif fait le pari que deux moteurs principaux pousseront chaque individu à jouer le jeu de la réforme conformément à ses intentions.

L'un est la procéduralisation poussée des nouvelles façons de faire, accompagnée du contrôle de leur application par la voie hiérarchique. Cette approche est jugée suffisante pour insuffler des dynamiques de changement de la part des échelons subordonnés.

L'autre moteur tient à ce que des dynamiques exogènes contribueront à rallier leur soutien et leur motivation. C'est clairement le pari que fait le centre sur la valorisation de l'innovation numérique comme vecteur de la modernisation motivant en soi une ouverture à des façons alternatives d'opérer.

LES FAITS SONT TÊTUS

À l'examen des faits, de telles attentes paraissent irréalistes. Par exemple les nouvelles prescriptions sont perçues comme une couche de bureaucratisation supplémentaire. Pire, les langages de l'action adoptés ne sont pas en ligne avec la connaissance accumulée par les sciences de la gestion quant à la conduite du changement, notamment par rapport aux contextes spécifiques dans lequel se déploie l'action publique. C'est ainsi que la théorie normative énoncée ci-dessus fait fi des avancées produites par la connaissance empirique des organisations développée par les sciences sociales appliquées à la gestion qui démontre à l'envi combien les postulats énoncés ci-dessus, qui fondent les cognitions et les langages dominants sont sinon toujours faux du moins contradictoires.

Les asymétries hiérarchiques sont souvent renversées ou même inexistantes dans la pratique. Ainsi les niveaux intermédiaires ou opérationnels comme les services déconcentrés de l'État disposent en réalité d'une large marge d'autonomie. L'autorité hiérarchique ne coïncide pas avec le pouvoir de fait. Les discontinuités sont légions entre le haut et le bas de la pyramide formelle. L'information pertinente pour agir ne circule pas de façon transparente entre les services. Les frontières formelles d'une organisation ne jouent pas un rôle décisif.

Par exemple il existe des rapports d'interdépendance forte entre les préfets et les maires (Worms, 1966). Un bon préfet écoute ses maires et un bon maire a l'oreille de son préfet. Pour réussir dans sa propre institution, chacun dans son rôle a intérêt à prendre en compte les contraintes que son partenaire doit gérer pour sa part dans sa propre juridiction. Ces portefeuilles de relations privilégiées sont autant de ressources mobilisées pour mener l'action à bien, comme l'ont montré des recherches menées par exemple sur les politiques de sécurité publique (Thoenig, 1995).

De telles pratiques ne sont pas isolées. Elles sont courantes et valorisées. Entre fonctionnaires des services territoriaux de l'État et notables locaux – dirigeants de conseils départementaux et régionaux, présidents d'institutions consulaires, etc. – se développe une complicité fondée sur le partage d'une expérience commune, d'enjeux complémentaires et de normes d'action identiques. Autrement dit un système organisé mais non formalisé, stable et généralisé, régule la gestion au niveau territorial et lie entre eux des acteurs n'appartenant pas aux mêmes univers institutionnels. Des phénomènes de régulation croisée structurent les rapports sur le terrain entre les administrations de l'État et les responsables locaux (Crozier et Thoenig, 1975). Ce ne sont pas des phénomènes de corruption. Du point de vue cognitif les acteurs d'un même territoire partagent des références identiques pour gérer les enjeux de l'action publique. Paris attend d'un bon préfet qu'il sache intérioriser les enjeux de ses partenaires locaux. Un notable réussit d'autant mieux à la tête de sa collectivité qu'il a l'accès direct au préfet, donc qu'il intériorise les enjeux auxquels ce dernier doit répondre, au besoin en intériorisant une partie du langage pour l'action qui est celui de l'État et que véhicule le préfet. Les partenaires peuvent se comprendre même s'ils évoluent dans des contextes institutionnels différents et *a priori* peu compatibles entre eux.

La configuration ou architecture cognitive sous-jacente ne permet pas non plus d'interpréter correctement le monde dans lequel évolue l'État et donc de repositionner le rôle qui devrait être celui de la puissance publique et de ses politiques. Ainsi le divorce est patent entre d'une part la croyance portée par les programmes de modernisation et qui postule que l'administration fonctionne comme une machine bien intégrée du sommet à la base et d'autre part la réalité des défis extérieurs auxquels l'État est de plus en plus confronté et que décrit le chapitre premier. L'architecture cognitive endossée par le centre ne coïncide pas avec le quotidien des pratiques adoptées par les échelons opérationnels tels que les services extérieurs de l'administration, dont une massive documentation scientifique produite par les sciences sociales explique la raison d'être et la pertinence.

L'absence de cognitions partagées engendrant des dynamiques de nouvelles architectures porteuses de rationalité managériale est également patente s'agissant des programmes transversaux de modernisation. Si elle l'est un peu moins pour un certain nombre d'opérations plus sectorielles ou plus locales, elle coïncide avec le fait qu'elles ne trouvent pas de porteurs, à commencer au niveau de leurs dirigeants ou responsables, pour agir comme des managers capables de bâtir des cognitions partagées dans les organisations (Michaud et Thoenig, 2009).

Les organisations administratives réagissent au changement et à la réforme comme elles fonctionnent en temps ordinaire, c'est-à-dire comme des assemblages de silos cognitifs de rationalités qu'aucun chaînage ne lie entre elles. Elles ne forment pas des communautés cognitives même si leurs porteurs respectifs partagent par ailleurs des valeurs identiques relatives au service de l'État ou à l'intérêt général. L'efficacité de leurs actions et des politiques dont elles ont la charge se joue sur un autre registre que celui des seules valeurs de service public.

Le discours administratif en matière de réforme de l'État est donc constitué de prêt-à-penser aisément mobilisable. C'est une idéologie au sens où les croyances sur lequel il repose ne s'opposent certes pas à la vérité et à la connaissance scientifique, mais forment un système de pensée qui demeure lâche et diffus pour le plus grand nombre.

L'épreuve de la modernisation suggère que la sphère publique en France présente une situation amplement étudiée par la théorie des organisations. Pour l'essentiel, elle s'adapte aux changements en exploitant ses vieilles certitudes et en mobilisant ses routines établies. La plupart des décideurs suivent des règles préétablies. Plutôt que d'explorer (March, 1991) pour trouver de nouvelles possibilités ou alternatives, d'autres modes d'interprétation de la réalité à laquelle elle est confrontée, son action consiste en général davantage à identifier quelle règle exploiter en fonction du contexte et de ce qu'elle perçoit de la situation à travers les lunettes déformantes de ses schèmes cognitifs.

En conséquence, les organisations qui, dans leur fonctionnement effectif, ne parviennent pas à maintenir un équilibre entre l'exploration et l'exploitation, à l'adapter en fonction des exigences du contexte dans lequel elles opèrent, courent de graves risques de survie. Trop d'exploitation tue l'apprentissage organisationnel, c'esst-à-dire la capacité des organisations à apprendre de leur expérience et de celle des autres quitte à faire évoluer leurs règles internes et leurs compétences professionnelles. La gestion des ressources humaines ne devrait-elle pas avoir pour priorité la gestion des connaissances (*knowledge management*) (Ballay, 2002)?

En France les fonctionnaires de l'État qui occupent des fonctions dirigeantes en matière de modernisation sont socialisés et perpétuent l'idéologie managériale dominante de trois manières :

- pour avoir accompli un même parcours initiatique pendant leur formation professionnelle initiale, notamment par le fait que les étudiants sont issus de filières spécialisées de l'enseignement supérieur dont la référence dominante est Sciences-Po Paris et dont l'influence se ressent dès le concours de recrutement à l'ENA,
- par le fait que les institutions-corps au sommet de l'État recrutent leurs nouveaux jeunes membres, ceux qui auront le plus de chance de faire une belle carrière par la suite, en fonction du classement à la sortie de l'ENA, et par le fait que les élèves qui ne sortent pas dans la prestigieuse botte iront néanmoins meubler des emplois

d'encadrement, notamment en administration centrale, réservés à des administrateurs civils,
- par l'emprise des liens de solidarité interne entre membres du corps et même entre corps de hauts fonctionnaires quand leurs enjeux et leurs privilèges risquent d'être remis en question par des menaces de réforme.

Le seul hic, mais il est majeur par ses conséquences, réside dans le fait qu'une institution comme l'ENA a beau avoir tenté d'introduire, certes avec prudence voire à reculons, une formation à la connaissance en management public et en politiques publiques (qui reste d'ailleurs marginale pour le classement des élèves), ses initiatives ne remettent pas en cause la doxa et même sont combattues par les associations d'anciens élèves. Ainsi en est-il des enseignements de sociologie des organisations qui préconisent des lignes hiérarchiques plus courtes et des formes d'animation du personnel faisant appel à des techniques comme la dynamique de groupe.

LES INCERTITUDES
SUR LE MANAGEMENT
DES RESSOURCES HUMAINES

La gestion des administrations et de l'action publiques s'effectue à travers trois structures. La structure organisationnelle agence la distribution des pouvoirs, des rôles et des tâches. La structure budgétaire résulte du mode de distribution et des droits d'utilisation des ressources. La structure des ressources humaines, en France, classe explicitement les agents publics dans un ensemble de catégories qui se différencient par les types d'emploi auxquels elles donnent accès et par les droits et les devoirs qui leur sont attachés.

Il serait illusoire de ne prendre en compte que l'aspect formel de chacune de ces structures, la manière dont elles sont censées agencer le fonctionnement du registre auquel elles ont trait. Un organigramme ne donne qu'une très superficielle et imparfaite idée de la distribution du pouvoir et de la distribution des rôles dans l'organisation. Les règles et principes budgétaires ne donnent qu'une vision incomplète de la façon dont opère la gestion budgétaire au quotidien. La structure formelle des ressources humaines quant à elle ne révèle qu'une faible part de la place réellement faite à chacune des catégories d'agents. Seule une analyse approfondie peut donner une image plus précise de ces structures placées dans leurs contextes réels.

Les opérations de réformes de l'État entreprises durant le dernier demi-siècle se sont souvent attaquées aux structures organisationnelles formelles depuis les incessants découpages et redécoupages des ministères jusqu'à la réorganisation profonde de l'administration territoriale de l'État. La structure budgétaire qui pour sa part avait résisté pendant des décennies à plusieurs tentatives de réformes a été bouleversée avec le vote de la LOLF. Les chapitres précédents ont amplement montré les limites de ces réformes quant à la modernisation réelle des pratiques gestionnaires au sein de l'administration. En revanche, et ce fait est capital, la structure des ressources humaines est pour sa part demeurée étonnamment stable. Elle a paru très longtemps constituer un tabou auquel il ne fallait toucher que marginalement, même si, surtout depuis la fin des années 1990, la mise en cause de cette structure est inscrite à l'agenda institutionnel sinon à l'agenda gouvernemental.

Quatre points méritent une attention plus particulière à cet égard. La logique de la structure des ressources humaines a autorisé dans le passé des modifications qui ont permis d'en éviter une ossification totale à travers une adaptation minimale aux évolutions de l'environnement. Par ailleurs l'adoption de la sémantique et d'une certaine instrumentation de gestion n'a jusqu'à présent pas apporté de valeur ajoutée significative à la modernisation du management des ressources humaines de l'État. En troisième lieu, notamment depuis la fin des années 1980 la conviction s'est développée qu'une modification en apparence mineure des textes juridiques permettrait de remettre cette structure en cause (Jeannot et Rouban, 2009). Cette modification permettrait de dépasser l'opposition entre une approche frontale de la modernisation jusqu'ici évitée et des approches incrémentales jusqu'ici assez inefficaces. Ce quatrième point est essentiel, car la modification *de facto* de la Gestion des ressources humaines (GRH) fournirait le levier majeur de modernisation qui a fait jusqu'à présent défaut.

STABILITÉ FONCIÈRE ET ADAPTATION MINIMALE
AUX ÉVOLUTIONS DE L'ENVIRONNEMENT

La spécificité de la gestion du personnel dans la fonction publique a été signalée de longue date. Nombre de ses traits ou de leurs conséquences ont été et restent vivement critiqués par les observateurs partisans d'un *aggiornamento* de l'État. Le management des ressources humaines de l'État est aujourd'hui un mélange de continuités, d'inflexions et d'ambiguïtés. Il ne traduit pas un choix clair fait en faveur d'un *modus operandi* de la modernisation.

Le système qui, du moins pour l'État central, remonte aux lendemains de la Libération, repose sur un statut général des fonctionnaires qui les différencie des salariés du secteur privé. En principe leur situation peut être unilatéralement remise en cause par l'État employeur, ce qui représente pour le salarié une moins-value *a priori* considérable par rapport à l'accord supposé des volontés d'un employeur et d'un employé qui fonde le contrat de travail dans le secteur privé. La syndicalisation des fonctionnaires, l'évolution des idées, l'affaiblissement de la vocation au service public, la concurrence sur le marché du travail ont *de facto* entraîné un rapprochement de la situation statutaire des fonctionnaires et de la situation contractuelle des salariés, qui s'est manifesté par la signature de nombreux accords entre l'État employeur et une partie au moins des syndicats de fonctionnaires. Par ailleurs une sécurité de fait de l'emploi est encore plus marquante et plus médiatisée, en particulier depuis la fin du XXᵉ siècle. La différence demeure à la fois une réalité aux conséquences importantes et un facteur symbolisant, pour les partisans du statut général comme pour ses adversaires, le fait que l'État, pour le meilleur et pour le pire, ne serait pas un employeur comme un autre. Il garantirait l'emploi à vie des fonctionnaires, sauf exceptions très improbables, une carrière même modeste étant ouverte au fonctionnaire dès l'instant où il est titularisé, et l'impossibilité d'être muté contre son gré.

De tels avantages sont souvent sujets à critique pour leurs effets prétendument contre-productifs, que ce soit parce qu'ils sont jugés peu incitatifs au dynamisme, ou en termes de manque de flexibilité entravant la performance. Une autre différence marquante et aujourd'hui très médiatisée concerne le régime de retraite. Alors que les retraites du secteur privé sont calculées sur la base des 25 dernières années de revenus, elles s'appuient sur les rétributions des six derniers mois des fonctionnaires, c'est-à-dire très généralement sur le meilleur de leur carrière. À noter néanmoins que les primes et indemnités ne faisaient l'objet d'aucune cotisation et n'ouvraient en conséquence aucun droit, jusqu'à ce qu'une seconde retraite, beaucoup moins abondée par l'État, fondée sur ces avantages longtemps considérés comme « accessoires », soit créée au milieu des années 2010.

On ne peut pourtant pas dire que rien n'a changé dans la gestion du personnel de l'État durant les plus de 70 ans qui nous séparent de la promulgation du premier statut général de la fonction publique (Barouch et Chavas, 1990 ; Chevalier, 2010). Certains changements ont pu contribuer à la rigidification du système. Ce fut le cas en 1983 avec la loi Le Pors[1] relative aux droits et obligations des fonctionnaires qui a explicitement renforcé les protections du statut. En règle générale cependant, dans les années les plus récentes, la tendance a été à l'instauration d'une plus grande souplesse au bénéfice de l'employeur, qui s'est manifestée notamment par la fusion de nombre des corps de fonctionnaires qui fragmentent la fonction publique, et par une plus grande facilité de recrutement d'agents contractuels, en particulier dans des compétences peu fréquentes chez les fonctionnaires. La recherche de souplesse s'est également traduite par le recours plus systématique à la formation permanente et des essais de rémunération à la performance, par exemple en ce qui concerne les primes des directeurs d'administration centrale, ou encore par la mise en place d'un nouveau régime indemnitaire tenant compte des fonctions, des sujétions, de l'expertise et de l'engagement professionnel. Il reste que l'ensemble de ces mesures ne saurait cacher la profonde stabilité des règles du jeu fondamentales en matière de gestion du personnel dans l'administration.

La première de ces règles fondamentales est l'inervation de la gestion par les statuts particuliers des corps de fonctionnaires. « Les fonctionnaires appartiennent à des corps qui comprennent un ou plusieurs grades et sont classés, selon leur niveau de recrutement, en catégories. Ces corps groupent les fonctionnaires soumis au même statut particulier et ayant vocation aux mêmes grades[2] ». Les grades entre lesquels l'avancement se fait au choix, sont divisés en échelons entre lesquels l'avancement s'effectue à l'ancienneté. Chaque échelon se caractérise par un indice de rémunération, qui définit le traitement. Par conséquent, l'ensemble des indices caractérisant les grades et échelons d'un corps détermine en principe les perspectives de rémunération des fonctionnaires qui y font pour la plupart l'ensemble de leur carrière.

Les indices de la fonction publique forment un éventail très plat de rémunération par rapport à celui du secteur privé. Cela tient à la fois d'une part à l'idée qu'on ne saurait s'enrichir vraiment au service d'un État financé par les contribuables, et d'autre part au poids d'un syndicalisme peu favorable à une trop grande ouverture de l'échelle indiciaire. Ils définissent également la hiérarchie entre corps. Mais

---

1   Loi n°83-634 du 13 juillet 1983 portant droits et obligations des fonctionnaires.
2   Article 29 de la loi n°84-16 du 11 janvier 1984 portant dispositions statutaires relatives à la fonction publique de l'État.

tout ceci ne vaut que pour le traitement à proprement parler, qui peut être complété par des primes et des indemnités. Celles-ci peuvent être très faibles voire proches de zéro – c'est le cas des enseignants – ou à l'opposé avoisiner 80 % du salaire dans un petit nombre de corps et grades, modifiant considérablement la hiérarchie des rémunérations par rapport à celle des traitements. Cette dualité de hiérarchie ne doit rien au hasard. Elle est le fruit d'une de ces stratégies occultes dont use l'État. Ses fonctions sont claires.

En premier lieu, elle permet d'élargir significativement l'échelle réelle des rémunérations, et donc différencier financièrement des corps de fonctionnaires analogues dans leurs échelonnements indiciaires, et se donner ainsi la possibilité de faire évoluer de façon discrète leur hiérarchisation. Ainsi, le pourcentage de la rémunération totale représenté par les primes croît en règle générale avec le statut des corps dans la hiérarchie des indices : il représente plus pour les administrateurs civils que pour les attachés, plus pour les attachés que pour les secrétaires d'administration, etc. La situation de la fonction militaire en donne un exemple. En 2017, la rémunération mensuelle brute des personnels militaires est composée à 37,5 % de primes et indemnités. La part de primes croît avec le grade : 29,7 % pour les militaires du rang, 37,3 % chez les sous-officiers et 46,3 % chez les officiers (Ecodef, 2018).

La seconde fonction de la dualité traitement – prime est de contrebalancer, du moins en théorie, un classement des corps qui tient en principe à la formation d'origine de ses membres. Les professions enseignantes sont bien classées en termes d'indice par la formation de leurs membres mais mal voire très mal classées en termes de primes au nom de la faiblesse de leurs responsabilités administratives, selon l'appréciation des membres des corps de la haute fonction publique. On notera que les primes sont, et encore seulement depuis peu, faiblement abondées par l'État. D'autre part, ici ou là, des mouvements de transfert de certains montants de primes vers des échelons de traitement ont été opérés.

Au final, cette stratégie de plus en plus présente de rémunération dualiste traduit la reconnaissance par l'État des contraintes de l'environnement social interne – l'égalitarisme salarial – et externe – c'est le contribuable qui paie le fonctionnaire – en même temps qu'un désir de plus grand réalisme.

LES LIMITES DE L'ADOPTION DE LA SÉMANTIQUE
ET DE L'INSTRUMENTATION DE GESTION

L'État a introduit dans ses pratiques récentes quelques instruments de gestion des ressources humaines. Affichage sémantique ou modification des pratiques quotidiennes, le doute est permis ici aussi.

C'est le cas de la Gestion prévisionnelle des emplois et des compétences (GPEC). La Direction générale de l'administration et de la fonction publique a ainsi tenté de rapprocher des pratiques variables d'un ministère à un autre (Ministère de la décentralisation, 2015). Le remplacement de la notation des fonctionnaires, discréditée de longue date en raison de sa perversion, par un entretien d'évaluation rebaptisé entretien professionnel est un exemple de son isomorphisme mimétique en matière de GRH. Cet entretien qui, quand il n'était pas obligatoire, fut un temps idéalisé comme vecteur de renouvellement susceptible de faire évoluer incrémentalement les mentalités pour éviter d'affronter une révolution juridique, a montré ses limites (Crozet, 2017).

Un autre exemple plus récent est donné par l'élaboration d'une stratégie interministérielle de ressources humaines de l'État pour 2017-2019 portée par une circulaire du Premier ministre Bernard Cazeneuve[3], et que le gouvernement dirigé par Édouard Philippe prétend accélérer. Olivier Dussopt, Secrétaire d'État auprès du Ministre de l'action et des comptes publics et plus spécialement chargé de la fonction publique, annonce le 25 septembre 2018 devant le Cercle de la réforme de l'État qu'il n'y a pas de rupture en la matière mais une accélération des choses. Cette circulaire de mars 2017 est divisée en deux parties. La première a trait aux « objectifs fondamentaux de la politique de ressources humaines de l'État » et la seconde « aux leviers stratégiques à mobiliser ». Par son style, sa construction, et son mélange de dit et de non-dit, elle rappelle de façon frappante l'ensemble des documents stratégiques rédigés et rendus publics en particulier dans le cadre de la contractualisation et du renouvellement des tutelles sur les opérateurs. Le document qui définit la stratégie poursuivie donne le sentiment qu'il convient de ne rien vouloir oublier, ni du

---

3   Circulaire du 16 mars 2017 relative à la stratégie interministérielle des ressources humaines de l'État pour 2017-2009. Cote T 105-AD 3. 49 pages.

principal ni de l'accessoire, dans l'expression de choix fondamentaux à moyen terme. Il énonce un ensemble de propositions que l'on s'est efforcé de faire coexister dans une présentation œcuménique à l'intérieur d'un même document. Concrètement cela se traduit par le grand nombre d'actions mises en avant, cinquante au total, avec il est vrai une hiérarchisation binaire explicite, qui donne priorité dans le temps à quinze d'entre elles.

Le tableau 9 ci-dessous résume ces points essentiels.

Partie	Les objectifs fondamentaux de la politique de ressources humaines de l'État		
Axes	Axe 1	Axe 2	Axe 3
	Répondre à l'exigence démocratique d'une fonction publique exemplaire incarnant les valeurs du service public	Relever le défi du recrutement des compétences	Investir dans la formation et le développement des compétences de l'ensemble des agents
Total des actions	4	7	2
Actions prioritaires	1	2	1

Partie	Les objectifs fondamentaux de la politique de ressources humaines de l'État	
Axes	Axe 4	Axe 5
	Remettre en cohérence les carrières et offrir un accompagnement plus personnalisé des parcours professionnels	Concilier amélioration des conditions de travail, promotion de la qualité de vie au travail et efficacité des méthodes de travail au bénéfice de l'ensemble des agents et du service public
Total des actions	7	6
Actions prioritaires	2	2

Partie	Les leviers stratégiques à mobiliser		
	Axe 1	Axe 2	Axe 3
Axes	Accompagner les grandes évolutions à moyen terme de l'État (organisation et modes de fonctionnement.	Repenser stratégies en matière de dialogue social et de dispositifs d'écoute des agents	Développer les aptitudes managériales pour mieux concilier conduite du changement, management participatif et performance du service public
Total des actions	6	4	5
Actions prioritaires	1	1	1
Partie	Les leviers stratégiques à mobiliser		
	Axe 4	Axe 5	
Axes	Plan de simplification et transition numérique faire gagner du temps aux DRH et offrir de nouveaux services aux agents	Mettre en place la nouvelle DRH de l'État pour amplifier les politiques qualitatives et coopératives au bénéfice des agents	
Total des actions	2	7	
Actions prioritaires	2	1	

TABLEAU 9 – Présentation synoptique de la stratégie interministérielle
explicite de ressources humaines de l'État pour 2017-2019.
Source : les auteurs à partir de la circulaire du Premier ministre
datée du 16 mars 2017.

À une stratégie forte, implicite mais décelable par tous les connaisseurs, s'oppose ainsi une stratégie explicite mais faible dont la logique traduit le maintien de l'ambiguïté de la gestion des ressources humaines par la Direction générale de l'administration et de la fonction publique. Plus précisément l'examen du document à partir duquel est dressé le tableau 9 soulève deux types d'interrogations. La première a trait à l'intérêt qu'il y a ou non à maintenir la dualité des personnels et des rémunérations. La seconde concerne les ambiguïtés profondes de certains énoncés des axes ou actions.

La circulaire de 2017 fait une référence appuyée au décret de 2016[4] qui, dans son article 2, spécifie que « la Direction générale de l'administration et de la fonction publique assure les missions de direction des ressources humaines de l'État », et dans son article 8 précise qu'« une stratégie interministérielle de ressources humaines de l'État, préparée par la Direction générale de l'administration et de la fonction publique en lien avec les ministères, fixe les priorités en matière d'évolution des ressources humaines au sein des administrations et établissements publics de l'État, en cohérence avec les orientations définies par la loi de programmation des finances publiques ». Cette stratégie doit être mise en œuvre par une stratégie ministérielle dans chaque ministère et au niveau des services régionaux de l'État par le plan interministériel de gestion prévisionnelle des ressources humaines.

Le fait que la fonction publique soit soustraite pour l'essentiel au droit du travail et que celui-ci se trouve remplacé par un droit de la fonction publique appartenant au vaste ensemble du droit administratif fait que la DGAFP joue à la fois le rôle d'un ministère du travail pour l'administration et d'une direction des ressources humaines d'une très grande organisation. Dans son premier rôle, la DGAFP contribue à fixer ou à faire fixer des règles conçues pour mettre en œuvre des valeurs sociétales le plus souvent très honorables : égalité hommes-femmes, interdiction des discriminations, aide aux travailleurs handicapés, développement personnel des fonctionnaires. Ces règles sont aussi conçues pour donner des droits à des groupes de fonctionnaires et de postulants à la fonction publique. Dans son second rôle, la DGAFP doit, comme toute direction du personnel d'entreprise, faire en sorte que le management des ressources humaines contribue au management général de l'organisation, en principe orienté vers la performance.

---

4   Décret n° 2016-1804 du 22 décembre 2016 relatif à la Direction générale de l'administration et de la fonction publique et à la politique de ressources humaines dans la fonction publique.

Pour toute direction des ressources humaines d'entreprise, la distinction entre ces deux aspects est claire. Le droit du travail et les conventions collectives sont des cadres contraignants qu'il convient de respecter. Cependant ils sont bien distincts des choix stratégiques effectués par l'entreprise en matière de GRH : mode de recrutement, type d'expertises recherchées, éventail salarial, etc. Pour le dire crûment, la GRH est d'abord mise au service de la performance de l'entreprise et non de valeurs sociétales, même si, pour attirer des éléments de qualité, en particulier dans les secteurs où le marché du travail est le plus tendu, elle peut devoir aller au-delà des seuls avantages résultant des règles posées par le droit et les conventions collectives.

Par comparaison la stratégie des ressources humaines de l'État mélange en permanence les deux catégories de préoccupation, comme le prouve la lecture de la liste d'actions qu'elle propose. Pour ce faire elle paraît admettre de façon constante l'hypothèse « concordantiste » selon laquelle ce qui est bon pour le fonctionnaire l'est pour l'organisation de l'État, et réciproquement. On n'utilise évidemment pas ici l'adjectif concordantiste au sens théologique du terme, mais en référence à une propension à affirmer que peuvent s'accorder des buts et des intérêts que des visions alternatives des choses feraient apparaître comme contradictoires ou discordants. Il va sans dire que ce genre d'hypothèse est assez illusoire dans de nombreux domaines. Un exemple de ses limites est donné par le gouvernement en 2018, lorsqu'il s'efforce d'imposer aux collectivités territoriales de rétablir un véritable régime de 35 heures là où des politiques considérées comme trop laxistes ont fait passer le temps moyen hebdomadaire de travail au-dessous de ce seuil.

Par conséquent la question se pose de savoir si, pour accroître l'efficacité de la GRH au service de la gestion de la performance de l'État, il ne serait pas souhaitable d'éclater la DGAFP, non pas pour séparer la gestion du statut et la gestion à l'intérieur du statut, mais pour faire de cette direction un véritable service de GRH de l'organisation État, en détachant un service rapatrié au Ministère du travail, conservant son individualité pour gérer le statut propre à la fonction publique.

PEUT-ON RÉFORMER L'ÉTAT
PAR UN AMENDEMENT?

En ce qui concerne l'ambigüité de certains énoncés du document dit stratégique, le cas de l'utilisation d'agents contractuels est symptomatique.

Le statut général de la fonction publique, dans son article 3 du titre I, dispose que, sauf dérogation prévue par une loi, les emplois civils permanents de l'État, des collectivités territoriales et de leurs établissements publics à caractère administratif sont occupés par des fonctionnaires. Dans sa dernière mouture, et pour l'État[5], une dérogation à ce principe dispose que « des agents contractuels peuvent être recrutés dans les deux cas suivants : lorsqu'il n'existe pas de corps de fonctionnaires susceptibles d'assurer les fonctions correspondantes ; pour les emplois du niveau de la catégorie A et dans les représentations de l'État à l'étranger pour d'autres catégories, lorsque la nature des fonctions ou les besoins des services le justifient. » Or le document stratégique de 2017 mentionne dans son axe 2 que l'État s'est donné avec un plan d'action spécifique un moyen de recruter et de fidéliser les compétences en matière d'informatique et de numérique. Qui plus est, il doit « tout à la fois poursuivre les démarches de professionnalisation des agents et pouvoir recruter avec plus de souplesse des agents contractuels sur un marché très concurrentiel pour les compétences émergentes. » D'où il découle la décision d'élaborer un plan d'action interministériel « pour toute difficulté de recrutement identifiée de manière commune, sur des métiers stratégiques, anciens ou nouveaux, de l'État. » La tâche apparaît énorme puisque « indépendamment de la rareté de la ressource, les ministères soulignent le besoin d'appliquer cette approche de montée en compétences et de reconnaissance de la professionnalisation des acteurs à un certain nombre de métiers tels que ceux liés à la gestion, au contrôle de gestion, aux ressources humaines, ou pour les métiers techniques ». À quoi il faut rajouter, et la DGAFP le fait, la gestion des ressources humaines !

---

5   Loi n°84-16 du 11 janvier 1984 portant dispositions statutaires relatives à la fonction publique de l'État article 4.

Le problème soulevé dans ce passage est autrement plus important pour le management de l'État que ceux traités par la majorité des cinquante actions de la stratégie, même lorsqu'elles figurent dans les actions prioritaires. Or ici aussi et comme ailleurs ce problème n'est pas abordé de façon frontale, à savoir par une réflexion globale sur la nature des tâches à confier à l'une et l'autre des désormais deux grandes catégories d'agents publics, titulaires et contractuels. En effet, et déjà en 2017, l'ensemble des trois fonctions publiques emploie, hors bénéficiaires de contrats aidés, 3 851 100 fonctionnaires, 940 200 contractuels, 300 300 militaires et 358 900 agents relevant des autres catégories et statuts dont 142 100 enseignants et documentalistes des établissements privés sous contrat. Au sein des personnels militaires, les contractuels représentent plus de 65 % des effectifs.

Le lien entre opération de modernisation de l'État et recrutement de contractuels remonte à 1968 à l'époque de la RCB où l'on considérait que le besoin de recrutement d'experts, en fait des économistes, n'était que transitoire, sans doute parce que l'expertise demandée allait être un besoin transitoire. Il s'agissait de passer d'un état A à un état B de la pratique budgétaire. Qui plus est, cette expertise allait être instillée aux corps traditionnels de fonctionnaires. Ce caractère transitoire était, implicitement au moins, souligné par l'inexistence de contrats à durée indéterminée (CDI) et l'exclusivité de contrats à durée déterminée (CDD) trop souvent indéfiniment renouvelés, en contradiction il est vrai avec l'interdiction légale de tels errements.

Les CDI sont introduits dans la fonction publique en 2005[6], non pas comme un outil de management des ressources humaines mais comme un outil de lutte contre la précarité, au profit des agents que l'on désirerait conserver au-delà de la limite légale des CDD à six années, au profit de tous les agents de plus de cinquante ans ayant au moins six ans de durée effective de services. La loi dite Sauvadet de 2012[7] avait elle déjà rendu possible jusqu'en 2018 l'intégration comme fonctionnaires d'agents jusque-là contractuels. Qui plus est, lorsque le recrutement

---

6   Loi n° 2005-843 du 26 juillet 2005 dite Dutreil portant diverses mesures de transposition du droit communautaire à la fonction publique. Chapitre III Lutte contre la précarité article 19.

7   Loi n° 2012-347 du 12 mars 2012 relative à l'accès à l'emploi titulaire et à l'amélioration des conditions d'emploi des agents contractuels dans la fonction publique, à la lutte contre les discriminations et portant diverses dispositions relatives à la fonction publique.

est motivé par l'absence de corps de fonctionnaires pour assurer les fonctions recherchées, l'agent contractuel peut aussi être recruté directement en CDI. Ce qui pose le délicat problème de l'absence de corps pour répondre à des besoins permanents. Cela explique les conflits qui peuvent se produire entre des ministères employeurs et les agents chargés de leur contrôle financier quant à la caractérisation de l'absence de corps dont les membres seraient compétents dans le domaine pour lesquels ces ministères désirent recruter des contractuels.

L'idée que le besoin en expertise dans la fonction publique est une exception, le fonctionnaire généraliste étant la règle, semble désormais un archaïsme. Même dans l'outil d'action le plus traditionnel de l'État qu'est le droit, le besoin d'expert se fait sentir alors que les fonctionnaires ont des formations d'origines diverses et que le travail qui leur est demandé ne permet pas de cultiver leur formation d'origine quand celle-ci se trouve être le droit. De la même façon le besoin d'analystes de politiques, plus généralement que celui d'évaluateurs, se fait sentir pour la confection de règles efficaces, socialement admissibles et limitant les effets indésirables. On ne peut en la matière s'en remettre uniquement aux fonctionnaires spécialistes d'un domaine particulier comme la culture, l'emploi ou la défense, pour ne citer qu'eux. Car leurs modes de pensée sont bien souvent façonnés par la culture propre à leur domaine plus que par la recherche de solutions innovantes. On ne peut pas non plus s'en remettre aux membres des corps de contrôle spécialisés dans ces domaines comme si le vocable de contrôle rendait compétent pour l'ensemble des investigations que recouvre la nébuleuse mêlant le contrôle et l'évaluation (Lamarque, 2016).

La situation telle qu'elle se présente à la fin des années 2010 revêt une ambiguïté foncière sur l'avenir du statut de la fonction publique. La tendance est à l'élargissement du nombre et du rôle des contractuels. La loi pour la liberté de choisir son avenir professionnel votée en 2018 par le Parlement comprenait des articles ajoutant des exceptions à la règle selon laquelle les emplois permanents des différentes fonctions publiques doivent être tenus seulement par des fonctionnaires[8]. Un amendement introduit lors du débat parlementaire autorisait la nomination de personnes n'ayant pas la qualité de fonctionnaires dans certains emplois de direction des fonctions publiques d'État, territoriale et hospitalière. Les emplois de

---

8   Loi n° 2018-771 du 5 septembre 2018 pour la liberté de choisir son avenir professionnel.

direction des administrations de l'État et de ses établissements publics, sont des emplois d'un niveau de responsabilité situé juste en dessous de ceux qui sont à la discrétion du gouvernement. La loi votée par le Parlement ouvrait aux contractuels une chasse gardée des fonctionnaires, qui se trouve comporter pour l'immense majorité des fonctionnaires de catégorie A+ les postes de responsabilité les plus importants qu'ils peuvent ambitionner durant leur carrière. Les articles issus de cet amendement ont été censurés par le Conseil constitutionnel, non sur le fond mais par vice de forme, parce qu'ils avaient été introduits par amendement dans un texte avec lequel ils n'avaient pas de liens fussent-ce-ils indirects[9].

Sauf à considérer la direction d'un service comme une expertise, c'est-à-dire à en finir avec cette idée que l'expertise se rapporte seulement à des champs techniques plus ou moins nouveaux, plus ou moins obscurs, l'admissibilité des exceptions à la règle du statut changeait complétement de nature. Ceci par le truchement d'un amendement, lequel en principe ne traduit pas le résultat d'une réflexion mature de l'exécutif et n'est pas soumis à une étude d'impact c'est-à-dire à une analyse un peu étayée de la rationalité de la mesure qu'il vise à instaurer. En d'autres termes, pour un changement de nature de la gouvernance des ressources humaines dans l'administration, on était dans une approche *ad augusta per angusta* soit vers les sommets par des chemins étroits, bien plus que dans l'attaque frontale.

DÉPASSER L'OPPOSITION
ENTRE APPROCHES INCRÉMENTALE ET FRONTALE

On peut douter de la coexistence pacifique dans une même organisation de deux types de population dont les membres relèvent d'un statut personnel différent mais qui occupent les mêmes fonctions au sens large du terme. On doit surtout considérer que si le but est de renforcer la perméabilité des ressources humaines entre les secteurs public et privé, la moitié de la question au moins n'est pas traitée, à savoir celle de l'employabilité dans le privé de la plupart des fonctionnaires.

9   Décision n° 2018-769 du Conseil constitutionnel du 4 septembre 2018.

L'idée selon laquelle, par son aspect protecteur et la garantie qu'il donne d'une carrière minimum, le statut est un avantage n'est pas fausse en soi. En revanche elle est réductrice. Le fonctionnaire moyen, celui qui appartient à des corps à carrières courtes et à échelonnement indiciaire relativement étroit peut avoir assez tôt dans sa carrière un sentiment de routine et de lassitude professionnelle, que devrait retarder sinon empêcher une mobilité qui ne lui est généralement pas imposée. Il peut également estimer qu'il paie cher les avantages du statut s'il compare sa rémunération avec celles d'amis ou relations en fonction dans le privé, le cas échéant en les surestimant. La protection du statut crée en même temps une faible incitation à la sortie vers le privé, de plus en plus difficile quand le fonctionnaire prend de l'âge sans acquérir, de par la nature des tâches qui lui sont confiées, une qualification monnayable dans les entreprises. Il devient alors *de facto* captif de son appartenance à l'administration. Chacun sait que les départs du public vers le privé concernent des fonctionnaires haut gradés dont, outre leurs qualités propres, peuvent faire valoir auprès de leurs nouveaux employeurs leur réseau de relations dans la sphère des institutions d'État, actif fort recherché sur le marché.

En d'autres termes construire une véritable perméabilité entre les deux secteurs demanderait à ce que soit travaillée l'employabilité des fonctionnaires dans le privé, qui permettrait de mieux s'assurer du maintien dans la durée de la motivation des fonctionnaires pour le type de travail qu'ils effectuent.

Or cette employabilité est difficile à instaurer. Par exemple le travail sur des textes de tout niveau – lois, décrets, circulaires, instructions – ne prédispose pas obligatoirement à l'exercice d'un métier dans le privé. Son employabilité dépend d'abord de facteurs exogènes au monde du travail du fonctionnaire, le développement et l'externalisation de fonctions longtemps restées apanages du public, en matière de sécurité par exemple, ou l'existence de fonctions miroirs auxquelles l'exercice préalable dans la fonction publique donne un avantage concurrentiel, le conseil fiscal par exemple pour d'anciens fonctionnaires des finances publiques. Un chef de service n'est pas naturellement porté à développer l'employabilité externe de ses collaborateurs. Organiser l'employabilité suppose à la fois une réflexion relativement centralisée sur les *process* utilisés dans les différentes administrations, sur leur fonction formative et sur les besoins auxquels peuvent répondre tels ou tels fonctionnaires sur le marché du travail, ainsi qu'une véritable stratégie de développement personnel en la matière.

À l'aube de 2019, on ne sait si le gouvernement persévèrera dans son intention de reprendre dans un nouveau projet de loi la disposition d'ouverture des emplois de direction à des contractuels, disposition annulée pour vice de procédure par le Conseil constitutionnel, et on ne peut préjuger de la position du même conseil s'il est conduit à se prononcer à nouveau sur la constitutionnalité de cette disposition, non sur la forme mais sur le fond.

Il est cependant possible d'anticiper le fait qu'une telle disposition ne réglera pas le problème cognitif créé par la grande consanguinité de la haute fonction publique et l'innervation de l'ensemble de l'administration par ses modes de pensée. Le règlement de ce problème ne peut faire l'économie d'une réflexion rapide, intense et professionnelle sur le mode de formation de la haute fonction publique, sur l'importance excessive de la rhétorique dans le mode actuel et sur la persistance dans ces milieux de la défiance envers les sciences sociales qui pourtant apportent de plus en plus les matériaux de base susceptibles de fonder une action publique un peu plus efficace. La volonté de disruption s'accommode mal de tactiques de changement exclusivement instrumentales.

LA FORMATION OU L'ART DE GÂCHER
UN LEVIER DE LA GRH

La formation est un élément clé de la construction des modes de pensée des fonctionnaires. Elle a donc toute sa place dans l'explication de certaines des carences notées plus haut. Encore s'agit-il de déterminer de quelle formation l'on parle.

Au départ les distinctions au sein de la fonction publique sont de nature administrative. La formation initiale est délivrée par les écoles de fonctionnaires aux lauréats des concours donnant accès à tel ou tel corps ou ensemble de corps. C'est de loin la plus importante quantitativement malgré les réductions de durée de scolarité pour cause d'économies, mais surtout pour prendre en compte l'élévation du niveau de formation universitaire préalable des candidats. La formation à un nouvel emploi suit le changement de fonction et plus encore de statut de ceux auxquels elle est destinée. Pour le reste, la formation revêt des formes multiples, depuis celle qui accompagne la mise en place d'un nouvel outil de gestion dans une administration ou un service jusqu'à celle que suit un fonctionnaire à sa demande pour pallier un manque qu'il ressent, pour en savoir plus sur une nouveauté réelle ou apparente ou encore pour s'aérer en sortant quelques jours de sa routine professionnelle.

En dehors des formations initiales, les formations dispensées par la fonction publique à ses fonctionnaires sont généralement de courte durée, parfois déraisonnablement, enseignant par exemple tout ce que vous devez savoir sur le management public en deux jours.

Les raisons d'être de cet état de choses sont multiples. Elles sont économiques d'abord avec la nécessité de répartir les ressources sur un maximum de bénéficiaires en raison d'un droit à la formation, qualifiée naguère de continue, maintenant baptisée de « tout au long de la vie ». S'y ajoute souvent le désir de ne pas former des spécialistes mais des personnes qui connaissent un minimum de choses dans le domaine abordé par la formation, ce qui, à le dire crûment, revient à faire acquérir un vocabulaire dont la superficialité est congruente avec la primauté du généralisme sur l'expertise dans le fonctionnement de l'appareil administratif. À quoi s'ajoute le préjugé selon lequel plus un fonctionnaire a suivi une formation initiale de statut social élevé dans l'administration, plus il est censé savoir. Or la participation à une formation est dans la mentalité traditionnelle de la fonction publique associée à une idée de carence qui ne peut être que le fait de fonctionnaires ayant bénéficié de voies d'accès ou de promotions dérogatoires. Il en est de même du préjugé qui conduit à ne la considérer que comme une valeur ajoutée mineure, purement technique et par conséquent ne justifiant pas un traitement approfondi.

Certes on a constaté de longue date des exceptions à cette faiblesse quantitative de la formation permanente. À l'époque de la RCB, après l'expérience d'une formation gérée en régie par l'État, un programme long de cinq semaines fut confié au Centre d'études supérieures du management public qui venait d'être créé. Au moment de la décentralisation opérée au début des années 1980 fut également créé ce qui s'appelait à l'époque le Centre supérieur de Fontainebleau. Ce dernier fut le noyau autour duquel s'est bâti par la suite l'Institut national d'études territoriales basé à Strasbourg. Cette initiative née en dehors de l'État central offrait pour sa part une formation de sept semaines aux cadres dirigeants des collectivités territoriales. Le Ministère de l'équipement quant à lui créa un Centre supérieur de management pour assurer en particulier la formation des personnes aspirant à la direction d'un service déconcentré de son administration (Chanut, 2004). Au moment de la RGPP, la DGAM avait lancé un appel d'offre pour un programme très ambitieux sur le thème de la transformation de l'État, qu'elle déclara ensuite infructueux faute de moyens financiers, pour lui substituer un programme interne au Centre de formation profession- nelle du Ministère des Finances, l'Institut de gestion publique et de développement économique.

Le poids, le fonctionnement et le mode d'utilisation de ces formations relativement lourdes se caractérisent par la diversité des motivations des participants. Si les motivations tenant à l'intérêt intrinsèque de leurs programmes n'étaient pas absentes, la quasi-obligation de participer au programme pour accéder à un poste de direction a joué son rôle. De même, le fait que ces programmes pouvaient apparaître comme un *must* à un moment donné, un rite de passage dont on ne saurait s'abstraire. Dans ce domaine comme ailleurs, il existe d'autres fonctionnalités que la réalisation des objectifs affichés, qu'elles soient désirées mais non explicitées par les auteurs et responsables de programmes ou qu'elles soient créées par les participants eux-mêmes. Une formation doit s'évaluer comme la politique publique qu'elle est, et non comme une politique directement adressée aux administrés, aux contribuables ou aux citoyens.

Le mode de formation qui demeure le plus largement répandu repose sur un formateur dispensant des connaissances à un ensemble de participants de façon plus ou moins interactive. En ce sens elle est un service pur : relation personnelle entre le formateur et le public en formation, elle possède tous les aspects subjectifs que cela comporte, de sympathie ou d'antipathie qui peuvent s'y créer, d'aptitude du formateur à bousculer des pratiques et des croyances peut-être profondément ancrées par une part significative de son auditoire, de crédibilité renforcée ou mise à mal par son intervention. C'est dire que, comme cela est trop souvent le cas lors d'une mise en concurrence formelle, centrer le choix d'un prestataire sur le seul programme et le devis présenté par chaque soumissionnaire est à peu près vide de sens.

L'évaluation des formations est révélatrice de l'écart qui peut exister entre les intentions les plus louables et les pratiques. Celle dont rêvent les responsables de formation les plus motivés apprécie à froid l'impact de la formation sur les participants. De telles évaluations existent mais elles restent très minoritaires et au final assez peu convaincantes. Le problème de l'imputation de l'évolution ou de la non évolution des capacités ou comportement des personnes formées y est dirimant. Le seul cas de figure où l'évaluation est possible est celui d'une formation très utilitaire, par exemple à la pratique du traitement d'un dossier où il est possible de comparer la qualité du travail entre ceux qui l'ont et ceux qui ne l'ont pas suivie, à la condition expresse que les deux groupes soient comparables sur toutes les variables susceptibles d'influer sur le traitement des dossiers, motivation, formations et expériences antérieures, selon les canons d'une évaluation *ex post*. À défaut, si toute la population concernée est soumise à la formation, la comparaison des qualités de traitement avant et après la formation est envisageable.

Dans la majorité des formations et pour les plus pertinentes d'entre elles, à savoir celles qui visent à faire changer et évoluer des modes de pensée, l'évaluation *ex post* reste un phantasme. En effet les changements de comportements des formés ne peuvent être appréciés qu'au bout d'un certain temps. Ils sont difficilement objectivables. Ils peuvent être dus à bien d'autres facteurs que la formation considérée, par exemple la maturation des individus ou un changement du mode de management du service auxquels ils appartiennent. C'est pourquoi on se borne le plus souvent à des évaluations à chaud, écrite et/ou orale. Quel que soit le degré d'approfondissement des questions posées à cette occasion, elles fonctionnent donc essentiellement à l'applaudimètre, du fait de la conjonction entre la nature de service pur évoquée plus haut et le triangle dysfonctionnel des services appliqués à la formation.

Ce triangle dont les sommets sont l'organisation, le client et l'agent de l'organisation en contact avec ce dernier repose sur l'idée qu'il existe un danger pour l'organisation que s'établisse une trop bonne relation entre l'agent et ses clients. L'agent peut en effet prendre trop à cœur les intérêts ou *desiderata* du client, fût-ce au détriment des intérêts de son organisation. Vendre, au motif que le différentiel d'utilité serait très

voire trop faible au regard du différentiel de prix, un produit A générateur d'une moindre marge qu'un produit B alors que le client est prêt
à acquérir ce dernier, rendre un petit service gratuitement alors que la
politique de l'organisation est de les facturer tous, constituent autant
d'exemples d'une connivence qui huile les rouages entre employés et
clients mais qui, au-delà d'un certain point, peut être mal appréciée par
la direction nationale de l'organisation. En matière d'activité publique
l'indulgence que peuvent manifester des représentants de l'ordre à l'égard
de certaines contraventions, par exemple en matière de sécurité routière,
eu égard par exemple à la modestie ou la jeunesse des contrevenants
ou tout autre facteur d'apitoiement des agents, relève de ce phénomène
(Perez Diaz, 1994).

En matière de formation, le triangle des services a pour conséquence
essentielle que, si le programme, le centrage et le mode pédagogique
d'une formation sont choisis en principe en concertation entre le service
de formation concerné et le formateur, le mécanisme de l'évaluation par
questionnaire rempli par les participants substitue de fait les critères
de jugement plus ou moins conscients des participants aux préférences
évoquées par le service de formation. Ce glissement est de taille en
toute circonstance. Un public plus ou moins hétérogène peut receler des
attentes extrêmement diverses de la part des participants, qui n'auront
été que partiellement repérées ou explicitées par le service chargé de
la formation : dans ce cas l'écart type des appréciations portées par les
participants et quantifiées, par exemple, sur des échelles de 1 à 5 est plus
révélatrice qu'une moyenne quelque peu illusoire. Un public volontaire
pour suivre une formation exprimera toutes choses égales par ailleurs
une satisfaction supérieure à celui d'un public dont la participation a
été rendue obligatoire, et dont l'évaluation sera peut-être affectée par un
mécontentement adressé au service organisateur plutôt qu'aux formateurs.

Ce qui est le plus central dans ce propos est le dévoiement que les
attentes d'un public peuvent entraîner chez un formateur lorsqu'il est
assez sensible à son auditoire et désireux d'entretenir les meilleures relations avec lui. Pour un public peu soucieux de rigueur il gommera les
difficultés de la démonstration, caractéristique fréquente de la relation
pédagogique en formation permanente. À un public réticent à des exposés
construits et relativement conceptuels répondront des développements
privilégiant anecdotes et discours – *story telling* – au risque d'inférences

abusives. Il est donc très peu probable que l'applaudimètre renseigne le commanditaire de la formation sur le contenu réel de celle-ci et sur l'impact que l'on peut en attendre.

En deçà de ces altérations induites par le formateur, encore convient-il que le demandeur ait correctement identifié et précisé le genre de traitement du thème qu'il en attend. Essentiellement juridique, institutionnel et factuel ? Centré sur les problèmes de mise en œuvre concrets de l'outil utilisé ? Privilégiant l'insertion de l'outil dans l'ensemble des systèmes de management que peuvent vivre les participants ?

Dans le premier cas de figure, des explicitations, des paraphrases de textes, des présentations pédagogiques de textes instaurant la nouveauté autour de laquelle est centré le thème traité constituent le matériau pédagogique dominant, ses modalités pouvant être elles-mêmes diverses, allant de la conférence d'un « sachant » à une approche plus active reposant par exemple sur des exercices d'applications directs.

Dans le deuxième cas, l'accent est déplacé d'une présentation irénique de la nouveauté et de ce qui ressemble parfois à une publicité rédactionnelle en faveur de l'innovation, à un examen des difficultés réellement rencontrées par ceux qui ont la charge de la mettre en œuvre. Ici l'essentiel est de mettre les participants à même de venir à bout des dites difficultés. Le formateur proposera une connaissance moins livresque et plus expérimentale de l'outil.

Dans le troisième cas de figure, l'intérêt porte sur le positionnement de l'outil dans le système de management des services, son insertion, les compléments heureux qu'il peut y apporter comme les effets pervers qu'il peut y produire, les contradictions qu'il recèle par rapport à d'autres outils et plus encore des façons de faire formalisées ou non qu'il recèle. En d'autres termes l'outil n'est pas étudié comme un objet isolé mais comme une perturbation souhaitée *a priori* positive par ses initiateurs dans le système de management.

La première approche est a-managériale. La deuxième renvoie à des compétences de techniciens de la gestion. La troisième se situe davantage dans une logique de politique de réforme managériale. Le thème retenu ne prédétermine donc que très peu de choses par rapport au contenu réel de la formation et aux conséquences que l'on peut anticiper de la participation. La simple commande de X journées ou Y demi-journées sur un thème n'a donc en elle-même pratiquement aucune signification.

Le travail d'identification que doit opérer le commanditaire est décisif. On ne saurait donc ignorer l'expertise spécifique qui lui est nécessaire, ou à se rendre pleinement tributaire de l'interprétation donnée par les prestataires à partir de leurs compétences propres, de leurs goûts, ou des produits qu'ils détiennent dans leur portefeuille pédagogique.

L'amateurisme en matière de formation professionnelle ne paye pas. Or il est trop souvent présent, à l'image de la manière dont sont plus généralement appropriées les boîtes à outils et les exigences de la modernisation publique.

SIXIÈME PARTIE

POUR UN ÉTAT MATURE

L'État français se voile volontiers la face. Euphémisations, dérives dans l'usage du vocabulaire, tabous linguistiques deviennent des attributs majeurs du vocabulaire politique.

Les cas abondent. Ainsi il affiche une politique de lutte contre le réchauffement climatique sans pour autant inclure dans son registre d'action la question du devenir de son industrie de production d'énergie nucléaire. Ou bien il intitule politique de la ville une politique des quartiers difficiles. Il ne veut pas de statistiques ethniques, il est vrai au nom d'un sinistre passé, de peur de reconnaître des ethnies, en sorte qu'on ignore de quoi est faite la diversité qu'il évoque pourtant sans cesse. Il évoque les problèmes des territoires comme s'il n'était pas lui-même chargé d'un territoire qui inclut tous les autres.

Cette propension n'épargne évidemment pas le domaine de la modernisation de l'État. L'examen des politiques passées fait apparaître deux dénis, qui consistent à faire comme s'il n'existait pas un conflit frontal et des tensions difficilement dépassables dans le management public. Le déni d'un conflit frontal entre deux types de rationalités, politique et managériale ; le déni des tensions entre une approche organisationnelle du management et le management des politiques publiques.

Face à ces conflits, la modernisation est couramment interprétée comme un effort de renforcement du management afin d'améliorer le fonctionnement des entités qui composent l'État, cela sans mettre en cause la primauté du politique. Les tensions s'exercent entre les objectifs que l'État poursuit de manière concomitante. Elles sont connues mais sans qu'il soit fait grand-chose pour en tirer les conséquences.

Cette sixième partie est consacrée à l'examen de ce conflit et de ces tensions.

LE CHOC INDÉPASSABLE
DES RATIONALITÉS
POLITIQUE ET MANAGÉRIALE

Les politiques de modernisation de l'État revêtent, en principe, un aspect instrumental. Elles sont sensés viser des résultats concrets. En France, elles révèlent de ce point de vue des faiblesses manifestes, qui sont soulignées dans les parties précédentes. Les promesses de la modernisation de l'État ne sont pas tenues. Il ne suffit pas de prendre pour argent comptant des explications prêtes à porter qu'alimentent tel ou tel *best seller*. Que ce soit pour se réjouir de l'échec du néo-capitalisme en France, ou que ce soit pour le regretter sans pour autant indiquer comment en sortir, on pourra invoquer l'idée que la bureaucratie française serait culturellement réfractaire à l'innovation.

À analyser la réalité de près, deux observations s'imposent.

La première questionne ce que terme de modernisation veut dire. La réponse ne va pas de soi d'autant plus que la sphère de l'État se nourrit d'une confusion sémantique réelle. En effet, depuis plus d'un demi-siècle, la façon de nommer les opérations transversales de réforme de l'État a fluctué : depuis celle de rationalisation (RCB) jusqu'à celle d'action publique (AP22) en passant par celui de modernisation (MAP), celle de renouveau du service public (RSP) ou celle de révision générale des politiques publiques (RGPP). L'appellation choisie ne renseigne que médiocrement sur le contenu de l'opération. Elle était éclairante plutôt sur l'opportunité politique qu'elle revêtait pour le gouvernement concerné. Un exemple parmi d'autres, la RGPP, qui n'a pas révisé grand-chose en matière de politiques publiques mais a principalement appuyé la recherche d'économies budgétaires, en particulier par des réformes de structures aboutissant à des regroupements de services ou de tâches et à certaines reconfigurations de politique. Ou encore la MAP au cours de laquelle l'évaluation des résultats de l'action publique a été largement occultée par la quête d'économies possibles dans la mise en œuvre de certaines politiques.

La deuxième observation tient à l'importance prise par le recours massif à des instruments de gestion interne à la sphère administrative. Si la modernisation est comprise comme une réforme, elle renvoie évidemment à l'utilisation des technologies les plus récentes pour soutenir l'action, la communication et la gestion de l'État. Tel est bien le cas en France si l'on regarde ce que, cahin-caha, le numérique a apporté à cet effort. Les références au *e-government* constituent des figures imposées de la modernisation de l'État en France.

Cependant la modernisation renvoie aussi et peut-être surtout à autre chose. Elle définit le travail à effectuer pour diminuer l'écart entre le mode de gouvernance de l'État, sa manière d'agir, son comportement au regard de la société civile et des valeurs dominantes de la société. De ce point de vue l'exigence démocratique ne se limite pas à l'élection des gouvernants à intervalles réguliers. Elle appelle une relation plus participative ou délibérative aux affaires publiques. Elle exprime également une demande de redevabilité accrue, c'est-à-dire que les gouvernants et leur administration rendent des comptes plus précis de leur action.

La modernisation, c'est aussi la recherche d'une efficacité et d'une efficience supérieures en réponse aux demandes sociales des usagers, des citoyens ou des contribuables, toutes questions qui se trouvent inscrites depuis des lustres à l'agenda institutionnel. Ce qui soulève quatre types de remarques, largement laissées sans réponse à ce jour.

En premier lieu, il est plus simple de proclamer ces principes que d'identifier de façon un peu précise la réalité, l'intensité et la hiérarchie des demandes qu'exprime le peuple souverain d'un régime démocratique. Difficile au demeurant d'entendre les demandes du peuple si on se laisse assourdir par celles qui émanent de chaque partie prenante et de chaque corps intermédiaire, ainsi que par les préconisations des professionnels de la modernisation.

Deuxièmement, il faut ne pas confondre la modernisation comme recherche de contemporanéité avec le suivi empressé de telle ou telle mode. Les modes sont excessives et éphémères. En management comme ailleurs, elles se donnent trop souvent comme la dernière *one best way*. Elles substituent souvent l'innovation sémantique aux changements réels, croyant pouvoir s'en contenter pour payer leur dû à la modernité.

Troisièmement, la modernisation met en jeu la conception même de l'État en France. Les modes d'action auxquels il a recours, les disciplines managériales qui s'imposent à ses gouvernants, et plus généralement l'instrumentation de gestion et d'action publique qu'il utilise, sont plus ou moins compatibles avec telle ou telle conception de l'État. En schématisant un peu, ces conceptions se déploient d'un État régalien situé au-dessus de la société – l'existence de tribunaux de l'ordre administratif et les spécificités du droit administratif en sont un attribut de premier ordre dans le système français – à un État pur instrument des besoins, fussent-ils antinomiques entre eux, exprimés par les composantes de la société.

Enfin, le recours massif à la seule instrumentation de gestion porte une exigence : il incarne l'acceptation d'un renforcement de la discipline managériale du pouvoir, c'est-à-dire le respect d'une règle de conduite. À la soumission à des références de conformité comme l'autorité hiérarchique, la hiérarchie des normes juridiques et le respect du droit positif propre à l'univers de la gestion publique, l'univers de la modernisation vient ajouter une référence privilégiée à la performance publique. Or la recherche de la performance risque de se révéler assez vaine parce que la conduite des affaires publiques est le lieu d'une confrontation permanente entre les deux rationalités politique et managériale. Renforcer par une discipline nouvelle la seconde de ces rationalités aux dépens de la première se heurte à des questions de légitimité en même temps qu'à des réactions immunitaires du monde politique et administratif.

N'est-il pas illusoire de vouloir instaurer ou renforcer la discipline du pouvoir ? Cette question prend d'autant plus de sens que rationalités politique et managériale relèvent de registres si différents que leur coexistence dans un même ensemble institutionnel est forcément marquée par un climat de confrontation.

La rationalité politique est entendue ici comme celle que partagent les gouvernants élus et leurs collaborateurs directs qu'ils cooptent de façon discrétionnaire et qui sont donc présumés se montrer loyaux car en ligne avec les enjeux portés par leurs patrons. Cette rationalité se déploie dans un horizon généralement de court terme, que balisent en particulier les échéances électorales et la construction de compromis entre les enjeux divergents de divers acteurs sociaux. Elle se nourrit de souplesse dans l'action, évitant les engagements affichés de façon trop ostensible et surtout irréversible.

La rationalité managériale quant à elle comprend l'ensemble des principes généralement reconnus comme permettant une « bonne gestion », relativement efficace et efficiente, d'une organisation ou d'un système social. Ces principes couvrent entre autres la fixation à chaque niveau de responsabilité d'un petit nombre d'objectifs non ambigus, explicites, quantifiables dans toute la mesure du possible, dotés d'un minimum de stabilité et priorisés. Ils impliquent une gestion s'inscrivant dans un horizon de moyen terme, donc un minimum de constance dans la stratégie suivie.

On peut faire l'hypothèse simple que les enjeux de la rationalité des gouvernants sont structurés par le souci de leur survie politique. Dans le court terme, il ne leur faut donc pas s'aliéner l'opinion publique. La logique politique les pousse donc à afficher des ambitions assez floues, vagues, ambiguës, mais aussi à se montrer réactifs en réponse aux problèmes et émotions du moment, ce qui peut les conduire à changer plus ou moins durablement d'objectifs et de priorités. D'un autre côté, ils doivent aussi proposer des perspectives précises voire nécessaires s'ils entendent motiver et concentrer les efforts des managers, et donc risquer de décevoir les attentes de leurs électeurs nées de leurs affichages politiques.

Face à cette dysfonctionnalité entre les deux registres d'action des gouvernants, la fonctionnalité du management public tient dans sa capacité à manager l'ambiguïté. Les pratiques qui en découlent ne doivent pas, en règle générale, être interprétées comme l'effet d'un déficit de savoir, comme le fruit du hasard, ou comme la conséquence de la versatilité des gouvernants. Car l'ambiguïté est pour eux source de valeur, du moins le pensent-ils. En d'autres termes, là où la rationalité managériale est centrée sur la recherche de résultats, la rationalité politique est centrée sur la production de signes, de gestes et d'actions.

Ces deux types de rationalité peuvent cohabiter aussi bien dans le secteur public que dans l'entreprise. Cependant la part de l'une et la part de l'autre s'y révèlent fondamentalement différentes. La rationalité managériale l'emporte en général dans l'entreprise. Par comparaison la rationalité politique domine largement au sein de l'appareil étatique (Bower, 1983). Or la réforme portée par la modernisation administrative et les instruments qu'elle propose est en principe de nature à élargir le champ de la rationalité managériale aux dépens de celui de la rationalité politique. Ses hypothèses quant à la possibilité de concilier les deux rationalités semblent donc très optimistes.

Elles sont pourtant sous-jacentes à la *doxa*, par exemple dans l'approche qui préside aux études d'impacts : un objectif étant posé, elles visent à déterminer le meilleur moyen pour l'atteindre. Elles mettent donc l'accent sur l'instrumentalité des lois, non sans préconiser aux gouvernants de ne recourir qu'en dernier ressort à l'usage de la contrainte. La préférence libérale est clairement affichée. Implicitement, le caractère discrétionnaire du pouvoir se concentre à la limite sur les choix de l'objectif, le savoir agencé par les instruments économiques et managériaux servant à déterminer le dispositif le plus adéquat voire optimal dans l'ensemble des possibles.

À supposer, ce qui reste une hypothèse d'école, que les leçons que dégagent les différentes sciences techniques ou sociales soient claires, complètes et incontestables, l'exercice du pouvoir reviendrait par conséquent à dégager la meilleure solution à un problème. Dans cette hypothèse extrême les gouvernants se positionneraient pour l'essentiel comme ceux qui avaliseraient des solutions proposées par d'autres à des problèmes considérés comme naturels ou comme construits par la demande sociale. L'élu ne remplirait véritablement qu'un rôle de mandataire. Ses préférences seraient gommées. La logique de la performance serait son seul guide. En corollaire, l'écart entre les préférences du gouvernant et la nature objective du problème serait considéré comme un dévoiement. La dimension symbolique de l'action publique serait ignorée. Ce raisonnement présuppose qu'un texte juridique se définisse d'abord, du point de vue de l'importance et de la chronologie, par les fins affichées. Les moyens sont considérés comme seconds, c'est-à-dire secondaires.

C'est là une vision de la décision dont la simple observation de la vie politique, comme l'étude des affaires publiques ont montré l'irréalisme. Les raisons en sont multiples.

Entre autres, les objectifs affichés peuvent n'être destinés qu'à justifier des dispositions tournées vers des finalités plus partisanes ou plus clientélistes. Moins nobles voire illégitimes, ces dernières restent non énoncées ou non affichées. L'affichage politique d'objectifs peut aussi remplir une fonction symbolique majeure qui l'emporte sur les finalités instrumentales dans l'esprit des gouvernants, comme le fait d'annoncer publiquement que le gouvernement ou le Parlement va se saisir d'une question qui soulève l'émotion de la population, à l'occasion d'un crime par exemple.

Plus généralement, une décision inscrite dans un texte peut produire des effets inattendus, ce qui empêche de réduire ce dernier à la mise en forme d'une séquence liant un objectif et un dispositif. Il est donc très probable et très normal que, entre objectifs affichés et moyens retenus, s'installe une démarche itérative. Or, si la *doxa* de l'étude d'impact incorpore bien en principe, via les analyses coût – avantage ou multi-critères, la prise en compte des effets non recherchés, elle peut se révéler dangereuse lorsqu'elle est appliquée rigoureusement, car elle met alors en lumière le caractère fallacieux des objectifs mis en avant par le pouvoir.

En matière d'appréhension de la performance, l'optimisme quant à la cohabitation harmonieuse des rationalités managériale et politique tient pour partie, comme le relève le cas des études d'impacts, à l'idée selon laquelle seraient premiers les objectifs affichés, ceux-ci pouvant être mis sous contrôle d'une façon raisonnable par des indicateurs non biaisés ou non réducteurs. Force est de constater que ce raisonnement souvent émis et admis comporte bien des hypothèses implicites sur la formulation d'objectifs, leur réalité, et sur la capacité d'alimenter les indicateurs pertinents et appuyés sur des données à un coût raisonnable en temps et en argent.

On retrouve ce même optimisme fallacieux dans certaines conceptions de l'évaluation *ex post*, que le rôle de l'évaluateur ne se limite pas à comparer les résultats d'une politique à ses objectifs affichés – si tant est qu'il arrive à imputer la part de ces résultats redevable de ces objectifs – ou qu'il s'attache à une évaluation dite d'efficacité, mais désire aussi comparer ces résultats aux besoins sociaux, par une évaluation dite de pertinence.

Cette ambition fallacieuse surplombe la doctrine française. Elle fait passer de la transposition d'une logique managériale en cours dont l'efficacité, comprise comme l'atteinte des objectifs, est la valeur dominante, à un questionnement des objectifs de la politique qui renvoie nécessairement au terrain des choix politiques. Cet élargissement ou ce changement d'optique est particulièrement probable lorsqu'on s'engage dans des évaluations véritablement partenariales, pavillon sous lequel se rangeaient les évaluations préconisées par la politique transversale de la MAP, ou dans des évaluations dites de troisième type, où le travail débute par l'explicitation, la confrontation et l'effort de réduction des antagonismes entre les préoccupations, les intérêts et les revendications des différentes parties prenantes d'une politique. L'instrument qu'est l'évaluation devient alors un outil de confection d'une politique, qui minimise le conflit entre rationalité politique et rationalité managériale. L'optimisme tient dans la croyance en la compatibilité entre démocratie représentative dont les gouvernants tirent leur légitimité et démocratie participative à laquelle l'évaluation partenariale est sensée donner forme et force.

Sortir de l'ambiguïté suppose davantage que la vertu de gouvernants se sacrifiant sur l'autel du bien commun en prenant les décisions impopulaires qu'ils estiment nécessaires pour le pays. Vertu improbable de gouvernants, qui, face à la communauté mythique des électeurs, se demandent, pour paraphraser la formule du Président Kennedy, ce qu'ils peuvent faire pour l'État plutôt que ce que l'État peut faire pour eux.

Une autre façon de traiter le problème de la coexistence des deux types de rationalité est de considérer que les organes de l'État doivent être ambidextres. Dans un sens un peu différent de celui qu'a acquis ce terme dans le management contemporain, ce terme désigne la capacité à exploiter des solutions traditionnelles et dans le même temps à explorer des solutions nouvelles. Pour l'État cette ambidextrie doit se traduire par sa capacité d'adaptation à des problèmes du court terme, sur lesquels le politique doit faire preuve de réactivité, en même temps que de s'inspirer d'une stratégie de long terme pour résoudre ou éviter des problèmes perçus ou anticipés par les experts mais auxquels l'opinion publique n'est pas encore très sensible, c'est-à-dire pour lesquels la demande sociale est faible voire inexistante.

La discipline managériale exigée du pouvoir est donc claire et forte. Il doit, de façon étayée, justifier les choix proposés, motiver les demandes de moyens et rendre compte de leurs consommations au regard des ambitions affichées. Il doit aussi s'interroger sur les résultats de l'action publique, ceux qui sont recherchés en même temps que ceux qui ne le sont pas, sur les raisons des résultats inattendus, des échecs et des succès. Cela impose de confronter des savoirs issus notamment des sciences sociales – toujours relatifs mais qui s'affinent et s'accumulent rapidement – à des idéologies aussi bien qu'à la satisfaction de « besoins » et d'intérêts de clientèles diverses.

L'administration française n'a manifestement pas mis à l'ordre du jour de son système global de gestion le management public qui repose sur des faits et des preuves (*evidence-based management*, Pfeffer et Sutton, 2007), ni l'élaboration de politique fondée de la même façon (Heinrich, 2007). Elles ne sont manifestement pas à l'ordre du jour du système global de gestion de l'administration française comme le révèle le mode d'appropriation des instruments passés en revue plus haut dans ce livre. Le risque existe donc que l'acceptation de la discipline ne soit qu'une pose de la vertu du pouvoir, ne soit que de façade, compte tenu du fait de l'opposition frontale qu'elle peut engendrer entre d'une part les savoirs et d'autre part les croyances, préoccupations, revendications et intérêts des différentes parties prenantes. Lorsque ce risque est avéré, on à affaire à une simple posture de la vertu au sens d'une attitude peu naturelle comme le souligne amplement le recours aux instruments de gestion. C'est ce que suggèrent entre autres exemples les usages de la comptabilité analytique, de la contractualisation et de l'évaluation.

Au final, les politiques de modernisation peuvent donc revêtir deux aspects. Le premier est instrumental : il vise à produire des résultats concrets. Le second se rattache à l'univers des signes, à la construction ou à la déconstruction de modes de pensée : par là il joue un rôle symbolique. Les politiques purement instrumentales et les politiques symboliques se présentent rarement à l'état pur, mais plutôt comme un mixte des unes et des autres. Si l'on admet que les politiques publiques sont des réponses à des problèmes qui eux-mêmes sont des construits sociaux à partir de réalités plus ou moins objectivables, on comprend qu'il est très souvent difficile de démêler leurs parts respectives, quels que soient la politique et le pays.

Ceci étant, le dosage entre les deux peut varier. S'agissant de la France, un fait frappe l'observateur à cet égard. Cette politique elle-même est conçue, voulue, utilisée comme un instrument pour atteindre certains objectifs. Un tel constat oblige l'observateur impartial à s'interroger malgré tout sur les méthodes de la modernisation et leurs corollaires, en posant l'hypothèse, à coup sûr réductrice, que le but recherché par les modernisations en France est bien l'amélioration de la performance de l'État français.

Ce but lui-même peut être interprété selon deux variantes : celle de l'amélioration de la performance de l'État d'un côté, celle de l'amélioration de seulement certaines dimensions de cette performance pour telle ou telle composante seulement de la sphère publique de l'autre. On pourrait de prime abord penser que cette distinction entre les deux types de recherche de modernisation recouvre la différence entre les grandes opérations transversales, et les modernisations au sein d'un ministère, d'un établissement public ou de tel ou tel service de l'État. Or tel n'est pas le cas.

Le plus souvent les grandes opérations transversales n'ont pas concerné la modernisation globale de l'État, la LOLF étant ici le contre-exemple type. Leur transversalité s'est située sur un autre plan, et encore n'est-ce pas toujours le cas, celui du pilotage de la démarche. La liste est longue de création de comités interministériels, d'organes opérationnels spécialisés dans la modernisation, de délégations générales ou interministérielles. Certains sont chargés de définir une méthodologie. D'autres doivent assurer une fonction de *reporting* sur l'avancement de la modernisation. Autrement dit les opérations transversales se sont essentiellement concentrées sur des chantiers situés au sein de sous-ensembles de l'organisation étatique. C'est le cas des audits sur des services tels que promus par les initiatives dites les audits Copé, la RGPP, ou les projets de service, ou sur des tranches de l'action publique baptisées pour la circonstance comme portant sur des politiques publiques et que veulent promouvoir les évaluations lancées par les politiques transversales telles que la RSP et la MAP.

Le cas de la LOLF se distingue dans la mesure où l'objet du changement concernait l'ensemble de l'appareil de l'État et touchait aux règles du jeu même s'il était trop entaché d'isomorphisme endogène. Cet exemple montre que le changement peut provenir de la modification de règles du jeu plutôt que d'interventions d'experts internes ou externes aux organisations et aux politiques publiques. Cependant, de manière plus générale, les grandes réformes transversales ne se sont pas attaquées au sujet dans cette perspective.

Le cas de l'étude d'impact des projets de loi est caractéristique d'une autre façon de faire. L'obligation affichée de produire des arguments serrés en faveur du dispositif proposé dans le projet de loi gouvernemental est une mesure qui, appliquée strictement, aurait attaqué le pouvoir discrétionnaire du législateur et la possibilité qui est la sienne de relier directement à peu près n'importe quel type de moyens – entendons par là de mesures – à n'importe quel type d'objectifs. Comme transformation des règles du jeu on ne peut guère imaginer plus ! Le problème est que cela reste une belle théorie.

Le tableau 10 permet de caractériser les réformes ou modernisations selon leurs conséquences sur les règles du jeu de modernisation.

	Modernisations à l'intérieur des super-règles du jeu	Modernisations des super-règles du jeu
Grandes opérations transversales	Restructurations RGPP Projets de service Évaluations de type MAP	Dispositions de la LOLF
Opérations locales	Mise en place de tableaux de bord	
Opération hors « modernisation »		Étude d'impact des projets de loi

TABLEAU 10 – Impacts des réformes sur les règles du jeu en vigueur dans l'État.

Ce tableau distingue d'abord les réformes ou modernisations qui opèrent à l'intérieur des super-règles du jeu sur la distribution du pouvoir, son mode d'exercice, le rôle respectif des grandes institutions de l'administration, de celles qui remettent en cause les dites règles du jeu, du moins si elles sont mises en œuvre conformément à leur affichage. Il différencie ensuite les réformes qui ont été présentées comme étant de grandes opérations transversales et celles qui apparaissent comme des initiatives managériales ou plus locales, initiées et mises en place au niveau d'un ministère, d'une direction, d'un service déconcentré de l'État. Il identifie enfin des opérations qui ne sont classables dans aucune de ces deux catégories, que ce soit par leur présentation ou par leur médiatisation.

Il en ressort que les transformations visant la modification des super-règles du jeu sont celles qui ont engendré les déceptions les plus importantes. C'est ainsi que la LOLF n'a pas structuré les évolutions de la gestion publique qu'escomptaient ses partisans les plus chauds. De même la pratique des études d'impact a surtout engendré des faux semblants. Les changements des super-règles rencontrent des résistances autrement plus fortes que ceux qui s'inscrivent sans trop de problèmes à l'intérieur de ces règles. Autrement dit les vecteurs théoriquement les plus puissants de transformation sont ceux dont l'appropriation est la plus problématique. Ils sont l'objet de l'effet de normalisation déjà noté dans la partie 4 de cet ouvrage.

NE PAS OCCULTER LES TENSIONS
ENTRE APPROCHES
ORGANISATIONNELLES
ET APPROCHES
DE POLITIQUES PUBLIQUES

Une évaluation menée en accord avec les critères de qualité et de rigueur de la profession d'évaluateur pose la question de savoir si les finalités affichées par une politique constituent vraiment les objectifs recherchés par ses promoteurs. Ainsi dans le cas de la France, les politiques de modernisation se caractériseraient par l'amélioration de l'efficience et de l'efficacité de l'action publique. Sans que ces effets aient été évalués, à supposer qu'ils soient évaluables, le bilan semble plus que mitigé et la promesse de la modernisation est trahie.

Il est en fait difficile de conclure rapidement à l'inefficacité des politiques de réformes, car les promoteurs de la modernisation des politiques peuvent miser à travers elles, aussi ou principalement, autre chose que des impacts tangibles au regard des objectifs affichés. En d'autres termes, ils peuvent traiter de façon latente la modernisation comme une politique symbolique. Les finalités des gouvernants, de gauche comme de droite, ne sont pas nécessairement celles qui sont affichées, comme par exemple celles relevant de l'efficience et de l'efficacité.

Si tel est le cas, l'évaluation de la modernisation en France devrait intégrer d'autres critères d'appréciation que les seuls résultats des politiques de modernisation en matière de relation aux objectifs affichés.

LES FONCTIONS LATENTES
DES POLITIQUES DE MODERNISATION

En France, la performance n'est pas la finalité prioritaire voire hégémo-nique des parrains et promoteurs de la modernisation. À la limite, ils se désintéressent rapidement sinon carrément du devenir de leur politique, et ce quelle qu'en soit l'issue. La modernisation est une couverture qui couvre et cache d'autres fonctions, plus implicites ou latentes celles-là.

La première fonction latente renvoie à la quête de discipline.

De la modernisation, les élites dirigeantes, bureaucratiques et électives attendent fondamentalement qu'elle améliore leur capacité à prendre en main, en temps quasi réel, les innombrables démembrements de l'État et du suivi des affaires qu'ils traitent. À tort ou à raison, ils ont le sentiment que seule une intégration plus forte au niveau national peut répondre à leur crainte que tout leur échappe. Pour eux, une solution idéale consisterait à appliquer une instrumentation uniforme qui dis-ciplinerait toutes les entités qui peuplent cet État.

Cette logique traduit un paradoxe maintes fois décrit par les sciences sociales. L'État est en France un colosse aux pieds d'argile (Hoffmann, 1974). Il prétend gouverner les affaires publiques à partir du niveau national, constitutionnellement (c'est-à-dire sur le papier) hyper-centralisé, mais qui de fait fonctionne comme un système éclaté. Comment exer-cer une tutelle sur les domaines dont on a la charge, qui sont aussi nombreux que spécifiques, alors que l'on se confronte à des silos bien barricadés entre les ministères au niveau national, et à des dynamiques de cooptation au niveau des services de ces ministères, qui agissent au moins autant comme porte-parole des assujettis et institutions auprès de leurs hiérarchies respectives que comme des agents en charge de la tutelle sur leurs assujettis ?

Le parallélisme est curieux à cet égard entre l'attente que manifeste l'exécutif national en ayant recours à l'instrumentation de la moder-nisation et la réponse qu'il fournit à la décentralisation en général. Dans ce dernier cas, l'État fait certes dans un premier temps appel à des principes organiques pour décentraliser les collectivités locales ou développer l'autonomie des universités. Mais dans un second temps, il édicte des mesures de recentralisation par les bureaux parisiens des ministères comme par exemple en matière de fiscalité des communes. Il reprend d'une main ce qu'il avait accordé de l'autre. Il en va de même pour les mesures dites de modernisation. Souvent sur un ton très autoritaire, le sommet de l'État impose l'usage des mêmes instruments et le respect des mêmes délais aux ministères et autre démembrements de la puissance publique pour qu'ils structurent leurs propositions d'action. Cependant, dans un deuxième temps, il ferme un œil voire les deux lorsque des ministères ou des démembrements ne respectent ni les délais ni la qualité. L'indiscipline ne conduit pas à la sanction. « C'est la vie… Entre Matignon, l'Élysée et les ministres on a d'autres urgences », confie même en souriant un ancien directeur de cabinet ministériel. Interviewé par nos soins, un ancien animateur d'une politique transversale explique que le fait de demander par exemple à un ministre quels programmes relevant de ses attributions il considère prioritaires – donc quels autres ne le sont pas – le met inutilement mal à l'aise face à ses troupes et à ses assujettis. Autrement dit : la discipline, oui, mais les affaires qui fâchent, non !

Comme l'explique par le menu le chapitre 10, le principe de coopétition qui régit les relations entre les segments de l'appareil d'État au niveau central, l'expression des rapports de concurrence et la dynamique des rapports de pouvoir pour le contrôle de la conduite de la modernisation connaissent des limites. Ainsi les conflits ne sont pas violents et les problèmes ne sont pas mis ouvertement sur la table. La discipline est en quelque sorte socialisée, car les divers segments vivent dans un contexte de forte interdépendance. Aussi la discipline est-elle mesurée. Ses limites sont tracées et respectées, même par des acteurs qui, tel le Premier ministre ou même la Présidence de la République, disposent en théorie de l'autorité suprême. Les mesures fortes qu'ils peuvent annoncer dans un premier temps sont mises à l'épreuve des réactions des segments politico-administratifs. Si ces dernières sont susceptibles de mettre les responsables de ces segments en mauvaise posture face à leurs personnels, à leurs assujettis ou à l'opinion publique, il y a fort à parier que leurs promoteurs, aussi haut placés soient-ils, en viennent à modérer le ton et le fond. L'exemple le plus récent concerne le programme Action publique lancé à leur arrivée au pouvoir par Emmanuel Macron et son Premier ministre. La finalité de la discipline est de prendre en compte les effets non pas sur le registre de la seule performance mais aussi sur un registre majeur qui est son acceptabilité politique, ses effets à court terme, la popularité mesurée par des sondages d'opinion publique, et par l'absence de conflits sociaux.

Une deuxième fonction latente des politiques de modernisation relève de l'affichage politique.

Un indice en est donné par les changements de vocables choisis pour dénommer de façon spécifique chacun des huit programmes transversaux qui se sont succédés depuis la fin des années 1960. Un autre indice est la solennité avec laquelle est lancé et médiatisé chaque nouveau programme, qui contraste avec la pudeur qui s'installe progressivement sur son avancement et de ses résultats, voire sur son arrêt brutal. L'affichage par les promoteurs est de nature clairement politique comme l'a montré la partie 2 du livre. C'est un moyen pour les nouvelles équipes de se démarquer des anciennes, en promettant mieux et autrement.

En d'autres termes les gouvernants font preuve d'une solide inconséquence en matière de politique de modernisation. Certes ils construisent des programmes transversaux. Pourtant ces derniers se traduisent essentiellement par des retouches internes dans le plus pur style de la réforme administrative classique, avec ses jeux de mécano institutionnel, sa mise sur pied de nouveaux organes ou ses retouches de procédures de gestion. La question des finalités ou des objectifs de la modernisation, telle que nous l'avons définie dans la partie 1, n'est pas abordée ou pas satisfaite. Les gouvernants construisent des villages *Potemkine*. S'ils approuvent des textes et les font même voter par le Parlement, ils n'en envisagent pas les conséquences. Car une politique transversale chasse l'autre qui se perdra rapidement dans les sables ou sera interrompue par les prochains gouvernants. Si l'on est encore plus pessimiste, on dira que cela n'a pas d'importante, puisque les politiques transversales resteront de toutes façons des catalogues de mots creux, *a fortiori* pour les institutions dont on a la charge. « Dire que l'on va faire une réforme administrative, c'est bien parce que ça donne le sentiment au peuple qu'on est sérieux, qu'en plus cela est nécessaire pour servir l'usager… mais annoncer qu'on va le faire en fermant des agences et des services en milieu rural, qu'on va couper massivement le nombre de fonctionnaires, cela est une autre histoire. Elle n'est pas pour moi », souligne un ancien ministre de premier plan, résumant ainsi des propos recueillis au fil d'interviews confidentielles avec d'autres de ses collègues. Bref la confusion entre modernisation, coupures budgétaires et redéploiements de moyens, d'effectifs d'agents publics est à son comble.

En même temps un nouveau gouvernement qui n'intégrerait pas un programme transversal à sa plateforme électorale perdrait en crédibilité. À tort ou à raison afficher un programme transversal, à côté de quelques autres pour lutter par exemple contre le chômage et les inégalités engendre confiance et popularité dans les sondages d'opinion. La modernisation donnerait du muscle. On va voir ce qu'on va voir !

Une troisième fonction latente, voisine de celle qui vient d'être évoquée, concerne la relégitimation de l'État et son action.

Dans la foulée de sociologues comme Max Weber (1971) il est admis que la légitimité des administrations modernes et de l'action publique qui y est associée relèvent d'une source de type rationnel-légal, par opposition aux légitimités traditionnelle et charismatique qui ont pu fonder des régimes non démocratiques. La légitimité rationnelle-légale repose essentiellement sur des règles générales et impersonnelles. Cette typologie wébérienne a pourtant été considérée comme anachronique (Dogan, 2010), car elle ignore que, pour assurer la légitimité de leurs décisions, les États modernes ne peuvent plus se contenter de la rationalité et de la légalité des règles, au sens le plus large du terme. Ils doivent mobiliser des moyens complémentaires de légitimation reposant sur des valeurs largement partagées dans l'opinion. Parmi celles-ci figurent des valeurs démocratiques telle que la redevabilité – *accountability* –, c'est-à-dire l'obligation pour l'exécutif et son administration de rendre compte de leur action et de leurs résultats, et que la participation des parties prenantes à un problème. Ces deux dernières valeurs renvoient à l'idée que la démocratie réelle ne saurait se réduire à l'élection à intervalle régulier des gouvernants. Les trois instruments que sont la comptabilité, l'étude d'impact et l'évaluation, intègrent ces valeurs. Toutes sont également mobilisées par la *doxa* partenariale dans l'évaluation *ex post*. Pour leur part la redevabilité, l'efficacité et l'efficience le sont dans le cas des PAP et des RAP.

L'adhésion programmée à des valeurs appelle des signes et des rites qui permettent à l'incroyant de pratiquer une religion sans pour autant structurer sa vie personnelle ou organisationnelle autour du plein respect de ces valeurs avec le souci de leurs implications. Cela peut aller dans les organisations, publiques entre autres, jusqu'à la tartufferie, qui découple totalement l'outil adopté sous la pression externe, de la gestion organisationnelle conditionnée par les contraintes majeures engendrées par les environnements immédiats où elles baignent. Il existe bien sûr des situations moins extrêmes. Par exemple l'instrument mis en œuvre pour afficher une valeur peut se révéler utile et trouver sa place dans la panoplie des outils de gestion réellement utilisés. Cependant, dans tous les cas, il est dangereux d'interpréter la mise en œuvre d'un instrument de légitimation comme destiné d'abord et avant tout à provoquer un changement réel en matière de mode de gestion.

Parmi les valeurs, l'efficacité et l'efficience ont sans doute acquis une place particulière compte tenu de la supériorité sur les formes d'organisation telles que l'État, les syndicats et les associations, dont l'entreprise est supposée dotée. Cette supériorité est elle-même associée par l'école néo-libérale triomphante à la supériorité affirmée du marché, dont l'entreprise n'est d'ailleurs conçue que comme un agent, sur les autres formes d'organisation des échanges dans la vie sociale. Il convient donc que l'État se montre non seulement efficace et efficient, mais qu'il rende compte de son action. Le renouveau de la légitimité est tributaire de cette rencontre entre la rationalité managériale et les devoirs démocratiques du mandataire à l'égard de ses mandants. Dès lors peu importent la multiplicité, l'abstraction et le caractère éphémère de nombreux objectifs, ainsi que la difficulté de les prioriser. Peu importent également les contradictions entre les objectifs résultant du fait qu'il est demandé à l'État de s'occuper de tout et de son contraire. Ces difficultés et bien d'autres rendent très problématique la mise sur pied de systèmes fidèles d'appréhension de la performance, et doivent s'effacer devant la double exigence de rendre compte de la performance sur le double registre de l'efficacité et de l'efficience.

Cette exigence est génératrice de faux semblants, d'appariement osés, d'incomplétude voire de tricherie. Le faux semblant est visible dans le cas de la MAP où l'on affiche le caractère partenarial d'évaluations qui ne le sont pas. Les appariements osés apparaissent clairement dans le cas des PAP et des RAP. On y note l'archi-prédominance de la rationalité politique dans la formulation des objectifs auxquels on associe pourtant des indicateurs, outils relevant de la rationalité managériale, par essence précis et donc très pauvres, car réducteurs et biaisés par rapport aux objectifs auxquels ils sont associés. L'incomplétude est forte en ce qui concerne la prise en compte des effets anticipés d'une loi, comme le démontrent de nombreuses études d'impact. La tricherie, plus discrète par nature, est cependant présente lorsque, après avoir affirmé au nom de la transparence – autre valeur à laquelle il convient d'adhérer – l'obligation de publiciser les rapports, on commence d'abord par les expurger de quelques contenus gênants, comme ce fut le cas pour les audits de modernisation au milieu des années 2000 et pour les évaluations menées dans le cadre de la MAP à partir de 2012.

RENFORCER DES RESPONSABILITÉS ORGANISATIONNELLES OU CRÉER DES RESPONSABILITÉS DE POLITIQUES ?

À l'exception de la LOLF, les politiques publiques de modernisation sont orphelines. La section précédente montre qu'elles n'ont pas de véritables responsables. Les mesures de réforme organisationnelle l'emportent sur les politiques publiques de modernisation, au sens où ces dernières impliquent d'établir un lien entre efficience et efficacité, de lier le contenu des actions publiques entreprises en leur nom et les conséquences réelles observables dans la société. On propose ici quelques pistes pour étendre la responsabilisation au-delà de ses limites actuelles.

Admettons, malgré toutes les réserves que l'on peut avoir, que les auteurs d'une politique de modernisation la conçoivent comme essentiellement instrumentale et destinée à améliorer de façon significative la performance publique. La question du comment reste entière.

La conception de l'État à une époque donnée peut-elle et doit-elle être un sous-produit d'une modernisation qui le transforme par petites touches, sans explicitation, pour passer aujourd'hui d'un stade régalien à un stade plus contractuel ? Ou bien doit-elle être explicitée, débattue, acceptée, portant ainsi une volonté de changement profond, un peu comme le sont des lois de programmes pour anticiper, expliciter, encadrer des mesures que détailleront des législations et réglementations futures ? L'alternative n'est pas mineure ou « technique ». Elle a trait à la conception même d'une démocratie qui ne se réduit pas à l'élection.

Le flou et l'ambiguïté qui caractérisent habituellement la chose publique laissent à penser que la première méthode, celle des changements incrémentaux ou à la marge, manifeste une supériorité de principe sur la seconde dans la mesure où elle veut que l'État change mais sans qu'on l'affiche. Certes ces pratiques de changement utiliseraient l'évaluation, l'écoute, la bienveillance ou encore la recherche de l'efficience mais sans en indiquer le véritable objectif final. Qui plus est, elles offriraient aux gouvernants la possibilité de s'exonérer des contraintes associées à l'usage authentique de ces outils en ayant recours à des indicateurs ou indices commodes et au respect purement formel de procédures. Sur la question de la modernisation, on a un exemple de cette approche avec ces contrôleurs – administratifs ou judiciaires – peu regardants, à l'instar des juges constitutionnels dans l'établissement de la jurisprudence en matière d'étude d'impact. Il y a déjà longtemps que d'aucuns (Verrier, 1989) ont dénoncé avec force cette stratégie qui consiste à tout changer pour que rien ne bouge.

Le prix à payer à cette façon de faire, ce sont ces faux semblants largement dénoncés par les hauts fonctionnaires eux-mêmes lorsqu'ils acceptent en privé d'oublier un instant leur devoir de réserve et la langue de bois.

L'examen de la perspective du changement frontal des règles du jeu mérite par conséquent une analyse plus approfondie. Il importe d'étudier attentivement les enjeux qu'il soulève, sans s'en tenir aux propos de comptoir.

Les méthodes fortement institutionnalisées qui, comme l'étude d'impact, accompagnent cette perspective ne sont pas parvenues à discipliner le pouvoir car elles impliquaient le renforcement de la contrainte formelle. L'idée de soumettre les amendements gouvernementaux à une étude d'impact préalable pour éviter que soit contournée l'obligation de réaliser des études pour les projets de loi est sympathique. Pourtant on voit mal en quoi elle améliorerait les choses dans la mesure où ces études risqueraient de se révéler encore plus légères que celles produites pour les projets de loi à proprement parler. L'idée d'imposer cette contrainte aux amendements parlementaires, qui pour certains sont d'ailleurs des amendements gouvernementaux déguisés, paraît tout aussi peu prometteuse et pourrait même représenter une atteinte directe aux droits du Parlement.

Pour échapper à ce type de risque, la montée de la rationalité managériale associée au changement frontal des règles du jeu pourrait s'inscrire dans une distanciation institutionnalisée du politique et de la mise en œuvre de ses décisions ou politiques. Celle-ci pourrait être assurée par le recours à des agences placées sous l'autorité d'une direction générale, une configuration institutionnelle dont la durée du mandat assurerait l'indépendance. Un tel agencement n'est pas anodin. Il reviendrait en effet à démembrer les ministères, en leur ôtant la majorité de leurs services tant centraux que territoriaux, que ces derniers soient ou non regroupés dans des directions interministérielles. L'éloignement de l'administration du politique est séduisant sur le papier. Il permettrait en principe d'assurer une gestion des services « agencifiés » plus en phase avec les valeurs managériales. Il pourrait être appréhendé comme la généralisation d'une pratique déjà engagée par l'administration avec la multiplication d'opérateurs et d'agences diverses notamment dans le domaine de la régulation. Mieux que n'importe quelle circulaire, il soustrairait les services au pouvoir des cabinets dont la rationalité gestionnaire n'est pas la caractéristique principale. Mais la généralisation d'un système d'agence n'est pas un long fleuve tranquille, tant s'en faut.

La nomination de son dirigeant suppose en effet qu'on recoure à des critères qui ne soient pas d'abord et avant tout son ancienneté en termes de carrière, sa grande école d'origine ou son écurie partisane d'affiliation. Qu'il soit nommé pour une longue période ne suffit pas en effet à en faire un manager en chef. Il faut également qu'il soit choisi dans un vivier qui ne partage pas les caractéristiques cognitives prégnantes dans la haute fonction publique. Il doit aussi se montrer capable de gérer une relation qui a toute chance d'être conflictuelle avec les autorités politiques dont il assure la mise en œuvre de l'action, alors que la légitimité de l'agence qu'il dirige peut être fragile. Le dirigeant d'une agence se situe dans une position assez rare dans la dichotomie entre le secteur public et le secteur privé : il ne relève ni de l'autorité politique ni de l'autorité du marché. Il n'est pas à la fois public et privé, comme le voudrait l'analyse de Bozeman (2007), il n'est ni public, ni privé. Sa justification réside dans sa capacité à appliquer efficacement des textes ou politiques élaborés par le pouvoir politique, travail de mise en œuvre systématiquement externalisé sur l'agence. Pour que ce travail d'application ne soulève pas de conflit, il est nécessaire qu'il soit encadré de façon claire et non ambiguë par l'autorité politique. En d'autres termes il exige que soient fixées les règles qui régissent sa relation avec ce qui resterait des administrations centrales. Un peu comme une externalisation traditionnelle de type partenariat public-privé demande un travail de préparation avant la signature du contrat, sous peine de renégociations difficiles et souvent coûteuses lorsque le commanditaire n'a pas pu ou su expliciter l'ensemble des demandes, attentes et exigences qui sont les siennes.

Dans les pratiques étatiques actuelles la séparation entre des administrations coiffées par des gouvernants politiques et des agences chargées de la mise en œuvre des décisions et des politiques de ces derniers repose trop souvent sur un modèle où les deux phases majeures d'une politique publique sont considérées comme nettement séparées : leur distinction s'apparente *grosso modo* à celle entre conception-décision d'un côté, considérée comme la phase noble de l'action publique, et exécution de l'autre côté, qui en serait la phase roturière.

L'analyse de politiques a maintes fois montré que ce modèle est dans la majorité des cas, en France comme dans d'autres pays, complètement irréaliste. L'aphorisme selon lequel une politique n'est pleinement définie que lorsqu'elle a été entièrement mise en œuvre, offre l'avantage de souligner deux évidences à la fois. L'une est que les intentions affichées peuvent être démenties par les pratiques constatées lors de la mise en œuvre. L'autre est que la mise en œuvre est le moment de prise de décisions multiples qui doivent formellement respecter le cadre posé dans la phase noble de la décision, mais qui en fait le complètent et l'interprètent en explicitant des dispositions restées ambiguës, donnant ainsi *ex post* sa nature profonde à une politique dont l'élaboration de la décision n'est que la première étape.

Existe-t-il d'autres méthodes que cette réforme macro-structurelle que serait la généralisation des agences pour aborder la perspective du changement frontal ?

L'une d'entre elles mériterait pour le moins d'être expérimentée : la mise en place de régents de politiques publiques.

On a souligné tout au long de ce livre combien prédominait dans les préoccupations des réformateurs de la gestion publique et combien demeure une approche organisationnelle du management qui privilégie voire se cantonne à des mécanos institutionnels, à des créations de structures formelles et d'organigrammes, à des directives de responsabilisation et de redevabilité des responsables d'entités. On a aussi remarqué que l'approche en termes de management des politiques publique est le plus souvent limitée aux travaux d'évaluation, eux-mêmes dans les faits plus ou moins évaluatifs.

La LOLF et sa mise en œuvre n'ont pas entraîné de rééquilibrage entre les deux approches, organisationnelles et de management des politiques publiques, malgré l'assimilation sémantique des missions et programmes à des politiques. Les découpages opérés, essentiellement au niveau des programmes, ont privilégié une perspective administrative formelle par rapport à ce qui aurait été une structuration par les objectifs des politiques publiques. Il ne pouvait d'ailleurs guère en être autrement dès lors qu'il fallait bien allouer les crédits à quelqu'un.

Les responsables de programmes ne sont pas véritablement des responsables de politiques publiques. La création des Documents de politique transversale (DPT) annexés aux lois de finance témoigne du besoin qui a été ressenti de fournir aux parlementaires des documents portant sur des politiques considérées comme transversales par rapport aux missions qui structurent les lois de finance, en complément des PAP et des RAP. Le budget 2018 inclut vingt-et-un DPT renseignant sur ces politiques, dont chacune est irréductible à une mission et dont le nombre va croissant. Ils couvrent des domaines aussi divers que l'immigration et l'intégration, la lutte contre l'évasion et la fraude fiscale, le tourisme, la politique immobilière de l'État, l'inclusion sociale, l'égalité entre les femmes et les hommes, la lutte contre le changement climatique, la jeunesse, la politique maritime, les drogues, l'outre-mer, le développement international de l'économie française et du commerce extérieur, la ville, l'aménagement du territoire, la prévention de la délinquance et de la radicalisation, la justice des mineurs ou encore la sécurité civile. Ces DPT sont présentés à la fois comme des documents d'information sur les politiques publiques interministérielles et comme des outils de pilotage de celles-ci[1]. Leur existence constitue l'aveu même que l'affichage de la performance dans les PAP et les RAP est un miroir de politiques publiques qui ne se laissent pas enfermer facilement dans le cadre de missions. Pire, il apparaît impossible, quelle que soit la structuration retenue des missions et programmes, de résoudre le problème

1   Forum de la performance https://www.performance-publique.budget.gouv.fr/budget-comptes-etat/lois-finances/essentiel/en-savoir-projet-loi-finances/documents-politique-transversale-dpt-outil-pilotage-suivi-politiques-interministerielles#.W6dkwWgzaM9.

de la présentation de politiques publiques par une arborescence mono-dimensionnelle. Celles-ci se recoupent les une les autres du fait de la conjonction entre l'extrême diversité des modes de segmentation utilisés pour les caractériser et de la multiplicité possible des effets des moyens et dispositifs adoptés au regard des politiques recensées. Il est d'ailleurs piquant de constater que, lorsqu'il s'est agi d'évaluer toutes les politiques publiques de l'État dans le cadre de la MAP, la segmentation retenue des politiques a été tout à fait différente de celle opérée pour délimiter les programmes et actions des lois de finance.

Toute réforme significative de l'État doit passer par le fait d'assumer l'existence de tensions dans la sphère publique plutôt que d'en minimiser, de façon rhétorique l'existence. À commencer par la tension entre logique organisationnelle et logique des politiques publiques. Le renforcement, par ailleurs souhaitable, de centres de responsabilités dans l'administration de l'État, se traduit dans une organisation administrative par un échelon qui se caractérise par des objectifs spécifiques qui soient compatibles avec les objectifs généraux d'une politique de cette organisation, des moyens propres pour atteindre ces objectifs spécifiques, et par une certaine indépendance pour l'utilisation de ses moyens propres faisant du centre de responsabilité un centre de décision dont les performances sont contrôlées. Néanmoins cette mesure ne peut qu'augmenter le risque que des stratégies des directions ou services de toute nature ne se traduisent par le délaissement volontaire ou non de telle ou telle politique.

On pourrait donc imaginer que, pour un nombre à déterminer de politiques considérées comme prioritaires, soient désignés des responsables de politiques publiques qu'on pourrait appeler régents, pour éviter l'extrême polysémie de termes comme par exemple celui de coordinateur. Ces régents auraient la responsabilité de s'assurer, chacun pour une politique, à la fois que l'ensemble des metteurs en œuvre, peu importe les organisations ou services ministériels dont ils font par ailleurs partie, intègrent convenablement ces politiques dans leurs activités, coopèrent de façon loyale envers leurs homologues en la matière, et que les résultats des dites politiques en termes d'impact ont quelque chose à voir avec les objectifs affichés.

L'évaluation des politiques serait une ressource pour ces régents. Davantage qu'à une évaluation qu'on surcharge souvent de trop d'attentes vertueuses, on ferait appel à une responsabilité transversale. Cette dernière pourrait introduire un élément matriciel dans le fonctionnement de l'administration d'État, autre que les sempiternelles administrations de missions qui donnent à tort l'impression que les problèmes de recoupements, d'antinomies, de tensions entre les différentes facettes de l'action de l'État ne doivent être gérés et si possible dépassés que pour un petit nombre de domaines.

Quant aux évaluations, une partie d'entre elles pourraient être considérées comme des outils au service du management des politiques publiques ainsi instauré. Il conviendrait pour en assurer la qualité de rétablir pour elles un organe de régulation appelé à se prononcer sur le respect des standards *minima* d'évaluation et exerçant selon la formule de Juvénal, la garde des gardiens. Il resterait à préciser les modalités d'institutionnalisation qui pourraient éviter que cette discipline du pouvoir, dont les régents auraient la charge de mise en œuvre, s'affadisse comme tant d'autres qui l'ont précédée (Gibert et Verrier, 2015).

CONCLUSION

Plus que jamais, en France comme dans maintes autres démocraties économiquement avancées, l'État se trouve confronté à des impératifs et des exigences de gestion de ses affaires publiques qui sont majeurs, pressants et contradictoires.

Son hégémonie s'effrite de façon accélérée face aux défis qui se multiplient. Son fonctionnement éclaté et centrifuge permet de moins en moins d'y faire face. Ses ressources financières atteignent des limites difficilement extensibles. Ses assujettis réclament à la fois plus de transparence des choix publics et moins de procédures bureaucratiques. Ses espaces de juridiction s'imbriquent de plus en plus dans des contextes juridiques et territoriaux internationaux aussi bien que locaux, qui le contraignent à perdre peu à peu de sa centralité et de son autorité.

Le modèle de gestion servant de référence à l'administration des affaires publiques perdure pourtant encore au début du XXIᵉ siècle. Des transformations accélérées des façons de faire et d'agir paraissent inévitables pour produire des politiques performantes.

La France est-elle désormais engagée sur de bonnes voies ? Ce que ses dirigeants définissent comme étant sa modernisation est-il à la hauteur de leurs ambitions affichées ?

Les réponses apportées à cette question depuis près d'un demi-siècle montrent que l'on est loin du compte. Les promesses de modernisation ne sont pas vraiment tenues et honorées.

Il n'est pas facile de faire la part des choses en la matière. Deux postures contradictoires meublent et parfois faussent le débat. L'une est notamment présente chez les responsables publics impliqués de près dans la modernisation de l'État. Elle est optimiste, à la manière d'une communication institutionnelle : des avancées indéniables ont été et seront réalisées grâce à l'adoption de telle ou telle nouvelle méthode de gestion administrative et de management de ses politiques publiques. L'autre posture, critique ou franchement pessimiste, est présente notamment dans des cercles de réflexion civique et dans le monde universitaire. Elle est souvent de nature idéologique en ce sens qu'elle s'attache d'abord à montrer la France prise dans une déferlante néo-libérale, ce mal absolu dont le management public serait le bras armé au cœur de l'État.

Le parti pris du présent ouvrage est à la fois modeste et ambitieux. Il n'est ni un témoignage à charge contre le progrès ni une défense et illustration des œuvres des pouvoirs publics français. Au terme de recherches menées à des fins de connaissance scientifique, deux chercheurs souhaitent y dresser un bilan plus rigoureux. Faire la part des choses entre les grands discours affichés et les résultats effectifs importe.

En apparence l'État français n'ignore pas ce que modernisation veut dire. Ses dirigeants n'ont pas considéré qu'ils pouvaient se tenir complètement à l'écart d'un mouvement affectant d'autres pays. Mais pour quelles fins : pour préserver des pratiques établies ou pour changer les règles du jeu ?

La modernisation de la gestion des affaires publiques est une cause promue en France depuis un peu plus d'un demi-siècle, sous ce label ou sous d'autres tel celui de management public. Il s'agit de faire usage de nouveaux instruments et modes de raisonnement censés améliorer la performance des politiques publiques dont les autorités de l'État assument la charge. Moderniser signifie ici bien autre chose que de mener une réforme administrative ordinaire de plus, par exemple en fusionnant deux services ou deux corps de fonctionnaires ou même en garnissant le hall d'entrée d'une agence publique à l'aide de plantes vertes.

1968 est souvent invoqué comme une date clé qui coïncide avec le lancement d'une ambitieuse réforme de rationalisation. Son but est de modifier la façon dont les choix budgétaires sont préparés au niveau du gouvernement et débattus devant le Parlement, et au final de dégager des priorités qui permettent de mieux allouer l'argent public au service des politiques publiques. Depuis lors, pas moins de sept ambitieux programmes de modernisation transversaux ou interministériels se sont succédés, ce qui doit constituer une sorte de record mondial en la matière, sans compter par ailleurs une série d'initiatives d'apparence plus modeste qui visent à introduire de nouvelles façons de gouverner dans les limites de tel service ou de tel ministère.

À l'ancienneté et au nombre s'ajoute l'implication des plus hauts dirigeants exécutifs de l'État, de Michel Debré à Emmanuel Macron, du

Ministre des finances et du budget au Premier ministre et au Président de la république. Les programmes transversaux sont lancés et supervisés en haut lieu et publiquement affichés comme autant de promesses.

À première vue, le changement apparaît plutôt bien engagé. C'est ainsi que des termes jusque-là considérés comme tabous, tels que ceux de productivité et de management, prennent place dans le langage politiquement correct de la sphère publique. En fait, l'épreuve du terrain et de la durée révèle que les promesses ne sont guère tenues notamment en ce qui concerne les instruments et outils de modernisation, que les cercles dirigeants les imposent sur un mode autoritaire ou en recommandent simplement l'usage.

Les politiques de modernisation transversales se succèdent de façon étonnamment rapide. La conséquence est un manque évident de temps nécessaire à leur mise en œuvre. Celle en cours est à peine élaborée en haut lieu qu'elle est déjà remplacée au bout de deux ans voire quelques mois par une autre. La crédibilité des décisions gouvernementales aux yeux des fonctionnaires en prend un coup. Ils courbent le dos en attendant la prochaine aventure.

La discontinuité de ces politiques se traduit en termes de contenus. Leur supervision est à chaque réforme confiée à un dispositif central différent de celui qui accompagnait la précédente, et de celui qui accompagnera la prochaine. Cette mission est une fois placée directement sous la supervision des services du Premier ministre, une autre fois d'une direction générale existante dans un ministère quand ce n'est pas d'un service créé de toute pièce pour la circonstance. Il en va de même pour les méthodologies considérées comme prioritaires : une politique impose essentiellement la réalisation d'audits alors qu'une autre privilégie le recours aux évaluations *ex post* de politiques spécifiques. À chacune ses propres modalités en termes de contenu et d'exécution. Les motifs et objectifs annoncés varient eux aussi même si certains comme un meilleur accueil des administrés, une extension du recours aux avancées de l'informatisation et du numérique ou surtout la recherche d'économies financières et budgétaires sont le plus souvent évoqués. Tantôt l'accent est donné à des réductions massives d'emplois dans les ministères, tantôt à un redéploiement des investissements au bénéfice de programmes ou d'enjeux jugés prioritaires. De même tantôt les institutions exerçant des mandats publics en matière de modernisation voient leur champ juridictionnel limité aux seuls ministères et autres agences relevant de l'État *stricto sensu*, tantôt ce champ inclut aussi les collectivités publiques locales telles que les régions et les départements.

Les dispositions prises témoignent aussi d'un déficit persistant de compétences professionnelles en matière d'approches et d'instruments requis pour installer un véritable management des politiques publiques. Malgré leur nombre et leur hétérogénéité, ces programmes sont conçus et supervisés par un cercle étroit de hauts fonctionnaires, notamment issus du Trésor ou du Budget, du Conseil d'État, de la Cour des comptes et de l'Inspection générale des finances. Ce cercle est au service de tous les gouvernements qui se succèdent, quelle que soit la majorité au pouvoir. Une particularité est que ses membres sont des généralistes qui n'ont guère sinon pas du tout d'expérience s'agissant des instruments et des contenus des approches en matière de management public.

Politiquement la main de la réforme est tenue par le pouvoir exécutif au niveau national. Le pouvoir législatif reste à l'écart : fait exception la révision des lois organiques en matière budgétaire (LOLF) qui a exigé en 2001 un débat et un vote de la part du Parlement.

De façon plus générale, le couple que forment les chefs de l'exécutif – Président de la république et Premier ministre – et les élites administratives nationales démontre une capacité persistante de mise à l'écart des acteurs tiers comme les experts du management ou des politiques publiques établis dans des institutions universitaires en France comme à l'étranger, notamment pour la conception des programmes. En revanche la sous-traitance confiée à de grands cabinets de conseil familiers du secteur des entreprises est fréquente. Tout se passe comme si les élites publiques françaises détenaient par essence le savoir en matière de modernisation et cherchaient à garder le contrôle de leur sphère d'influence à la tête de l'État.

Plus important encore, si la phase de conception et de décision des actions de modernisation se déroule dans les contextes définis ci-dessus, celle de leur mise en œuvre est elle aussi décisive. Or ici encore le paysage apparaît tout aussi gris sinon pauvre.

Les outils transversaux nouveaux deviennent des mots nouveaux qui permettent de poursuivre des logiques de gestion anciennes. Ce qu'ils recouvrent en termes de gestion reste une tout autre histoire. L'audit, pour ne prendre que ce cas, plutôt que de servir de levier pour réduire sinon éviter les risques donc de participer à un accroissement de la performance, prolonge voire renforce une logique de défiance interne aux services publics qui est propre à une bureaucratie privilégiant la conformité des procédures à la performance de ces procédures. Les programmes gouvernementaux labellisent des approches qui, dans les faits et lorsqu'elles ont le temps d'être mises en œuvre, sont appropriées de façon dysfonctionnelle.

Si les grandes opérations transversales occupent la scène politique et médiatique, la modernisation de l'État en France se joue aussi de façon moins bruyante et plus méconnue.

Depuis plus d'un demi-siècle des initiatives de nature plus technique se sont succédées au sein de sa sphère administrative. Elles prennent la forme du recours à des instruments de gestion ou d'action publique différents, du moins en apparence, de ceux jusque-là en vigueur. Elles couvrent un assez large spectre. Leur devenir lui aussi varie. Certaines sont rapidement abandonnées. D'autres s'enlisent sans lendemain à l'épreuve des faits. Quelques-unes en revanche sont plus durables tout en se transformant voire se pervertissant au fil d'ajustements, de malentendus et de retouches. Cette modernisation silencieuse concerne notamment le recours à la comptabilité analytique, à la contractualisation des rapports au sein de l'État ou entre l'État et de tierces parties, et à l'évaluation *ex post* des politiques publiques. Ces instruments sont aussi sujets à débat : ils suscitent des déceptions fortes chez leurs utilisateurs ainsi que des critiques assez souvent virulentes notamment au sein des cercles fermés de la haute fonction publique.

Les heurs et malheurs de la modernisation en action font ressortir des constats à portée plus générale.

Des échecs retentissants et des succès éventuels de leurs prédécesseurs, les entrepreneurs politiques et les dirigeants administratifs ne tirent, sauf rares exceptions, aucune leçon pour leur propre gouverne en matière de modernisation. Les effets d'apprentissage font défaut alors que les effets de démarcage occupent le devant de la scène.

Par ailleurs certains services de l'État que pour autant rien ou presque ne prédestine en termes de compétences professionnelles à animer la mise en œuvre de la modernisation prennent en charge sa supervision quand ils ne vont pas jusqu'à édicter des directives méthodologiques qui détournent les instruments de leurs finalités.

Qui plus est des modes d'administration traditionnels portés par telle ou telle institution publique et qui sont profondément ancrés dans sa culture, se montrent capables de vider tel instrument radicalement nouveau de son sens ou de sa valeur ajoutée. À l'inverse un organisme qui porte l'innovation paie un prix d'autant plus fort pour son autonomie et pour son succès que d'autres segments de l'État déjà établis voient en lui un concurrent risquant d'envahir leur périmètre de compétences.

Plus généralement, si une dynamique de changement par la modernisation est à l'œuvre, elle ne se résume pas à un affrontement entre des segments ou des cercles qui cherchent à innover et des segments ou des cercles qui résistent à tout crin. Les jeux de pouvoir ne sont pas aussi rustiques ou transparents. La Modernisation de l'action publique prend au sein de la sphère de l'État la forme d'une coopétition entre ses diverses institutions. D'une certaine façon, en même temps qu'il constitue un univers intégré sous d'autres aspects, l'État est ou reste un monde éclaté sinon en miettes, où certains de ses segments se révèlent, au moins un temps, plus forts que d'autres dans le jeu de la concurrence interne.

Pourquoi cet acharnement quasi thérapeutique à réformer se poursuit-il depuis la fin des années 1960 malgré ses errances répétées ? Répondre à la question nécessite de prendre du recul par rapport aux seules finalités explicitement affichées par les opérations de modernisation. Autrement dit, les déconvenues qui jalonnent leur mise en œuvre doivent être recherchées dans des finalités latentes ou non explicitées que cherchent à satisfaire leurs parrains.

La modernisation est conçue pour donner un signe d'adhésion des gouvernants aux grandes vertus du moment : la transparence, la redevabilité de l'action publique, la bienveillance, la performance. Ceci avec l'idée implicite que ces signes d'adhésion n'altéreront pas beaucoup un mode de gestion publique que l'on ne tient pas à bouleverser. En d'autres termes il s'agit d'adopter les postures de la vertu pour assurer une conformité de façade aux pressions de l'environnement. Les pouvoirs publics souhaitent renforcer leur légitimité en jouant le jeu de la modernisation.

Un autre facteur explicatif tient au déficit de professionnalisation dans lequel baignent les élites administratives qui ont vocation à diriger les services centraux des ministères et à formuler des programmes de modernisation, notamment de nature transversale. Ce déficit se manifeste par un recours constant à des langages pour l'action qui n'intègrent pas les avancées récentes de la connaissance en matière de sciences appliquées au domaine du management public. Le statut de généraliste dont se targuent les membres de l'élite administrative est pour eux un capital trop précieux qu'ils ne veulent pas perdre, car il justifie leur vocation légitime à occuper de façon hégémonique les fonctions dirigeantes de l'État, alors que le management public exige le recours à des compétences professionnelles poussées même pour qui veut assumer des fonctions dirigeantes.

Quelles leçons ou recommandations énoncer pour que la promesse de modernisation de l'État soit mieux honorée, car le temps presse et le retard accumulé se paie comptant ?

Du bilan que trace le livre, le lecteur peut avancer de nombreuses propositions, sur des registres très divers : la formation professionnelle des cadres dirigeants, la transformation de l'ENA en école de management public, la restriction du pouvoir et de l'influence des services de Bercy ou de certaines inspections générales, la mise sur pied d'un dispositif pérenne et autonome en matière d'évaluation *ex post* des politiques publiques, la fixation de règles comptables adéquates, la place beaucoup plus large à donner au pouvoir législatif voire au pouvoir judiciaire en matière d'actes de modernisation, l'abandon des espoirs démesurés placés dans la transformation numérique comme vecteur majeur du changement, etc.

Des pistes paraissent cependant mériter attention alors qu'elles sont peu débattues. L'une se définit comme un choix entre deux postures pour susciter une redéfinition des grandes règles du jeu en matière d'action publique : une approche dite de type frontal, une approche de type incrémental. Plus prosaïquement, vaut-il mieux vouloir tout moderniser d'un coup ou est-il préférable de procéder par une suite d'ajustements plus modestes et plus étalés dans la durée ?

Les opérations, qu'elles soient liées à de grands programmes transversaux, à des initiatives plus locales ou à des réformes qui n'ont pas formellement recours au label de la modernisation, peuvent être classées en fonction des transformations des règles du jeu prédominantes en matière de gestion des affaires publiques qu'elles provoquent. De ce point de vue deux seulement émergent comme ayant cherché à moderniser ces règles : l'étude des projets d'impact, la LOLF. Les autres se sont inscrites à l'intérieur des règles prédominantes. Or le paradoxe est que les deux qui ont modernisé les règles du jeu sont aussi celles qui ont le plus fortement déçu leurs partisans. Moins une opération modifie les règles du jeu existantes, moins elle rencontre de résistance.

Est-ce à dire que, pour faire émerger plus de rationalité managériale par le biais d'un changement frontal des règles du jeu, le politique – exécutif et Parlement – doit en France se distancier institutionnellement de la sphère administrative ? Pour ce faire deux voies de progrès sont suggérées au terme de cette analyse. L'une est de confier la supervision des divers actes concourant à la modernisation à des agences dont la direction serait indépendante des ministères établis et dont la durée de mandat assurerait l'autonomie. L'autre serait de nommer des régents de politiques publiques traités comme de véritables responsables et qui aient prise sur les divers segments publics intervenant dans une même politique publique. Le but recherché est de lever l'obstacle de la segmentation par silos qui caractérise l'État dans son management des politiques publiques.

Une autre piste concerne le champ d'application que la modernisation doit prendre en compte. Elle a trait à la façon dont l'État et son administration gèrent leurs ressources humaines.

Or les ressources humaines constituent en France la structure qui pendant le dernier demi-siècle aura été la moins modifiée. Alors que les sciences de la gestion appliquées au management public soulignent sans équivoque leur importance capitale pour accompagner les changements et les approprier, et malgré le fait que des modifications minimales ont été opérées pour éviter une ossification totale, ce chantier reste largement ouvert et inscrit à l'agenda du gouvernement.

En cette matière, ce livre énonce une prescription avec un objectif majeur : passer d'une gestion fondée sur la primauté des savoirs certifiés en particulier par la réussite à des concours à une priorité des expertises certifiées par l'expérience des personnes. De ce point de vue l'accent est la plupart du temps mis sur les cadres dirigeants, grands corps et grandes écoles. Certes il faudra que ces dernières évoluent radicalement. Mais ce n'est qu'une étape, nécessaire sans doute mais pas suffisante. Car c'est tout le système du statut général des fonctionnaires qui doit évoluer de façon radicale et surtout sans tarder.

Le besoin en expertise dans la fonction publique n'est et ne sera plus une exception susceptible d'être satisfaite en recrutant des personnels à statut de contractuel de la fonction publique. Le profil du fonctionnaire généraliste semble désormais un archaïsme. Corollairement l'employabilité dans le secteur privé des fonctionnaires devra être travaillée. Une remise en cause radicale de la structure des ressources humaines peut se fonder sur une modification en apparence aisée des textes juridiques, ce qui permet dans ce domaine de dépasser l'opposition entre approche frontale et approche incrémentale. Sans une refonte de la gestion des relations humaines, la modernisation sera réduite aux acquêts : l'addition ou la juxtaposition de refontes d'organigrammes, la course aux économies budgétaires. La quête d'efficience et d'efficacité restera un propos de salon, et non pas une réalité tangible ou une promesse respectée.

Les politiques de modernisation dont traite cet ouvrage illustrent la façon et les raisons qui font que leurs promesses ne sont pas tenues. Tout conduit à penser que ces questions ne sont pas propres à un cas particulier. Au contraire elles mettent en évidence un grand nombre de lourds handicaps auxquels la gouvernance de l'État est confrontée depuis la fin des années 2000, également dans d'autres domaines.

Les défis ne manquent pas. Ils ne se cantonnent pas à la seule modernisation de la gestion publique. Ils concernent les règles du jeu qui ordonnent plus largement le rapport de la société à sa sphère publique. Leur traitement risque fort de ne pas se satisfaire de quelques annonces symboliques et improvisées. Les leçons tirées des politiques de modernisation de l'État méritent à cet égard d'autant plus d'attention.

BIBLIOGRAPHIE

AUTEURS ET DE TRAVAUX ACADÉMIQUES

Algan Yann et Cazenave Thomas, 2017, *L'État en mode start-up*, Paris, Eyrolles.

Anastassopoulos Jean-Pierre, 1980, *La stratégie des entreprises publiques*, Paris, Dalloz.

Barouch Gilles et Hervé Chavas, 1990, « Le rôle et la place de la ressource humaine dans la modernisation de la fonction publique française : un éclairage à partir de quatre études monographiques », *Politiques et management public*, 8 (2), p. 133-156.

Barthe Yannick, Callon Michel et Pierre Lascoumes, 2014, *Agir dans un monde incertain. Essai sur la démocratie technique*, Paris, Le Seuil.

Benzerafa Manel, Garcin Laurent, Gibert Patrick et Jean-François Gueugnon, 2011, « Le management par objectifs met-il fin à l'ambiguïté dans la gestion publique ? », *Politiques et management public*, 28 (3), p. 353-386.

Benzerafa Alilat Manel et Patrick Gibert, 2015, « Dynamique des indicateurs de reporting externe : le cas des indicateurs des projets et rapports annuels de performance annexés aux mois de finances ». *Revue française d'administration publique*. 155 (3), p. 763-778.

Benzerafa Alilat Manel et Patrick Gibert, 2016, « De quoi l'État rend-il compte dans ses rapports annuels de performance ? », *Revue française d'administration publique*, 160 (4) : p. 1041-1064.

Bertholet Clément et Laura Létourneau, 2017, *Ubérisons l'État... : avant que d'autres ne s'en chargent*, Paris, Armand Colin.

Bezès Michel, 2009, *Réinventer l'État*, Paris, Presses universitaires de France.

Bower Joseph, 1983, *The two Faces of Management. An American Approach to Leadership in Business and Ppolitics*, Boston Houghton Mifflin.

Bozeman Barry, 2007, « La publicitude normative : comment concilier valeurs publiques et valeurs du marché », *Politiques et management public*, 25 (4) : p. 179-211.

Brunetière Jean-René, 2010, « Les objectifs et les indicateurs de la LOLF, quatre ans après... », *Revue française d'administration publique*, 28 (3), p. 477-495.

Brunsson Nils, 1986, « Organizing for Inconsistencies : on Organizational Conflict, Depression and Hypocrisy as Substitutes for Action », *Scandinavian journal of management studies.* 2 (3), p. 165-185.

Chanut Véronique, 2004, *L'état didactique : éduquer au management public les cadres du Ministère de l'équipement,* Paris, L'Harmattan.

Chanut Véronique, 2008, « Manager versus expert ? Les avatars de la gestion personnalisée des cadres dans une administration technique », *Revue française d'administration publique.* 128 (4), p. 703-716.

Chevallier Jacques, 2010, « Révision générale des politiques publiques et gestion des ressources humaines », *Revue française d'administration publique,* 136 (4), p. 907-918.

Club Cambon, 1988, « L'évaluation des politiques publiques », *Politiques et management public,* 6 (2), p. 98-117.

Crozet Paul, 2017, « Fonction publique : de la lente mort de la notation à l'institutionnalisation de l'entretien professionnel », *Annales des mines – Gérer et comprendre,* 128 (2), p. 34-47.

Crozier Michel, 1963, *Le phénomène bureaucratique : essai sur les tendances bureaucratiques des systèmes d'organisation modernes et sur leurs relations en France avec le système social et culture,* Paris, Éditions du seuil.

Crozier Michel et Jean-Claude Thoenig, 1975, « La régulation des systèmes organisés complexes. Le cas du système de décision politico-administratif local en France », *Revue française de sociologie,* 16 (1), p. 3-32.

Dedieu François, 2018, *Le consensus par l'ignorance ; l'organisation du déni dans la gestion publique des pesticides,* Mémoire d'habilitation à diriger des recherches, Université de Paris-Est.

De Francesco Fabrizio, 2012, « Diffusion of Regulatory Impact Analysis among OECD and Member states », *Comparative political studies,* 45 (10), p. 1277-1305.

De Francesco Fabrizio, 2018, « Évaluer équitablement les régulateurs : Aligner les analyses d'impact sur le savoir scientifique », *Politiques et management public,* 35 (3-4), p. 131-152.

Demesteere René, 2001, « L'ambiguité de la notion de responsabilité en contrôle de gestion », *Politiques et management public,* 19 (3), p. 79-100.

DiMaggio Paul et Walter W. Powell, 1983, « The Iron Cage Revisited: Collective Rationality and Institutional Isomorphism in Organizational Fields », *American sociological review,* 48 (2), p. 147-160.

Dogan Mattei, 2010, « La légitimité politique : nouveauté des critères, anachronisme des théories classiques », *Revue internationale des sciences sociales,* 196 (1), p. 21-39.

Dreyfus Françoise, 2010, « La révision générale des politiques publiques, une conception néo-libérale du rôle de l'État ? », *Revue française d'administration publique*, 136 (4), p. 857-864.

Dupuy François et Jean-Claude Thoenig, 1985, *L'administration en miettes*, Paris, Fayard.

Fayol Henri, 1918, *Administration industrielle et générale*, Paris, Dunod et Pinat.

Festinger Leon, 1962, *A theory of Cognitive Dissonance*, Palo Alto Stanford university press.

Gibert Patrick et Philippe de Lavergne, 1978, *L'analyse des coûts pour le management*, Paris, Economica.

Gibert Patrick et Marianne Andrault, 1984, « Contrôler la gestion ou évaluer les politiques », *Politiques et management public*, 2 (2), p. 123-133.

Gibert Patrick, 1988, "Fonction publique à statut et innovation", Schaefer G. F. and E. McInerney, *Strengthening innovativeness in public sector management*, Maastricht Institut européen d'administration publique, p. 69-86.

Gibert Patrick et Géraldine Pascaud, 1980, « De projets d'entreprise pour les organisations publiques », *Politiques et management public*, 7 (2), p. 119-162.

Gibert Patrick et Jean-Claude Thoenig, 1993, « La gestion publique : entre l'apprentissage et l'amnésie », *Politiques et management public*, 11 (1), p. 1-18.

Gibert Patrick, 2009, *Tableaux de bord pour les organisations publiques*, Paris, Dunod.

Gibert Patrick, 2012, « La comptabilité d'analyse de coûts de la LOLF, petit jeu, grand enjeu », *Mélanges en l'honneur du professeur Alain Burlaud*, Paris, Foucher.

Gibert Patrick et Pierre-Éric Verrier, 2016, « Peut-on discipliner le pouvoir ? ». *Politiques et management public* 3 et 4, p. 165-196.

Gibert Patrick, 2018, « Réflexions sur l'appropriation française de l'analyse d'impact de la réglementation (A.I.R.) dans le cas de la mise en œuvre des études d'impact des projets de loi », *Politiques et management publics*, 35 (3-4), p. 243-272.

Gibert Patrick et Danièle Lamarque (édité par), 2018, *L'analyse d'impact de la réglementation au défi de sa mise en œuvre, Politiques et management public*, 35 (3-4), p. 95-106.

Gilbert Guy et Jean-Claude Thoenig, 1999, « Les cofinancements publics : des pratiques aux rationalités », *Revue d'économie financière*, 51 (1), p. 45-78.

Giroux Marianne 1973, « Les développements de la rationalisation du choix budgétaire », *Bulletin de l'Institut international d'administration publique*, octobre-décembre.

Guba Egon et Yonna Lincoln, 1989, *Fourth Generation Evaluation*, Londres, Sage.

Guillaume Henri, Guillaume Dureau et Franck Silvent, 2002, *Gestion publique : l'État et la performance*, Paris, Presses de Sciences po et Dalloz.

Halpern Charlotte, Lascoumes Pierre et Patrick Le Galès, (dir.), 2014, *L'instrumentation de l'action publique*, Paris, Presses de sciences-po.

Hayward Jack et Vincent Wright, 2002, *Governing from the Centre. Core Executive Coordination in France*, Oxford Oxford university press.

Henry Odile et Frédéric Pierru, 2012, « Les consultants et la réforme des services publics », *Actes de la recherche en sciences sociales*, 193 (3), p. 112 – 123.

Heinrich Carolyn, 2007, "Evidence-based Policy and Performance Management Challenges and Prospects in two Parallel Movements", *American review of public administration*, 37 (3), p. 255-277.

Heinz John, Laumann Edward, Nelson Robert et Robert Salisbury, 1996, *The Hollow Core. Private Interests in National Policy Making*, Cambridge Harvard university press.

Holcman Robert, 2007, « Secteur public, secteur privé : similarités et différences dans la gestion des ressources humaines », *Revue française d'administration publique*, 123 (3), p. 409-421.

Hoffmann Stanley, 1974, *Essais sur la France : Déclin ou renouveau ?* Paris, Esprit.

Hood Christopher, 1983, *The Tools of Government*, Londres, Macmillan.

Huet Philippe et Jacques Bravo, 1973, *L'expérience française de rationalisation des choix budgétaires*, Paris, Presses Universitaires de France.

Hutier Sophie, 2017, « La discrète entrée de la transparence administrative dans la jurisprudence constitutionnelle », *Constitutions : Revue de droit constitutionnel appliqué*, (4), p. 599-602.

Jeannot Gilles et Luc Rouban, 2005, « De la gestion prévisionnelle des effectifs, des emplois et des compétences (GPEEC) aux cadres statutaires : la progressive émergence de la notion de "métier dans la fonction publique d'État en France" », *Revue française d'administration publique*, 116 (4), p. 595-608.

Joly Pierre-Benoît et Claire Marris, 2003, « La participation contre la mobilisation ? » *Revue internationale de politique comparée*, 10 (2), p. 195-206.

Kaplan Robert S. et David P. Norton, 1997, *Le tableau de bord prospectif. Pilotage stratégique : les quatre axes du succès*, Paris, Éditions d'organisation.

KPMG et Quadrant Conseil, 2017, *Évaluation de la démarche globale d'évaluation des politiques publiques menée dans le cadre de la modernisation de l'action publique*, Paris, KPMG.

Lacouette-Fougère Clément et Pierre Lascoumes, 2013, « L'évaluation : un marronnier de l'action gouvernementale ? », *Revue française d'administration publique*, 148 (4), p. 859-875.

Lamarque, Danièle, 2016, *Contrôle et évaluation de la gestion publique : enjeux contemporains et comparaisons internationales*, Bruxelles, Bruylant.

Landau Martin, 1977, « The Proper Domain of Policy Analysis », *American journal of political science*, 2 (2), p. 423-427.

Lascoumes Pierre et Louis Simard, 2011, « L'action publique au prisme de ses instruments », *Revue française de science politique*, 61(1), p. 5-22.

Lehmbruch Gerhard, 1967, *Proporzdemokratie. Politisches System und politische Kultur in der Schweiz und in Österreich*, Tübingen Mohr Siebeck.

Locke John, 1992, *Traité du gouvernement civil*, Paris, Garnier-Flammarion.

Long Marceau, Weil Prosper, Braibant Guy, Devolvé Pierre et Bruno Genevoix, 2015, *Les grands arrêts de la gestion administrative*, Paris, Dalloz.

Lowi Theodore, 1964, « American Business, Public Policy, Case-studies, and Political Theory », *World politics*, 16 (4), p. 677-715.

March James, 1991, « Exploration and Exploitation in Organizational Learning », *Organization science*, 2 (1), p. 71-87.

Marty Frédéric, Sylvie Trosa et Arnaud Voisin, 2006, *Les partenariats public-privé*, Paris, La Découverte.

Mazoyer Harold, 2013-2014, « Réformer l'administration par le savoir économique. La rationalisation des choix budgétaires aux Ministères de l'équipement et des transports », *Genèses*, 93, p. 29-52.

McDavid James et Laura Hawthorne, 2005, *Program Evaluation and Performance Measurement*, Thousand Oaks Sage.

Mény Yves et Jean-Claude Thoenig, 1989, *Les politiques publiques*, Paris, Presses universitaires de France.

Meyer John et Brian Rowan, 1977, « Institutionalized Organizations: Formal Structure as Myth and Ceremony », *American journal of sociology*, 83 (2), p. 340-363.

Meyer John, Rohan Brian et Richard Scott, 1983, *Organizational Environments*, Beverly Hills Sage.

Michaud Claude et Jean-Claude Thoenig, 2009, *L'organisation et ses langages : Interpréter pour agir*, Laval, Presses universitaires de Laval.

Nioche Jean-Pierre et Robert Poinsard, 1984, *L'évaluation des politiques publiques*, Paris, Economica.

Olson Mancur, 1978, *Logique de l'action collective*, Paris, Presses universitaires de France.

Perret Bernard, 2008, *L'évaluation des politiques publiques*, Paris, La Découverte.

Pfeffer Jeffrey et Robert Sutton, 2007, *Faits et foutaises dans le management*, Paris, Vuibert.

Picq Jean, 1994, *L'État en France. Servir une nation ouverte sur le monde*, Paris, La Documentation Française.

Popelier Patricia, 2017, « Federalism Disputes and the Behavior of Courts: Explaining Variation in Federal Courts Support for Centralization », *Publius: the journal of federalism*, 47 (1), p. 27-48.

Porter Michael, 1985, *Competitive Advantage: Creating and Sustaining Superior Performance*, New York Free Press 43.

Radaelli Claudio, 2004, "The Diffusion of Regulatory Impact Analysis: Best Practice or lesson-drawing?" *European journal of political research.* 43, (5) : p. 723-747.

Rondin Jacques, 1985, *Le sacre des notables*, Paris, Fayard.

Schick Allen, 2007, « Off-budget Expenditure: an Economic and Political Framework », *OECD Journal on budgeting*, 7 (3), p. 1-7.

Serieyx Hervé, 1995, *L'État dans tous ses projets. Un bilan des projets de service dans l'Administration*, Paris, La Documentation française.

Simon Herbert, 1946, « The Proverbs of Administration », *Public administration*, (6), p. 53-67.

Simons Robert, 1995, *Levers of Control. How Managers Use Innovative Control Systems to Drive Strategic Renewal*, Boston Harvard business school press.

Spenlehauer Vincent, 1995, *L'évaluation de politiques : Usages sociaux-Trois études de cas d'évaluation*, Paris, L'Harmattan.

Spenlehauer Vincent, 2016, *Des sciences sociales engagées dans l'évaluation des politiques publiques.* Paris, L'Harmattan.

Stufflebeam Daniel, 2001, « Evaluation Models », *New directions for evaluation*, (89), p. 7-98.

Suchman Mark, 1995, "Managing Legitimacy: Strategic and Institutional Approaches", *Academy of management review*, 20 (3), p. 571-610.

Suleiman Ezra, 1974, *Politics, Power and Bureaucracy in France. The Administrative Elite*, Princeton Princeton university press.

Thiétart Raymond-Alain, 2017, *Le management*, Paris, Presses universitaires de France.

Thoenig Jean-Claude, 1974, « La rationalité », Crozier Michel et autres (dir.) *Où va l'Administration française*, Paris, Éditions d'organisation : p. 141-162.

Thoenig Jean-Claude, 1985, « Le grand horloger et les effets de système : de la décentralisation en France », *Politiques et management public*, 3 (1), p. 135-158.

Thoenig Jean-Claude, 1987, *L'ère des technocrates*, Paris, L'Harmattan.

Thoenig Jean-Claude et Dominique Gatto, 1993, *La sécurité publique à l'épreuve du terrain*, Paris, L'Harmattan.

Thoenig Jean-Claude, 2005, « L'évaluation : un cycle de vie à la française », Lacasse François et Pierre-Éric Verrier (dir.), *30 ans de réforme de l'État. Expériences françaises et étrangères. Stratégies et bilans*, Paris, Dunod, p. 117-127.

Tocqueville Alexis de, 1866, *L'ancien régime et la révolution*, Paris, M. Lévy.

Vedung Evert, 2010, « Four Waves of Evaluation Diffusion », *Evaluation*, 16 (3), p. 263-277.

Verrier Pierre-Éric, 1989, « Les spécificités du management public : le cas de la gestion des ressources humaines », *Politiques et management public*, 7 (4), p. 47-61.

Viveret Patrick, 1989, *L'évaluation des politiques et des actions publiques. Rapport au Premier ministre*, Paris, La Documentation française.

Weber Max, 1971, *Économie et Société*, Paris, Plon.

Worms Jean-Pierre, 1966, « Le préfet et ses notables », *Sociologie du travail*, 8 (3) : p. 249-271.

INSTITUTIONS DE L'ÉTAT

Battesti Jean-Pierre, Bondaz Marianne, Marigeaud Martine et Nathalie Destais, 2012, *Guide de cadrage méthodologique de l'évaluation des politiques publiques partenariales*, Paris, La Documentation française.

Commission nationale des comptes de campagne et des financements politiques, 2016, *Financement de la campagne électorale. Memento à l'usage du candidat et son mandataire*, Paris, Commission nationale des comptes de campagne et des financements politiques.

Commission nationale des comptes de campagne et des financements politiques, 2018, *Dix neuvième rapport d'activité 2017*, Paris, Commission nationale des comptes de campagne et des financements politiques.

Conseil d'État, 2016, *Études annuelles. Simplification et qualité du droit*, Paris, La Documentation française.

Conseil scientifique de l'évaluation, 1996, *Petit guide de l'évaluation des politiques publiques*, Paris, la Documentation française.

Cour des comptes, 2011, *La mise en œuvre de la loi organique relative aux lois de finances (LOLF) : un bilan pour de nouvelles perspectives*, Paris, La documentation française.

Deleau Michel (dir.), 1986, *Rapport du groupe de travail sur les « Méthodes d'évaluation des politiques publiques »*, Paris, La Documentation française.

Délégation interministérielle à la réforme de l'État, 2001, *Guide méthodologique sur la contractualisation dans le cadre du contrôle de gestion*, Paris, DIRE.

Direction du budget, 2016, *Guide opérationnel d'élaboration de l'analyse des coûts des programmes et des actions de politique publique*, Paris, Ministère des finances.

Direction générale de l'administration et de la fonction publique, 2017, *Stratégie interministérielle de ressources humaines de l'État. Stratégie de l'État employeur.* Paris, DGAFP Ministère de la fonction publique.

Gauthier Lucie, 2018, « La rémunération des personnels militaires en 2017 », *ecodef, L'observatoire économique de la défense*, 112, p. 1-8.

Gaymard Hervé, 2009, *Situation du livre. Évaluation de la loi relative au prix du livre et questions prospectives*, Paris, rapport à la Ministre de la culture et de la communication.

Mandelkern Dieudonné, 2002, *Rapport du groupe de travail interministériel sur la qualité de la réglementation*, Paris, La Documentation française.

Ministère de l'action et des comptes publics, 2017, *Rapport annuel sur l'état de la fonction publique. Faits et chiffres*. Paris, Portail du Ministère de l'action et des comptes publics.

Ministère de la décentralisation et de la fonction publique, 2015, *La gestion prévisionnelle des ressources humaines dans les services de l'état. Outils de la GRH.* Paris, Portail du Ministère de la décentralisation et de la fonction publique.

Ministère de la fonction publique, 2016, *Guide d'élaboration d'une étude d'impact en matière de ressources humaines. Outils de la GRH.* Paris, Portail de la Fonction publique.

Ministère de la fonction publique, 2017, *Guide de l'encadrante et de l'encadrant dans la fonction publique. Cadres de la fonction publique.* Paris, Portail du Ministère de la fonction publique.

Ministère de la fonction publique, 2017, *Guide de l'accompagnement à la fonction managériale dans la fonction publique de l'État. Cadres de la fonction publique.* Paris, Portail du Ministère de la fonction publique.

Organisation de coopération et de développement économiques, 2008, *Regulatory Impact Assessment*, Paris, OCDE.

Picavet Olivier, 2015, « Les caractéristiques des évaluations réalisées par les corps d'inspection dans le cadre de la modernisation de l'action publique », *Revue française d'administration publique*, 155 (3), p. 713-722.

Teyssier Arnaud, Éric Ferri, Jean Guillot, Françoise Camet et Philippe Levêque, 2014, L'encadrement supérieur et dirigeant de l'État, Paris, Ministère de l'intérieur, Ministère de l'écologie, du développement durable et de l'énergie, Ministère du logement et de l'égalité des territoires, Ministère des finances et des comptes publics, Ministère de l'économie, du redressement productif et du numérique, Inspection générale de l'administration, Conseil général du développement durable.

INDEX DES PROGRAMMES TRANSVERSAUX

LISTE DES TABLEAUX

TABLE DES MATIÈRES

PREMIÈRE PARTIE

LA MODERNISATION DE L'ÉTAT
FACE AUX DÉFIS

DEUXIÈME PARTIE

UN DEMI SIÈCLE DE REFORMES
DE L'ÉTAT

TROISIÈME PARTIE

RECHERCHER LA PERFORMANCE
OU ÉVITER LE RISQUE ?

QUATRIÈME PARTIE

COMMENT L'ADMINISTRATION
S'APPROPRIE LA MODERNISATION
INSTRUMENTALE

CINQUIÈME PARTIE

À LA RECHERCHE D'UN LEVIER MAJEUR
DE LA MODERNISATION

SIXIÈME PARTIE

POUR UN ÉTAT MATURE